新时代医学生
思想政治教育创新研究

郝红军 等 著

郑州大学出版社

图书在版编目(CIP)数据

新时代医学生思想政治教育创新研究／郝红军等著．— 郑州：郑州大学出版社，2022.9
　　ISBN 978-7-5645-9011-6

　　Ⅰ．①新… Ⅱ．①郝… Ⅲ．①医学院校－大学生－思想政治教育－研究 Ⅳ．①G641

中国版本图书馆 CIP 数据核字(2022)第 157894 号

新时代医学生思想政治教育创新研究
XINSHIDAI YIXUESHENG SIXIANG ZHENGZHI JIAOYU CHUANGXIN YANJIU

策划编辑	王卫疆　胥丽光	封面设计	陈　青
责任编辑	马云飞	版式设计	凌　青
责任校对	吴　静	责任监制	李瑞卿

出版发行	郑州大学出版社	地　　址	郑州市大学路40号(450052)
出版人	孙保营	网　　址	http://www.zzup.cn
经　销	全国新华书店	发行电话	0371-66966070
印　刷	广东虎彩云印刷有限公司		
开　本	787 mm×1 092 mm　1 / 16		
印　张	11.25	字　　数	228 千字
版　次	2022 年 9 月第 1 版	印　　次	2022 年 9 月第 1 次印刷
书　号	ISBN 978-7-5645-9011-6	定　　价	59.00 元

本书如有印装质量问题，请与本社联系调换。

前言

思想政治教育是国之大计、党之大计,承担着立德树人的根本任务。一方面,思想政治教育肩负着培养担当民族复兴重任的时代新人的战略任务;另一方面,我国教育事业的发展也将迎来思想政治教育的春天。同时,我们还应看到思想政治教育在中国共产党百年奋斗历程中发挥着重要的作用。中国共产党百年的革命、建设和改革实践也积累了丰富的思想政治教育理论方法,这些也为更好地开展大学生思想政治教育提供了理论指导和经验借鉴。伴随着中国经济社会的不断发展,中国特色社会主义进入新时代,中国社会发生了历史性变革,新的时代提出了许多新的要求,思想政治教育责任更加重大。在向着中华民族伟大复兴进军的每一步当中,我们应回望历史中的珍贵经验,总结新中国伟大发展实践历程中的宝贵经验,要进一步坚持以习近平新时代中国特色社会主义思想为指导,为新时代伟大征程凝心聚力,坚定理想信念,迈好现代化建设新征程的每一步。

在现代化建设新征程的关键冲刺期,每一步都至关重要,丝毫不容懈怠。在此过程中培养出政治立场坚定、思想上进、品质高尚的接班人和建设者是重中之重。在这样的背景下,如何提升思想政治教育的效度、实现立德树人目标是当下思想政治教育界集中攻关的课题。作为高校思想政治教育重要一环的高等医学教育直接关系着新时代人民对医疗服务的需要、关系着人民美好生活愿望的实现,因此医学生思想政治教育成为高校思想政治教育的重点之一。医学生是当代大学生中的重要关注群体之一,进行针对性的思想政治教育活动,关注每一位医学生的思想动态,确保他们政治立场坚定,思想不跑偏,对于培养更多又红又专、德才兼备的新医科人才有着重要的意义。

思想政治教育作为一种实践活动由来已久,不同时代、不同时期赋予思想政治教育不同的内涵和定义,我国自20世纪80年代设置思想政治教育学科,40多年来思想政治教育发挥着越来越重要的作用,也得到了党和国家的高度重视,取得了丰硕的成果。研究针对不同受众的思想政治教育内容的设置是提高思想政治教育的吸引力、实效性的根本路径,应当引起思想政治教育理论界的充分重视。但是结合医学生实际的新时代医学生思想政治教育创新研究还稍显不足。针对高校医学生的特点开展对其思想政治教育具体内容、教育效果的研究还不够充分。

本书坚持运用马克思主义辩证法,科学分析医学生思想政治教育的特殊性与一般性关系,把握医学生思想政治教育内涵,回顾我国思想政治教育发展历程,分析医学生思想政治教育时代特征,对医学生思想政治教育的重点方向、方式方法、队伍建设、制度运行和组织领导等方面进行了全面的建构,为新时代高校医学生思想政治教育指明方向、提供借鉴。全书分别从新时代医学生思想政治教育的现状、问题出发,通过医学人文教育同思想政治教育的契合机制和实践路径研究,探索新媒体时代下医学生思想政治教育的问题和解决路径,梳理了新时代如何弘扬"红医精神",以及在新医科背景下如何开展医学生思想政治教育工作,最后针对新时代大学生心理特点,提出了思想政治工作队伍建设的有关理论和方案。

随着中国特色社会主义进入新时代,医学生思想政治教育的社会背景发生了较大变化,具体体现在我国所处的历史方位和时代特点的改变。医学生作为大学生群体的重要组成部分,新时代的他们也受国内外形势变化和时代环境的影响,体现出独特的思想特点与成长规律,其思想政治教育亦面临着前所未有的新情况、新问题、新冲击、新压力、新挑战。

高校医学教育承担着培育我国医学人才的重任,思想政治教育在我国医学教育中始终处于重要地位。面对高校"立德树人"根本任务,围绕培养政治合格、技术过硬、品德优良的高素质医学人才这一目标,如何准确把握新时代医学生思想政治状况新特点,有效改进医学生思想政治教育工作,构建适合医学生自身特色的教育模式,有针对性地对其进行思想政治教育,增强医学生思想政治教育工作的及时性和实效性,是当前医学院校思想政治教育面临的一个重大课题。

通过问卷、课程调研和非结构式访谈等形式对当前医学生思想政治教育现状进行充分调研，准确把握当前医学生的思想政治素质及教育现状，分析当前医学生思想政治教育存在的问题与不足，并从创新教育方法、教育内容、教育载体、协同机制等方面探讨如何实现医学生思想政治教育的路径创新，为新时代提升医学生思想政治教育的针对性和实效性，提高医学生教育培养质量，办好人民满意的医学教育提供了智力支持、理论和实践参考。

高等教育中，医学人文教育与思想政治教育具有共通性与协同性。通过对医学人文教育历史的回顾，理清医学人文教育与医学生培养目标，尤其是医学生思想政治教育培养目标的内在联系。同时在梳理当前医学人文教育现状的基础上，发现目前高等医学院校中医学人文教育存在的问题。在此基础上，回顾思想政治教育的基础理论，并从概念、内涵和目标等方面将医学人文教育与思想政治教育进行比较，梳理医学人文教育与思想政治教育契合的理论基础。围绕医学人文教育与思想政治教育的共同目标和核心价值观的一致性，阐述医学高等教育过程中立德树人的核心任务，培养为中国特色社会主义健康事业服务的人才的基本目标定位是两者能够协同契合的理论基础。

围绕教学实践中医学人文教育同思想政治教育协同机制构建，从教育内容重合与实践内容重叠等方面论述医学人文教育与思想政治教育协同的理论基础。并根据医学院校教学实践和已有研究资料提出了构建以思想认识、教育过程、教育方法为主要内容的德医双修的医学人文教育与思想政治教育协同机制的方案。重点是要提高协同教育也就是德医双修教育体系重要性的思想认识，并根据专业特点构建以基础课、专业核心考核和实践课为体系的医学人文教育和思想政治教育协同的教学实践体系。在对两者的目标、途径、相互关系有清晰的思想认识基础上，在课程设置理念、人才培养和学科建设实践环节上，形成良性的互动，相互能够给予支持，在具体的实践操作中用全过程和系统化的思路来指导，以解决实际问题和培养核心素养为目标来完成对医学教育目标和思想政治教育目标契合的实现。

随着互联网的高速发展，新媒体时代已经到来，新媒体以其独特的优势逐渐占据了医学生越来越多的碎片化时间，融入了学生生活学习的各个角落，这也为医学院校思想政治教育带来了新的机遇，提供了新的思路和平台，更新了医学院校思想政治教育的育人理念,进一步拓宽了育人平台,丰富了学习资源,提供了现代化的技术手段,极大地增强了医学生的思想政治教育效果。但是,新媒体在给医学院校思想政治教育带来新机遇的同时,也给医学院校思想政治教育带来了更加复杂的传播环境,加之一些西方文化渗透,多种意识形态开始碰撞,思想政治教育工作者主流话语权受到冲击,个别医学生沉迷网络,影响身心健康发展,给医学院校思想政治教育增加了难度。

近年来,新媒体的出现更多的是为思想政治教育的发展提供了新机遇、开辟了新路径,思想政治教育工作取得了很大的进步。但是在实际工作中,还存在未能正确定义和使用新媒体的情况,新媒体的作用未能得到充分发挥,比如,部分教师对新媒体技术的运用较为片面,仅认为新媒体技术是一种教学的辅助工具,还没有重视新媒体带来的课堂变化,除此之外,还存在思想政治教育内容滞后、形式单一、方式方法缺乏创新、教师队伍建设有待完善、保障体系不够健全等问题。针对以上存在的问题,我们要树立网络思想政治教育的新理念,构建网络思想政治教育新阵地,丰富网络思想政治教育形式和内容,加强网络思想政治教育队伍建设,依托网络技术、网络平台和网络载体,构建全新的思想政治教育格局。

"红医精神"是苏区时期中国共产党领导广大军民在医疗卫生实践中形成的,是中国共产党红色卫生文化的价值内核与思想精髓,有着与井冈山精神、苏区精神、长征精神、延安精神一样的精神品质,共同构成了中国共产党的红色基因谱系。新时代背景下,红医精神仍然是广大医务工作者的崇高价值追求。将红医精神融入医学生思想政治教育,对于医学生未来的发展具有重要意义。

关于新医科建设背景下的医学生思想政治教育工作,本书在梳理新医科建设的"三个新"的同时,对新医科建设提出的时代背景进行分析。把新时代对高等医学教育的新要求,新兴科技革命驱动医学教育新形态,医学教育改革3.0掀起全球新变革,健康新风险亟须具有创新思维的新人才,以及信息科技革命成果开辟医学教育新方向,这五个要素作为新医科背景下开展思想政治教育工作的大环境。从新医科理念中"医"是本质,"新"是特色入手。围绕新医科人才培养的德和艺两个维度目标设立具体要求,即全过程、全方位塑造医德之魂;培养精医学、懂科技、能创新的多面手。

通过调查分析,新医科背景下的思想政治教育存在以下问题:一是学生的主动性和参与性不足;二是教育理念较为陈旧;三是教育方法较为单一;四是实践教学流于形式、体系缺乏标准化。因此,高校应秉持大思政课视域,深入了解医学生思想动态、心理特质和教育需求,针对上述问题制定良方善策,稳扎稳打、落细落小,充分利用一切可利用的资源,竭尽全力调动教师的主动性和创造性,从教育理念、教育内容、教学方法、教育载体、实践教学、教育机制等构建思政教育新体系,以宏大时代讲清使命担当,以鲜活实践讲好人民伟力,以生动现实讲透科学理论,努力提升医学生的参与度、体验度和满意度,帮助他们确立正确三观和完善人格,为新医科人才培养发挥积极效能,为满足人民对美好生活的健康期待贡献力量。

围绕教育观念的结合、教育内容与目标的结合、教育策略与方法的结合、教育队伍建设、育人环境营造等五个方面,对大学生思想政治教育与心理健康教育融合的路径与策略进行了论述,以期达到两者有机融合、互相作用,共同促进大学生全面健康发展的目的。

最后,本书就高校思想政治工作的主体,也就是高校思想政治工作队伍的建设与管理进行探讨。在高校思想政治工作中,高校思想政治工作队伍的建设与管理工作发挥着重要的主导作用。建设一支适应医学教育需要的政治强、业务精、纪律严、作风正的思想政治工作队伍,是加强和改进医学生思想政治工作的组织保证和人力基础,对于提升医学院校思想政治教育工作有着重要的推动作用。然而,面对新时代的要求,面对新形势新任务新挑战,医学院校思想政治工作队伍建设步伐还存在着不同队伍职能定位不清晰,队伍间沟通、交流、合作不足,队伍的素质不适应新时代工作发展的要求,队伍建设缺乏有效的激励机制和组织保障,协同育人体制机制不健全等问题,这些问题不同程度地影响着医学院校思想政治教育的质量和水平。

在落实"三全育人"机制,构建"大思政"工作格局理念下,运用思想政治教育合力理论,结合赫尔曼·哈肯的协同理论,探讨思想政治教育各支队伍在医学生思想政治教育上协同的可能性,特别是分析思政课教师和辅导员队伍协同育人工作中存在的不足和原因。在此基础上,针对两支队伍协同育人工作存在的不足,找寻问题的解决措施,从强化协同育人共识、搭建协同育人平台、提高协同育人能力、强化协同育人保障等方面提出提升辅导员与思政课教师协同育人质量和效果的有效路径,从而促进医学院校思想政治教育工作的全面协同,促进医学生思想政治教育工作的纵深发展和更大范围的覆盖。

高校思想政治教育工作是高等教育工作的重中之重,围绕立德树人的要求和新时代社会主义现代化建设的需要,新时代大学生的思想政治教育大有可为。本书集合了新乡医学院众多一线教师和思政工作者,他们结合自身的实践和理论积累,就医学生这一特殊群体的思想政治教育工作提出了一些见解和意见。其中不乏真知灼见,也可能存在一些不成熟之处。希望有利的经验能够帮助我国的医学高等教育事业进一步发展,不足之处还望各位专家同仁批评指正。让我们一同为健康中国的美好未来努力奋斗!

目录

第一章 新时代医学生思想政治教育概述 ········· 1
    第一节 新时代医学生思想政治教育内涵 ········· 1
    第二节 医学生思想政治教育的历史进程 ········· 7
    第三节 新时代医学生思想政治教育时代特征 ········· 10
    第四节 新医科背景下思想政治教育体系构建 ········· 15

第二章 新时代医学生思想政治教育现状 ········· 23
    第一节 新时代医学生思想政治教育现状调查与分析 ········· 23
    第二节 新时代医学生思想政治教育面临的变革与挑战 ········· 30
    第三节 新时代医学生思想政治教育的创新路径 ········· 35

第三章 医学人文教育与思想政治教育契合研究 ········· 44
    第一节 医学人文教育与思想政治教育的比较与融合 ········· 44
    第二节 医学人文教育与思想政治教育协同机制 ········· 58

第四章 新媒体时代医学生思想政治教育 ········· 64
    第一节 新媒体时代医学生思想政治教育的机遇与挑战 ········· 64
    第二节 新媒体时代医学院校网络思政教育工作的问题 ········· 74
    第三节 新媒体时代医学生网络思想政治教育的创新路径 ········· 79

第五章 红医精神融入医学生思想政治教育 ········· 85
    第一节 红医精神的科学内涵 ········· 85
    第二节 红医精神融入医学生思想政治教育的价值审思 ········· 94
    第三节 红医精神融入医学生思想政治教育的创新路径 ········· 97

第六章 新医科背景下医学生思想政治教育的教学优化 ········· 105
    第一节 新医科概述 ········· 105
    第二节 新医科背景下医学生思想政治教育内涵与特点 ········· 111
    第三节 新医科背景下医学生思想政治教育体系构建 ········· 115
    第四节 "大思政课"视域下高等医学院校思想政治教育教学改革创新 ········· 122

第七章 新时代大学生心理特征嬗变与思想政治教育 … 127
第一节 新时代大学生心理特征及心理问题 … 127
第二节 思想政治教育与心理健康教育融合的可行性及意义 … 133
第三节 思想政治教育与心理健康教育结合的路径与策略 … 140

第八章 思想政治工作队伍建设与管理 … 148
第一节 新时代高等医学院校辅导员队伍建设存在的问题及改革路径 … 148
第二节 "三全育人"视域下思想政治工作队伍协同育人机制 … 155
第三节 思想政治理论课教师与辅导员队伍融合建设路径 … 162

后记 … 167
参考文献 … 168

第一章 新时代医学生思想政治教育概述

思想政治教育在中国共产党百年的奋斗历程中发挥着重要的作用,中国共产党百年的革命、建设和改革实践也积累了丰富的思想政治教育理论方法,这些也为更好地开展大学生思想政治教育提供了理论指导和经验借鉴。当前,中国特色社会主义建设进入了新时代,我们正向着中华民族伟大复兴进军。在此过程中培养出政治立场坚定、思想上进、品质高尚的接班人、建设者是重中之重。医学生是当代大学生中的重要关注群体之一,进行针对性的思想政治教育活动,关注每一位医学生的思想动态,确保他们政治立场坚定,思想不跑偏,对于培养更多又红又专、德才兼备的新医科人才有着重要的意义。本章节重在追本溯源,总结梳理思想政治教育概念理论,从而进一步探究医学生思想政治教育的时代性、特殊性、时效性特征。

第一节 新时代医学生思想政治教育内涵

一、相关概念界定

(一)新时代

新时代的光辉照耀着我国学生思想政治教育的工作,要想让思想跟上时代变化,自觉加深对新时代的认识和分析、不断加强对新时代规律的把握和总结是必不可少的。学生思想政治教育的发展需要广大学生群体牢记时代背景,增强对新时代的分析与理解。党的十九大报告中也深刻阐述了新时代在历史长河中的重要地位。这个新时代是中国特色社会主义初步实现伟大胜利的时代,是守先待后、勇于创新的时代,是一步一步决胜全面建成小康社会、进而全面建设社会主义现代化强国的时代,是全民同心、不畏艰难为实现全国人民共同富裕而攻坚克难的时代,是中华儿女心中有国,奋力实现中华民族伟大复兴中国梦的时代,是中国史上又一个灿烂辉煌的时代,是在世界史上没世难忘的时代。① 这里形象地描绘了新时代的特定内涵:从历史的角度看,新时代将承前启后,中国特色社会主义事业将从历史中走出,在新时代下创造出灿烂辉煌的成绩,在不断的探索中继续展现中国特色社会主义的活力与生机,在全民同心奋斗中继续谱写新时代的篇章;从国家层面上看,新时代的中国将会继续迎来新的发展契机,而我们要做的就是抓住一切机会,以坚定不移的步伐迈向新征程,以矢志不渝的决心实现更加科学、更加高质量的政治建设,唯有如此方能在实现现代化强国建设的道路上一往无前;从人民的角度来看,全国人民上下一心促进共同富裕的实现,新时代下的人民获得更多的民生福利,便利的生活条件,优质的生活环境,这无一不使人民在艰辛奋斗中享受生活的美好,在收获中得到无穷的获得感和幸福感。同时,共同富裕的宣言激发了强大的内生动力,全国人民在共同创造更加美好的生活的同时收获了满足感,亲手托起中国梦的同时也使自己得到了情感上的满足;从中华民族的广阔视野上看,新时代的中华民族将会面临更加严峻的挑战,但我们不会放弃,因为伟大民族复兴的征程上有着我们祖祖辈辈追寻的希望。无论接下来的路程怎样艰辛,我们都会戮力同心,创造出更为强大、更为美好的国家;从国际地位上看,新时代的中国已然震惊了世界,但这终究不会是中国发展的终点,中国将会继续创造奇迹,凭借一套优质的发展体系推动构建人类命运共同体,为国际社会的和平发展提供持续的动力,为解决国际难题贡献中国智慧,为更多的国家提供更为有效的帮助,造福世界人民。

(二) 医学生

医学生在人们的通常理解中,是指在医学院校学习各类医学知识的人员。随着医学教育的发展,医学院校在人才培养过程中又将医学知识进行更为详细的划分,设置了更细致的专业,这些专业不仅包含临床医学、麻醉学、医学影像学、医学影像技术学、医学检验学、口腔医学、药学、预防医学、护理学、康复治疗学等纯医学类专业,还设置了卫生事业管理方向,医疗保险方向,医学法学方向的专业,例如公共事业管理、劳动与社会保障、法学等专业,这不仅满足了学生的不同兴趣,还为医疗事业提供了一个更完整的体系。本书中的研究对象重点是指高等医学院校培养的本科医学类学生。

---

① 中国共产党第十九次全国代表大会文件汇编[M].北京:人民出版社,2017:7.

(三)医学生思想政治教育

"思想政治教育是教育者与受教育者根据社会和自身发展的需要,以正确的思想、政治、道德理论为指导,在适应与促进社会发展的过程中,不断提高思想、政治、道德素质和促进全面发展的过程。"[①]对医学生进行思想政治教育工作,既要对思想政治教育一般性有一定的要求,又要体现特殊化需要。对医学生进行思想政治教育需要建立在培养合格社会主义接班人和建设者总目标之上,以此方向进行教育方可保证教育方向不跑偏,方能培养出具有过硬思想素质、政治立场坚定、心理状态健康的医德高尚的人民卫生医学工作者。2014年国务院六部委联合印发《关于医教协同深化临床医学人才培养改革的意见》,其中明确提出要加大教学改革的力度,进行医学文化教育和职业素质教育,让医学与人文相结合,培养新一代临床医学人才。医学教育改革后医学人文素质会普遍提高,但要特别注意,实行改革的最终目的是使医学生的职业道德素质与医学专业技能都达到较高的平衡状态。所以在培养过程中要着重关注基层医学生,他们相对于高水平的医学人员来说文化程度低,对医学方面的职业修养认识也不足。他们作为国家未来的希望更需要进行素质和文化教育。《中国本科医学教育标准——临床医学专业(2016版)》第一部分"临床医学专业本科毕业生应达到的基本要求"中有提到对中国临床医学专业本科生的要求,其中要求他们树立正确的世界观、人生观、价值观,热爱祖国,忠于人民,遵纪守法,愿为祖国卫生事业的发展和人类身心健康奋斗终生。医学生思想政治教育是医学教育的重要组成部分,要想使医学教育事业得到发展,必须引导医学生的思想政治素养得到提高,这在内容上便体现出医学教育改革的内涵,即思想政治道德的改革教育。在医学教育中医学思想政治教育不可或缺,这体现了医学人性的重要性。坚持思想政治教育不仅对医学教育发展有着重大意义,还对未来医学院校建设、医学型人才培育有着重大意义。

医学生专业教育与其思想政治教育相契合。由于学习上学业压力较重,学习年限较长,需要对医学生投入更多的价值观道德观培养,引导他们在压力中学会自我调节,唯有如此方能在今后的医疗事业中遇事临危不乱。对医学生的培养目的和医学职业的特征进行深入解读后不难发现,医学生需要进行人文主义的学习,以将医学人文和人文主义思想根植于内心。对医学生进行思想政治教育时,要坚持以人为本的基本原则,努力实现培养合格的社会主义接班人和建设者的总目标。要坚持思想政治教育与医学生发展相契合,保证思想发展不跑偏。医学生在校期间学业繁忙,见习和实习时间长,各种考试

---

① 郑永廷,徐建军.大学生思想政治教育理论与实践[M].北京:高等教育出版社,2009:26.

多且难度大,学习压力大,缓解压力不及时容易导致心理健康问题,思想政治教育要承担起思想引领的责任,促进医学生树立远大职业抱负,坚定意志,树立国家民族责任感。在日常的思想政治教育工作中,要了解学生的学习、生活和情感状态,提前做好应对一切突发情况的准备,用直接有效的方法将问题消灭在萌芽状态。医学学习本就是一个艰苦的过程,医学职业更是一个不断学习、不能懈怠的职业。既然选择了这条道路,便一定会有一个坚持下来的理由。或许绝大多数人坚持的理由是明确的发展方向,是医学永不过时的思想。但无论有何种理由,要想保证坚定地走在医学发展道路上还需要学习思想政治,打牢思想基础,方能走好医学之路。

二、新时代医学生思想政治教育特点及作用

(一)新时代医学生思想政治教育特点

1. 思想政治教育和医学生思想政治教育的差异性

从普遍性来看,医学生思想政治教育是不同高等学校对医学生进行教育的一个重要方面,教育以培养合格的中国特色社会主义接班人和建设者为最终目标,坚持将医学生思想政治教育融入医学专业知识学习中,将两者紧密结合。如何做好医学生思想政治教育是一大问题,根据现有资料得知,要想将这一政策成功实施需从医学教育目标入手,对相应的专业技能和现有的医学教育活动进行细致分析。我们对高等院校思想政治教育的基本要求进行分析,会发现培育和践行社会主义价值观,理解和领会马克思主义基本理论,认同和坚持中国特色社会主义道路是思想政治教育的核心内容。由此总结出,适应法治社会,坚定政治立场,将马克思主义理论牢记于心,做有理想有本领有担当的新时代青年是一切教育的内在要求。我们针对不同教育对象进行具体分析,不同的专业学生需要学习的知识不同,需要学习的职业素养也不同,需要进行不同的思想政治教育。同时考虑医学生学习实际情况,对不同成绩的学生进行教育,需要寻找适合的教育方法。找到工作切入点,既有利于将思想政治教育融入学习中,也有助于让思想政治教育得到教育对象的认可。同时在教育过程中要不停探索,去寻找先进的医学知识和思想政治教育资源。

如上所述,医学专业本身是具有人文性的,这也就决定了医学教育工作与思想政治教育工作具有一定的共性。更具体地来说他们的工作对象都是社会人并非自然人。了解这一理论后,我们围绕着以人为本的共同原则和理念进行深一步的探讨。一是,让医学生学习医学发展史不失为一种思想政治教育方法;二是,医学与哲学的关系也能够为

思想政治教育提供更多的思路。医学生本身专攻医学知识,故思想政治教育不能跑出医学文化圈,在教育时适时适当地结合医学专业知识,增加思想政治教育的亲和力,会大大提升教育的成功率。

2. 医学人文教育和人文教育有着差异

从表面上看,人文教育大都是以文、史、哲、艺四个方面为中心对培养对象进行审美情趣的培养,但在医学教育中医学人文教育比重更高,意思就是医学教育会更加以人为中心。从严格意义上讲医学人文教育算不上是学科教育,它所依托的是医学教育,医学实践教育。将多种教育相交叉后进行理解,方可真正体会医学人文教育内涵。由于每个人对教育的认识不同,所以大家对医学人文的理解众多,不过医学哲学相较于医学人文来说更容易理解,它可以简单地理解为对医学的"反思"和对医学终极关怀价值的追求。思想政治教育与医学哲学均是以马克思主义哲学为基础,它们具有可以融合的立场和方法论。

3. 医学生医学道德教育与单纯的道德教育有着差异

在医学生思想政治教育内容中的道德教育要与医德教育紧密结合,因此相较于一般的职业道德教育,这既是医学人文教育的特殊性,也是思想政治教育内在职责和要求。任何职业都有自己的一套理论体系,有着不同的伦理要求。所以对于医学人文教育,大多数医学院校都开展了医学伦理学课程。这门课虽然课时不多,但极具影响力。从内容上看,医学伦理课程涉及医患双方的权利义务等的教学。从这里可以看出,医学专业知识的教育并不突出,反而是人文教育占比很大。在医学思想政治教育中医德教育较为重要,在学习医护人员的职业道德义务的同时突出强调了医学职业的利他性和奉献性。相较于医学伦理学而言,医德教育更能强化医学生对医德的认知,更有利于医学生树立医德信念,养成医德行为。医德教育是医学生思想政治教育中的特色内容,即以医德教育为中心进行医学生思想政治教育,在对医德教育进行不断的完善中,形成完整的医学生思想政治教育体系。医德教育是医学教育固有的要求,也是迎合经济社会发展的迫切需求。

(二)新时代医学生思想政治教育作用

对医学生进行思想政治教育需顺从医学教育整体发展趋势,在培养过程中既可将一般思想政治教育的作用发挥得淋漓尽致,又可为新时代培养出卓越医学人才,贡献极大。

(1)从生活环境中了解医学生并提升医学生思想政治素养。由于当今大学生在同样的社会环境中成长,所以医学生同其他专业大学生有着许多共性。在这个充满挑战的时代,青年大学生的进取心和竞争意识被激发出来。如今生活方便快捷,信息发送迅速,在被动和主动接受这些海量信息时,会不可避免接受到消极信息。接受教育之后成长起来的大学生大都可以表现出批判的态度去对待这些消极信息。但是对于千变万化的消极信息发送形态和不断变化的时代条件来说,如今的教育力度显然不够。中国特色社会主义进入新时代,受教育者需树立更为远大的理想,将实现中国梦和建设社会主义现代化强国作为自身奋斗目标。实现大目标需小目标加持,所以医学生将自己定位为有理想、有本领、有担当的新时代新青年是实施思想政治教育工作的前提条件。医学生思想政治教育的培育,最终会落实到如何服务人民生命健康,献身祖国医疗事业之中,故脚踏实地地进行医学生的思想政治教育是非常重要的。

(2)从人文精神内涵着手培养医学人文精神。人文精神是普遍的人类自我关怀,是对人类尊严、命运与价值的维护、追求与关切;是肯定和塑造全面性发展的理想型人格;是我们对人类遗留下来的各种精神文化现象的高度重视。而人文学科是一种体现人文精神的教育体系,它关注的并非人类本身而是人类价值和其精神。医学人文精神是医学文化发展的产物,它表明医护人员应当做到对人生命价值的尊重,对其人格和尊严的保护。既需要传承医德,这包含了对自尊及对理想人格的追求,也包括了出于同类情感所发出的对服务对象的尊重。近些年来,现代技术的快速发展,使医学技术也飞速发展,如今先进的辅助诊断仪器不断出现,机械更新换代的同时医学理念也发生了变化,科学的医学理念逐渐取代了人文与科学兼容的医学概念。医学实践对病不对人,人文教育逐渐边缘化,这种发展使医学发展背离初心。面对如此情形,教育工作需加强医学人文教育,将医学教育的本质要求树立医学人文精神再次进行强调。目前,各医学院校都设置有医学人文类课程,但此课程止步于选修课,教育体系不统一、不系统,并不能发挥影响。它距离具备一定的医学人文精神还有较大的差距,进行强有力的思想政治教育价值观引导有助于医学生医学人文精神的树立,在教育过程中有意识地在医学人文精神中渗入马克思主义信仰、社会主义共同理想和社会主义核心价值观,完成医学人文知识的完善与内化,进而树立医学人文精神。

(3)培养医学生敬业博爱的精神。医学生的学业繁重,在实践和专业知识学习过程中都有可能产生思想困惑。未来职业的单调更有可能使其产生消极悲观的情绪,甚至产生职业恐惧和排斥。树立远大理想和坚定信念的人,才有可能摆脱这种困扰。作为医学生仅仅树立远大理想抱负远远不够,树立牢固的职业责任感和归属感也是必需的。对于理想信念的培养不是简单的谈话和课堂教育就可以实现的,信仰的树立是一个复杂的思想意识内化过程,需要长期全方位的教育方能巩固信仰在医学生心中的根基。近年来,党和国家高度重视"三全育人"工作,指出高校各门课程都要与思想政治理论课同时同向进行的要求后,医学生的理想信念教育有了更为完备的舆论环境。医学生承受着比其他大学生更大的学习压力,心理问题更容易在不经意的情况下产生。所以建立完备的心理健康咨询与教育体系,进行有效的心理危机预警与干预机制是有效克服医学生心理问题的关键手段,也是思想政治教育能否取得成效的必要过程。树立职业信仰包括确立正确的生命观。观察目前各级教育的发展情况,发现生命教育在各级教育中都是短板,对于医学生来说生命观的树立意义重大,未来她们将服务于人民生命健康,会与更多的人打交道。她们需要学会尊重生命,热爱生命,所以生命健康教育十分重要。在对医学生进行生命教育时要注意,不仅要教导其对生命有积极的态度,还要让他们对死亡有着正确的态度。强调死亡尊严,这一切教育都有利于医学生在职业生涯中的健康发展。

第二节 医学生思想政治教育的历史进程

医学高等教育是高等教育的重要内容之一,医学生思想政治教育也是高校思想政治教育重要内容之一。在高校思想政治教育历程的发展进程中,医学生思想政治教育的发展亦是不可或缺的一部分。

一、医学生思想政治教育发展历史

在我国高校思想政治教育的发展过程中,作为我国高校思想政治教育的重要组成部分,我国医学院校的思想政治教育也随之经历四个阶段的发展,医学院校的思想政治工作得到不断加强和深化,取得了丰硕的成果。

第一阶段为新中国成立初期,这一阶段在批判旧的教育思想观念的基础上,初步形成了社会主义高校思想政治教育的新格局。马列主义理论课已在绝大部分高校包括医学院校开展,加强了共产主义道德教育,马列主义课程体系也在此过程中逐步完善,且在教学计划中作为公共必修课开展。在开展过程中,我国医学院校的马列主义理论课借鉴了苏联的成功经验,将部分工作重点放至高校中党委的运行和管理,令思想政治教育融入整个高校教学中来。在借鉴经验的同时,引进大量马克思主义的经典书籍,并编写了更为合适的理论教材,更加有助于完善马克思主义理论课程体系。在注重理论教育的同时,各高校也十分重视将理论落实到实际行动中去,发动师生参与与马克思主义有关的社会实践。

第二阶段为改革开放初期,随着高等教育及高校招生制度的恢复调整,高校重新定义了思想政治教育的地位,医学院校也更加规范和系统地进行思想政治教育改革。此结论分别体现在三个方面:其一,医学高校中对于马克思主义理论课的系统规范,成为高等院校思想政治教育的基石,马克思主义理论课程的恢复和完善是关键。对此,高校普遍成立了马列教研部门,规定了教学时数,并使思想政治教育发展成为独立的学科,在内容改革上由原来的"旧四门"调整为"新四门",并开设了思想教育课程,以多门课程的合力开展为前提,使得思想政治教育课程体系更加完备。其二,高校思想政治教育队伍得到重建与发展,建立了新的工作机制,开始把高校的辅导员与班主任制度进行推广,发挥专业课教师的作用,使专门的党政机构专职化。其三,无论是辅导员还是专业课教师的素质得到明显加强和提高,政工干部也可以评定职称,这些对于加强高校的思想政治教育工作起着极大的推动作用。

第三阶段为20世纪90年代以来,伴随改革开放的推进,社会经济发展的深入,在高等教育不断发展的同时,思想政治教育逐步面临更多的挑战,特别是1990年以后,医学院校也随高校调整合并,在新的时期,高校的思想政治教育进一步加强和改进。如思想政治理论课的改革与深化,进一步细化了思想政治理论课的课程设置,符合教学内容与方法的要求,并把心理健康教育纳入到德育范畴,与时俱进地把"中国特色社会主义"作为大学生的必修课,佐以其他多种方式使得教师素质有所提升。通过一系列的活动和专项资金来激励思想政治理论课科研与教学方法的提高,强化高校思想政治工作建设,到目前为止,我国高校思想政治教育开启了崭新的篇章。

第四阶段为新世纪,特别是新时代以来,我国高校又对学生的思想政治教育进行加强,我国亦颁布了多项政策扶持高校对思想政治教育的实施,并且明确了高校思想政治教育的指导思想和基本原则,对高校思想政治教育的重点方向、队伍建设、制度运行和组织领导等方面进行了全面的部署和安排,这是在新的发展阶段为高校思想政治教育指明方向的灯塔。在国家的正确领导和教育工作者的兢兢业业的双重加持之下,高校思想政治教育取得了斐然的成就,为下一阶段开展思想政治教育工作打实了基础,也昭示着其成功。

二、思想政治教育的内容及教育体系逐步完善

其一,形成以思想政治理论课为重点内容,其余辅助课程为补充的思想政治教育课程体系。教学工作者需要不断完善教学方式,借助各种新颖工具使教学有所创新,加强思想政治教育的力度,也加强爱国主义等方面理论的教育,这便使学生在心怀马克思主义信仰的同时,还得到爱国主义和传统文化的熏陶,从而更加健全大学生的人格,坚定大学生的信念,激发大学生的爱国情怀。

其二,社会与人文教育不断加强。通过社会实践能够使医学生较早地接触医学工作的环境、亲历工作所要处理的关系及工作中要具备的技能和品德,这样能够更好地消化所学的医学知识。使得医学生对医学相关知识和工作流程更加了解。加之教师的教导

和指引,医学生在专业技能的掌握上会更加熟练。与此同时,鼓励医学生行动起来,投身于实践中,这样不仅能使其专业知识掌握得更加牢固,也能使其认识到身为卫生事业工作者的重要性,唤起他们心中对职业的敬畏和责任,日后投入工作中也会有更多的经验。大学文化底蕴之深厚,反映在大学的办学理念和追求,也反映在日后发展过程中形成的独特文化中。且就《中国医学教育改革和发展纲要》中所提及,中国医学教育不仅要文、理、医三管齐下,也要继续使医学教育的特点得以体现。借助综合性大学所提供的平台,进行有益于学生身心健康的大学活动。通过各种领域的融合和交叉,拓宽医学生的眼界,佐以综合性大学丰富的资源,使医学生得到综合性大学文化的熏陶,从各色活动中提高自身的综合实力。这样不仅锻炼医学生的能力,激发医学生对专业的学习热情,还能使他们的精神得到丰富,在整个医学教育的过程中处处体现人文教育。

三、思想政治教育工作体制逐步成熟

医学院校已经形成了较为完善的思想政治的工作机制和组织形式,将对学生的思想政治教育放在重中之重。在组织上,学校有专门的教学部门来负责思想教育工作,这包括三个相互配合的工作体系,即贯穿于学校各个部分的党的组织、专门面向学生工作的行政部门,以及团委系统,还形成了两只稳定的工作队伍,即专职教师队伍和辅导员队伍,进一步使医学院校的思想政治教育工作的开展更加系统和有组织性。

四、思想政治教育的实际效果显著

随着医学院校思想政治教育工作不断成熟与完善,医学院校和其他高校一样,已经取得了一定的成绩和效果,为进一步发展及迎接新的挑战,打下了坚实的基础。这表现在:其一,在政治认知方面,学生表现了坚定的政治信念和成熟的政治辨别力,学生入党积极性也逐年提高。其二,在生活认知方面,绝大多数学生能够自强自立,较快融入大学的氛围之中,通过各种途径提升自己的各种能力。其三,在专业认知方面,能够热爱本专业,投入学习并探索专业知识的前沿,主动在实践中提高自己的医术水平。其四,学生的道德认知与社会能力有了显著提高,能正确判断医患、家属和相关人员的关系,能够比较自觉地运用医德在具体的医治实践中,体现了良好的道德修养和高尚的人格。

第三节　新时代医学生思想政治教育时代特征

作为思想政治教育最鲜明的特征之一，时代特征可以更加清晰地体现思想政治教育的变化与发展，但无论各个时代的思想政治教育如何，其本质都是社会或组织用一定的思想政治理念，对人们进行潜移默化的影响，进而令他们形成与当今社会相适宜的思想政治理念，进行合理合规的社会行为。但是由于时空的差异，各种思想政治教育也会形成不同的教育重点，继而形成一些非本质的教育内容。

一、中国特色社会主义历史方位转变

党的十九大报告指出，在各领域的不懈努力之下，中国特色社会主义进入了新时代。党做出我国处于新时代历史方位的科学研判，是因为改革开放40年、特别是十八大以来党领导人民不懈奋斗取得了巨大成就，党和国家的面貌已然焕然一新，在世界的舞台上展现出独特的风姿。在以习近平同志为核心的党中央领导下，我们已经实现了第一个百年奋斗目标，因此我们更要乘胜追击，达成第二个百年奋斗目标，全面建成社会主义现代化强国。

新时代的变化需要新时代的接班人，这便为医学生思想政治教育提供了依据，医学生思想政治教育要随着时代的变化而变化。多年来的变革从根本上解决了很多长期存在的问题，这也为科学的中国特色社会主义理论提供了经验，使思想政治教育内容变得更加让人信服。医学生思想政治教育内容要反映新时代的变化，一方面要全面阐述新时代的伟大成就，把中国经济、政治、文化、社会、生态建设的成就与学生生活变化、身边社会变化现象结合，特别是要关注民生建设的成就、全民医疗保障事业的发展，引导学生深化内心的成就体验，关注中国军队建设的成就、中国国际影响力激发学生自豪感，进而以实践成就说明中国特色社会主义理论的正确性。另一方面要把发展中的问题、改革的进程持续纳入思想政治教育内容之中，体现思想政治教育内容对现实的客观反映、不回避问题，同时以对问题产生原因、解决办法的分析来解决学生思想困惑。医学生思想政治教育内容实事求是反映新时代的变化，从而增强内容的逻辑性、合理性、可信性，有利于教育效果的实现。

习近平新时代中国特色社会主义思想是马克思主义中国化的结晶，是中国特色社会主义的产物，是新时代中国思想的引领，为医学生思想政治教育内容的建构提供理论基础，必须长期坚持和践行。医学生思想政治教育体系要与习近平新时代中国特色社会主

义思想融合,并将其放在极其重要的地位,从而摆正思想政治教育内容的航向,进一步落实到对学生的实际教育中。学生思想政治教育内容的构建要服务于培养承担伟大历史使命的接班人。中国而今所进入的时代,是比以往任何时期更靠近共同目标的时代,也是更具有实力实现伟大目标的时代。但越是接近这个目标越是艰难,困难、障碍、问题越多,为实现这个伟大使命,需要一代代人不懈接力奋斗。为实现这个伟大目标医学生思想政治教育要培养政治立场坚定、献身祖国医药卫生事业的社会主义医学人才,要通过内容建构把新时代的奋斗目标、发展战略、指导思想灌输给学生,教育学生自觉承担新时代的历史使命。

我国的主要矛盾已经有所转变,现如今人民对于美好生活的需求已然并非往日那般容易满足,满足人民需求是医学生思想政治教育内容的最终目的。转变主要是因为中国的生产力已经达到中高水平,人民生活实现总体小康,生产力低、物质生活水平落后的时代已然一去不复返,我们现在应该向前看,着眼于解决当今社会所存在的主要矛盾。医疗领域的需要是人民的重要需要,随着物质生活条件提高,人民的健康需求增加,人民需要的不仅是基本的医疗保健,还会需要更高水平的医疗保健服务,医学院校应该培养出满足社会和人民需求的高素质人才,进而促进我国医疗卫生事业的飞速发展。

二、意识形态强化

改革开放以来,物质生产繁荣的同时,精神产品日益丰富,其中不乏因开放搭载着技术交流、文化交流的顺风船而来的、带有意识形态斗争性质的文化产品和理论思潮。应对这种长期斗争,放任与屏蔽都不是良策,扎好自己的思想篱笆是关键,即用马克思主义思想武装人,用社会主义先进文化塑造人,用正确的舆论引导人。其中处于"三观"形成期的青年学生是重点教育对象。

1. 强化意识形态斗争的需要

"所有意识形态一旦出现,就和现存的观念材料一起结合进而发展起来,并对这些材料做下一步的处理;否则,它就不是意识形态了,就是说,它就不是把思想作为独立地发展的,单单服从自身规律的独自存在的东西来看待了。"[①]自社会主义国家出现后,意识形态的斗争就没有停止过,当前的斗争呈现出更为隐秘、更为复杂、更为激烈等特点。在社会主义与资本主义意识形态斗争过程中,往往是资本主义世界处于进攻、社会主义世界

---

① 恩格斯.路德维希·费尔巴哈和德国古典哲学的终结[M]//马克思,恩格斯.马克思恩格斯选集:第4卷.北京:人民出版社,2009:309.

处于防守的态势,对社会主义国家进行意识形态的渗透,目的是击败社会主义意识形态,就是"和平演变",目标是颠覆社会主义国家,进而完成全世界资本主义的"大同"。如苏联解体被西方世界视为和平演变策略的成功,其间尼克松的《1999不战而胜》、福山的《历史终结论》声名鹊起,资本主义的全面胜利似乎近在眼前。事实上,中国的稳定迅速发展和国际地位的迅速上升,打破了资本主义"不战而胜"的预言,结束了"历史终结论",同时促使西方的意识形态进攻采取更加隐秘的方式。面对意识形态斗争,党和国家坚持用马克思主义理论来坚守阵地,增强社会主义、共产主义理想教育,社会主义道德教育,中国特色社会主义理论,社会主义核心价值观教育等。在坚守主阵地的同时,要主动出击,击溃资本主义意识形态的虚伪性、揭露其实质、论清其危害。对医学生的思想政治教育应增强两方面的吸引力。一是阐明马克思主义、社会主义的优势,二是厘清西方错误思潮的谬误。社会主义意识形态是马克思主义理论的重要内容,它的科学性、为人类发展做出的贡献是举世公认的;中国特色社会主义道路、理论、制度的优越性是大家有目共睹的;中国文化海纳百川、互利共赢的价值观、全人类命运共同体的使命感和责任感是被世人所感佩的。① 这些优势要在内容中充分展示。西方的极端个人主义、后现代主义等,自己深受其害,却又极力向社会主义国家传播,总之就是要社会主义国家的青年成为自私自利、没有家国责任感、颓废或暴力的一代,与我们要培养的社会主义接班人背道而驰,使社会主义事业后继乏人。

2. 党和国家高度重视高校思政工作并寄予厚望

2013年8月全国宣传思想工作会议上,习近平总书记提出,意识形态工作是党极其重要的一项工作,宣传思想工作就是要巩固意识形态领域中马克思主义的指导地位,巩固全党全国人民团结奋斗的共同思想基础。中国共产党的传统优势之一就是政治思想工作,在革命和建设时期政治思想工作都发挥了十分重要的鼓舞作用。思想政治工作(教育)的重点对象之一是青年学生,党和国家一直以来对高校的思想政治工作十分重视。习近平总书记在各高校考察讲话中对青年学生提出了许多殷切希望,他对北师大学生提出了做好老师的四个标准,对北大学生提出自觉践行社会主义核心价值观的期望,在十九大报告中习近平总书记号召广大青年勇做时代弄潮儿。2016年12月7日至8日,全国高校思想政治工作会议在北京召开,在会议上习近平总书记做出重要讲话,在高校思想政治工作史上这是第一次我们党的总书记出席并做重要讲话。讲话谈到了高等教育未来发展、高校党建和高校思想政治工作内容,习近平总书记在讲话中对高校思政工作对高校发展的意义、如何做好高校思政工作都做出了重要指示。教育引导学生正

---

① 张红丽.当代医学生思想政治教育内容建构研究[D].长春:吉林师范大学,2018.

确认识世界和中国发展大势,不断树立为中国特色社会主义共同理想和共产主义远大理想而奋斗的信念;正确认识中国特色和国际比较,全面客观认识当代中国、看待外部世界;正确认识时代责任和历史使命,用中国梦激扬青春梦,为学生点亮理想的灯、照亮前进的路;正确认识远大抱负和脚踏实地,把远大抱负落实到实际行动中,让勤奋学习成为青春飞扬的动力,让加强本领成为青春搏击的能量。习近平总书记所强调的这四个"正确认识"就是当下高校思政工作(教育)的任务,落实这个任务需要精心组织具体的教育教学内容,体现党和国家的最新要求,紧跟时代发展大势。

3. 高校思想政治理论教育的顶层设计日益重视

党和国家高度重视高校思想政治工作,高校思想政治教育工作近七十年实践,思想政治专业三十几年发展,马克思主义一级学科十余年建设,特别是2015年以来,教育部颁发了系列提高高校思政工作整体效度、强化思政学科与课程建设的文件。2015年7月教育部与中宣部联合发布了《普通高校思想政治理论课建设体系创新计划》、2017年9月教育部发布了《高等学校马克思主义学院建设标准(2017年本)》、2017年12月教育部党组发布了《高校思想政治工作质量提升工程实施纲要》等系列文件,对思想政治教育教材建设、教学方法、学科建设、师资队伍建设、辅导员队伍标准、提升课程育人、活动育人、管理育人质量等做出明确规定,鼓励在内容组织和教学方法上不断创新,实现思想政治理论课建设的体系化、思想政治工作的规范化、提高思想政治教育效度。这些文件虽然是对高校思想政治教育工作的普遍性要求,但各层次、各地区学校情况不同,具体落实办法和侧重点也会不同,其中如医学类、石油类等行业类院校应探索自己的思想政治课建设规律。

4. 思想政治教育学科发展支撑

1984年思想政治教育本科专业确立,政治工作的经验被总结为系统的理论、学术成果,并开始成建制、规范化培养思想政治工作的人才,这既是新中国思想政治工作(教育)发展成熟的结果,也是哲学、社会科学发展的必然。1990年成立思想政治教育的硕士点,1997年成立思想政治教育的博士点,2002年有三所高校的马克思主义理论与思想政治教育学科点被评为国家级重点学科。学科与课程相辅相成大踏步前进,高校的思想政治教育工作此后逐步完善发展壮大,明晰了高校思政课的设置是从"98"方案到"05"方案,2005年开始增设马克思主义理论一级学科,思想政治教育作为其中的二级学科,学科有了更加精准的定位。学科发展为思想政治教育人才培养和基础理论研究提供了极大支撑,同样也是思想政治教育的稳固依托。教育部一系列文件及相关会议、活动以及全国高校思想政治工作会议的召开都说明党和国家对高校思想政治工作的高度重视,为医学生思想政治教育内容的建构提供政策支持,后者正是从微观着眼落实此次全国高校思想政治工作会议和总书记讲话的精神、落实教育部一系列关于加强和改进高校思想政治教育工作文件精神的具体办法。思想政治教育学科发展,其内容研究成果为医学生思想政治教育内容建构提供理论支持,后者在实践中检验思想政治教育理论的正确性。

三、医学教育改革

医疗改革是牵动民生的大事,涉及全民健康保障体系的健全,是全面深化改革的重点工作之一,也是世界各国持续探索的难题之一。医疗改革涉及医院管理、医疗资源布局、全民医疗保障、药品供应制度等重大事项,更涉及医学人才的使用标准、流动机制等,医学教育必然要顺应医疗改革的大势积极推动自身的改革。

从高等教育的根本任务来看,各高校都应把立德树人放在人才培养的核心位置,这一点在医学教育中尤为关键。医学是一门科学与人文交叉的学科,医学生职业要面向的是"人",工作内容是人的生命健康,这就决定了医学教育不同于其他教育的特殊性所在。其他专业教育培养的人才所从事的工作多是面对物,也有如师范、心理学类人才的工作也面对人、为人服务,但其工作内容是提高人的素质、完善人的人格。而医学生将要从事的是"生命所系、性命相托"的职业,医学教育中医学生思想政治素质教育与专业知识教育同样重要。科学是无国界的但科学家有国家,医学生的马克思主义思想素质、社会主义政治素质、无私奉献的道德素质直接涉及人民生命健康、社会稳定,涉及社会主义建设事业。

医疗改革涉及改革全局和民生建设的根本,我国医疗改革的过程也是医学教育不断改革的过程。破除"以药养医",转向"以医养医",建立"基层首诊、双向转诊"的分级诊疗机制等改革都对医生的培养提出了更高的要求,医学教育要满足社会需求、培养各层次优秀的医务工作者。优秀的医务工作者不但有精湛专业技术,更加重要的是要有高尚的医德。这些年来,国家颁发的各种医疗改革意见,如《国务院关于建立全科医生制度的指导意见》《中共中央国务院关于深化医药卫生体制改革的意见》《"十三五"深化医药卫生体制改革规划》等都提及医学人才培养与利用的问题。教育部与卫生部根据医疗改革的设计,从中国医学教育实际出发,参考国际医学教育发展经验,就医学教育改革推出了多项政策和措施。2012年5月7日,教育部、卫生部以教高〔2012〕6号印发《关于实施临床医学教育综合改革的若干意见》,以教高〔2012〕7号印发《教育部卫生部关于实施卓越医生教育培养计划的意见》,这些印发的文件引导着医学教育改革的发展。

医学简单来说是"小学科、大民生",医学生的教育是关系到居民生命健康的头等大事,医学教育的质量是重中之重,医学教育发展改革、卓越医生培养计划等计划的出台目的是不断提升医学教育的质量,从而适应社会发展需求。为了进一步加强中国医学教育的教学水平,2008年教育部出台了《本科医学教育标准——临床医学专业(试行)》(以下简称《标准》),这是一部以国际临床医学生培养标准而制定的中国医学的教育标准,至2020年将对国内所有医学院校完成认证,对医学教育提出了具体的可量化的标准。2016年又出台了2008版的修订版。在2008版《本科医学教育标准——临床医学专业(试行)》中,学生培养目标的第一项"思想道德与职业素质目标"中一共提出了十二项相关具体要求,其中包括"珍视生命,关爱患者,具有人道主义精神;遵纪守法,树立科学的世界观、人生观、价值观和社会主义荣辱观,热爱祖国,忠于人民,愿为祖国卫生事业的发展和人类身心健康奋斗终生;将预防疾病、驱除病痛作为自己的终身责任;将提供临终关怀作为自己的道德责任;将维护民众的健康利益作为自己的职业责任;树立依法行医的法律观念,学会用法律保护患者和医者自身的权益",等等,这些目标都在思想政治教育内容范围内,或者说主要通过对于医学生的思想政治教育来实现,这就要求从医学教育改革的实际出发,建构医学生思想政治教育内容,形成适应医学教育改革的内容体系。2016版《标准》提出了对于医学生的思想政治素质要求,即"中国临床医学专业本科毕业生应树立正确的人生观、世界观、价值观,热爱自己的祖国,忠于祖国的人民,遵纪守法,愿意为祖国卫生事业的发展和人类身心健康奋斗终生"。在具体要求的四个方面中,设置了职业素质要求一项,即医德和医学人文素质。把2008版分散的十二条进行了归类,两个版本体例不同,但对素质要求的本质是一致的。教育部正陆续完善医学教育其他专业的认证标准,规范医学教育,增强教育水平和质量。

第四节　新医科背景下思想政治教育体系构建

一、思想政治教育的基础性内容

医学生思想政治教育的基本内容是以基本的思想政治素质培养为准则,具体包括社会主义道德、中国化马克思主义理论、基本国情、形势与政治、马克思主义基本理论、中国特色社会主义民主法治等内容。

(一)马克思主义基本理论

马克思主义是全党的主要指导思想,马克思主义基本理论是思想政治教育的核心内容,同时也是保证思想政治教育社会主义方向的内容,是抵御各种错误社会思潮的根本思想武器，主要涵盖马克思主义的三大组成部分——科学社会主义、马克思主义哲学、马克思主义政治经济学。作为医学生思想政治教育内容，侧重于理论框架和必要的理论内容，不包含理论背景、延伸知识。

(二)中国化马克思主义理论

中国化马克思主义理论是马克思主义在解决中国具体问题时通过获得的经验从而上升到理论，是马克思主义理论在中国现实国情的丰富和发展，其中包括毛泽东思想和中国特色社会主义理论体系。毛泽东思想内容包括社会主义改造理论、社会主义建设理论和新民主主义革命理论，并以新民主主义革命理论作为其中主要内容。中国特色社会主义理论体系是一个开放包容的理论体系，是自从改革开放以来中国共产党探索中国特色社会主义道路过程中慢慢形成的，包括邓小平理论、"三个代表"重要思想、科学发展观和习近平新时代中国特色社会主义思想，其中习近平新时代中国特色社会主义思想是马克思主义中国化的最新理论成果，是中国特色社会主义现代化强国目标实现的行动指南。毛泽东思想重点突出新民主主义道路理论、资本主义工商业社会主义改造理论、三大法宝理论和社会主义建设探索过程中的正反经验对比等内容。中国特色社会主义理论体系突出各时期理论发展史及习近平新时代中国特色社会主义思想产生的必然性，包含改革开放理论、社会主义矛盾理论、社会主义初级阶段理论、五位一体建设理论、党的建设理论、祖国统一理论、外交政策、民族团结及统一战线理论等。中国化马克思主义理论贯彻了马克思主义的观点、立场、方法，解决了中国革命、建设和改革中发生的现实问题，与马克思主义一脉相承，又与时俱进地发展了马克思主义，这些都是被实践证明正确的理论，是全党和全国人民智慧的结晶。

近年来，随着中国特色社会主义逐渐迈入新阶段，中国逐渐进入新的历史方位，人民对美好生活的需要不断增长，而我国发展仍存在不平衡、不充分等问题，对此，深化改革解决发展的不平衡、不充分问题是关键。习近平新时代中国特色社会主义思想为我们明确了"建设中国特色社会主义中间要走什么路线、最终具体要呈现什么样的效果"等一系列问题的答案。让学生学习具有中国特色的马克思主义理论知识目标是要医学生掌握具有中国特色的马克思主义理论各组成部分的主要内容，价值目标是巩固医学生热爱并忠诚于中国共产党，坚持道路自信、理论自信、制度自信和文化自信。

(三)中国特色社会主义民主政治理论

在同时符合始终跟随党的步伐，人民权利合法自由，人民人人平等，严格依照法律治理国家这几条理念时，通过适合我国社会主义法治国家和民主政治建设所进行的探索的经验总结,就是中国特色社会主义民主政治理论。如果没有党的领导,那我们人民的民主权则无法得到保证,我国也不能顺利地严格依照法律来治理国家;而假如人民失去了民主权,那也就不存在社会主义民主政治;若国家无法严格按照法律治理国家,那党也就失去了管理国家的基本途径,因此这三者于我国社会主义民主政治来说缺一不可。中国特色社会主义民主法治理论教育的知识目标是使医学生了解中国的基本政治制度设置、权力分配、法治建设的状况,价值目标是引导学生树立权利意识、民主意识、法治意识。

(四)社会主义道德

对于我国社会主义道德建设,要以我国的基本国情为出发点,以人民为主体,坚持以为人民服务为核心,以社会、职业、家庭为着力点。在具体的建设中,更要把这些内容具体化、明确化、规范化,使全民都认可它,遵从它。社会主义道德是植根于社会主义经济基础,与社会主义的经济、政治、文化状况相适应的社会道德。社会主义道德教育知识目标是使医学生掌握基本的行为规范、道德要求,价值目标是引导学生树立奋斗理想、树立以德治国的理念、理解共产主义信仰的崇高性。

(五)基本国情与形势政策

基本国情和形势政策内容与社会现实联系最为紧密,是实践性内容。如今我国的基本国情是处于并将长期处于社会主义初级阶段,社会主义初级阶段是指我国如今是社会主义社会,但仍处于一个初级阶段,这是从社会性质以及发展程度两方面来说的。所谓初级阶段,就是不发达阶段。这种不发达不只是表现在一两个方面,而是表现在经济、政治、文化、生活等各个方面。基本国情与形势政策教育在知识目标上是使医学生理解基本国情的内涵、把握基本国情发展的阶段性变化、了解国内外时事,价值目标是引导学生树立初级阶段基本路线不变观念以及巩固其国家、民族的责任意识。

(六)习近平新时代中国特色社会主义思想

作为马克思主义中国化最新理论成果,习近平新时代中国特色社会主义思想针对"进入新时代后,我国坚持和发展中国特色社会主义的目标和途径是什么"做出了深刻解释和回答。当代大学生就是要实现和完成新时代目标的建设者和接班人,必须深入领会其中真谛,并理论联系实际应用到自己的学习、工作、生活中去,自觉坚持习近平新时代中国特色社会主义思想的指导。

二、医学生个体发展相关性内容

思想政治教育内容的安排以"供给方"的需要为基础,接受一方能否接受还需考虑"供给"能否满足接受方的"需要",满足接受方个体发展需要。医学生作为特殊群体对思想政治教育的全面发展功能有自己的要求,医学生要实现进一步的社会化,需要有个人道德修养、医学职业道德修养、身心健康的内容和方法的具体指导。思想政治教育应当在内容上给予充分的安排。

(一) 医学生个人道德修养内容

在我们逐渐成熟的过程中,不同的阶段所要求的思想道德标准也是不一样的,儿童的道德观念是人最早获得的社会化标准,如集体观念、共享观念、纪律观念、行为礼貌观念。随着年龄的增长,逐渐形成稳定的道德认知和信念,这将对个人行为发挥定向功能,决定人的行为动机和行为方式。医学生个人道德修养除一般的诚信、明礼、守法、勤劳、勇敢、乐于助人等基本道德外,还应包括仁爱之心、甘于奉献、节制物欲、慎独等指向未来职业的个人更好水平的道德。医学生的仁爱之心应是对万物皆有爱护之意,爱自己爱家人到推己及人、爱所有同类的"人",推人及物爱自然界的万物,仁爱之心表现为换位思考的习惯、设身处地为他人着想;表现为同情弱者、愿意帮助弱者;表现为宽容对待人和事、理性处理问题。医学生甘于奉献应是对家庭、社会无回报地贡献自己的力量,体现为有家庭责任感、为家人做力所能及的事情,有社会责任感,积极参加志愿者活动,为社会提供义务服务。医学生节制物欲应是意志品质之一,应是对懒惰、享乐欲望的自我约束,体现为有规律的健康学习生活、对未来有明确目标、不虚荣不贪婪、不为物役。医学生的慎独是自我内心监督,既是道德内容又是修养方法,体现为知行合一、坚定内心的道德原则不盲从。医学生个人品德教育内容在知识目标上要掌握道德要求的内容,理解这些道德的作用,价值目标上引导学生树立自己的道德底线和原则。

为了使医学生在未来生活中能够完美符合职业标准,真正做到奉献社会,关爱病人,遵守医德,学习阶段培养良好的人际交往能力以及自我管理、攻坚克难的能力是一项重要工程,而这些品质则是这其中的关键。

(二) 医学职业道德修养内容

职业道德包括职业态度、职业理想、职业责任、职业技能、职业纪律、职业作风几方面的道德,而"爱岗敬业、诚实守信、办事公道、服务群众、奉献社会"就是我国在相关法规中对一般职业道德所做的相对明确具体的要求,医学职业道德当然要以此为基础,但这只是针对所有职业设定的普遍性要求,同时也是职业道德的最低水平线,而医学对于人类来说是极其特殊,极其重要的,因此医学工作者也要有超越其他职业的道德标准,以此来严格保证其工作质量。"健康所系,性命相托",因与生命的重大关切,对医学从业者职业行为必然会提出高标准的道德要求,对于医学从业者来说,除了一般的职业道德标准,医学工作者还要拥有坚定的职业信仰,要严格做到救死扶伤,廉洁自律,勤业精业。医学生职业信仰是指医学生随着对医学和医学职业的了解,对医学职业的认识逐渐从谋生手段到职业选择到人生事业到医学信仰的心理发展过程,表现为主动学习、自觉全面发展职业素质,树立职业信仰的医学生投身医学事业的动力更加强劲。医学生职业信仰的培养对于个人职业发展、医学人才队伍职业忠诚、培养专家型医疗队伍具有重要意义。医学生勤业精业是指在专业领域不断克服困难、勇于突破、努力探索的精神,从自然科学角度看,医学是复杂而精深的学科,手术的精确度、用药的准确性都考验着医务工作者的耐心与技术;从人文科学角度看,医务工作者的每一个职业行为都与人的生命健康攸关,甚至一念生死。因此,医学生对医学技术精益求精的态度也是职业道德要求之一。救死扶伤是医务工作者的天职、是医学职业与生俱来的职业道德要求。勤业精业具体表现:以为他人解除病痛的态度学习医学专业知识,以推动祖国医疗卫生事业发展为目标钻研医学技术,以为全人类医学发展贡献力量的理念涉猎医学前沿。廉洁自律的意识是当下对医学生重点培养的职业道德,廉洁自律意识内容既包括义利观的引导还包括法治观的教育,表现为洁身自好、以义为利、以己度人真心服务、践行明德知法守业。廉洁自律意识的培养使医学生在校期间构建清廉高洁的心理防线,生发坚持道德标准的信念,自觉抵御医疗腐败现象的侵蚀,有利于医疗行业清正廉洁形象建设。

(三)心理健康修养内容

心理与思想的界限在思想政治教育实践中一直是比较模糊的,也可以说没有心理学概念,在这其中,这两者并没有独立出来,相反的,它们是被混合在一起的,尤其在面对一些认识上的问题时更加无法判断具体是哪个方面。而实践逐渐发现,一些"思维"问题不能用价值取向的方法来解决。这样的"思想"问题实际是心理问题,如抑郁、焦虑等心理状态,严重的发展到抑郁症、焦虑症、甚或是精神类疾病。从另一个角度来讲,拥有健康良好的心理是进行思想教育的前提条件。没有健康的心理,则思想教育就无从说起,由此可见,心理健康教育在整体思想教育中是极其重要的,是不可缺少的前提条件。在1994年制定推出的国家各部委相关意见中,曾明确指出,无论如何,要以合理有效的办法使大中小学生树立良好的世界观、人生观和价值观,拥有健全的人格和良好的心理素质,能够承受一定的痛苦与挫折。了解心理健康的基本知识,了解自我,发展自我,提高自我的心理调试能力是大学生心理健康教育的主要内容。医学生心理健康教育的内容除了一般内容外,还要有针对医学生的心理调适方法、为职业做准备的其他心理健康知识,不同群体的心理特点、病人心理特点、康复心理知识、药物心理知识与心理调适方法。医学生是学习就业压力相对较大的群体,心理调适方法格外重要。针对当代医学生成长的社会与家庭环境变化、抗挫折能力不足的特点,针对其承受着学习和就业叠加压力的特点,倾诉与社会支持、改变认知、情绪控制、寻求帮助是主要的方法。倾诉与社会支持是最方便的解压方式,可选择的倾诉对象很多,如同学、朋友、老师、家人等,这些社会关系又是医学生主要的社会支持力量。改变认知是心理调适的常用方法,压力来自于对超出自己能力范围的事物的无措,正确评价自己与事物之间的关系、调整看问题的角度、适当改变对事物、环境的预期等都可减压。情绪控制是培养平和心态的重要环节,通过自我观察、自我思考、转移注意力的方式将负面情绪控制在爆发之前,但情绪控制对个人能力要求比较高。寻求帮助是医学生要特别注意应用的方法,寻求帮助主要是指向心理咨询师寻求帮助,获得专业指导。不仅要在发现自己有了心理问题时寻求心理咨询师的帮助,还应该有主动咨询的意识,定期进行心理评估,了解自己心理状况。

三、与医学人文教育结合性内容

医学生思想政治教育与医学人文教育具有目的的一致性、内容的兼容性,在医学生思想政治教育内容中应当含有医学人文内容。其中医学的本质、哲学、法学和伦理学前沿等内容是较为关键和重要的。

(一)与医学本质相关的内容

对医学本质的认识是决定医学生在医学职业中是以技术为唯一发展方向还是以技术与人学兼容为努力方向的根本问题,同时也会对一般性的思想政治教育内容产生影响,中国特色社会主义理想、道德的教育效果就是例子。中外医学发展简史、医疗改革概括充当了与医学本质相关的主要内容。引导学生理解医学的本质和价值,学会从中外医学起源、古代医学发展成就、近代技术医学的利害中获取医学的社会性及人学性。领略中国医疗改革的历史和现状,尤其是重视中国共产党百年来的红色医疗精神,确定好自己职业发展方向,为投身祖国医疗卫生事业做好准备,使自己的责任感得到提升。

(二)与医学哲学相关的内容

科学的方法论是医学生学习和研究医学必备的理论工具。自然辩证法、马克思主义哲学认识论以及生死观教育是与医学哲学相关的关键内容。自然辩证法是马克思主义的自然观和自然科学观的反映,体现了马克思主义哲学的世界观、认识论、方法论的统一。对于人类如何认识世界,改造世界,一般来说人类所采取的手段和人类与科学之间的联系是对将科学作为媒介的事物之间的逻辑关联所进行的探索概括。领略马克思主义自然观、科学技术观,把握科学技术研究和实践的方法,用来指导医学生的医学技术的研究与实践。作为自然辩证法理论根源的马克思主义认识论和方法论,含有联系的观点、发展的观点、一分为二的观点、对立统一规律、质量互变规律,通过医学哲学相关内容的学习使医学生领悟到马克思主义认识论与方法论的科学性,并把这些方法应用于具体的实践。生死观教育包括生命观教育和死亡观教育,即如何看待生死,二者相辅相成不可分割。生死是每个人生命中所要经历的,而对于医学生而言,生死观的树立就又显得尤为重要,在其教育中,要意识到只有让学生真正理解死亡,才能真正理解生命的意义。医学生的生死观教育内容有珍视自然生命、追求精神生命、敬畏生命与临终关怀等内容。通过生死观教育能够使医学生深入地理解死亡的意义,反思生命存在的意义,尊重自己和他人生命,自觉执行临终关怀。

(三)与卫生法学相关的内容

卫生法是关于医院管理、医疗行为、药品生产的一系列规范的总称,随着依法治国逐步贯彻落实,法治国家正逐步建设,在这其中,包含一系列与医学相关的规范正确的卫生法是个尤为重要的部分。医学生在校期间应当学习《执业医师法》《医疗事故处理条例》,这两个内容与医学生学习、职业发展联系最为密切。医学生必须取得执业医师资格方可上岗,应当掌握执业医师资格取得的办法、如何注册、执业规则等内容。《医疗事故处理条例》是医学生将来最可能经常用到的法律,应当熟知。通过卫生法学的学习不仅使医学生掌握必要的职业相关法律,并且要与法治思维教育、法治国家建设教育相结合,从而使医学生树立法律至上的法治理念。

(四)医学伦理学前沿内容

医学伦理学是伦理学在医疗实践中的具体应用,即运用伦理学的一般理论来分析和解决医学实践、医学科学发展中各种关系之间的道德问题而形成的一门学科。与医学生思想政治教育结合,作为医学人文教育内容的医学伦理学前沿问题包括生殖伦理、死亡伦理和器官移植伦理等内容。生殖伦理中又包括人工生殖辅助技术引起的遗传学母亲与妊育母亲伦理问题、精(卵)子库伦理问题、被弃胚胎伦理问题、优生学伦理问题。人工生殖辅助技术的发展对解决不育问题来说确实是巨大进步,但其后果多半是伦理、道德、法律关系交织在一起，滥用生殖辅助技术产生的代孕母亲与生物遗传学母亲之间的权利争端，同一精（卵）子供体生物学后代婚配概率问题，培养的活胎、优生筛查被放弃的胎儿的生存权问题等具体问题都是摆在人类面前的伦理难题。死亡伦理包括安乐死、临终关怀伦理问题。安乐死与传统孝道的价值冲突、与医生救死扶伤天职的价值冲突问题，临终关怀标准与责任问题。器官移植伦理学是器官移植技术与当代社会文化、生命伦理观念交叉的产物。器官移植的伦理问题是伴随着这门学科产生的，其中就包括尸体器官移植伦理问题和活体器官移植伦理问题。器官移植与中国传统保护受之父母的"身体发肤"的孝道、最低死亡尊严"死留全尸"的观念产生很大冲突，因器官资源紧张又引发了黑市买卖、器官商品化等问题。医学技术的进步解决了生老病死中的一些难题，在时间上延长了人的生命，在空间上丰富了人的生命价值、增加了幸福感，同时技术应用、技术滥用又带来伦理难题。切实了解这些医学伦理的前沿问题与难题，一方面是使医学生对医学的社会目的、医学本质有更深刻的理解，另一方面促进医学生对医学伦理问题的关注，深入思考，为解决医学伦理难题贡献力量。

第二章 新时代医学生思想政治教育现状

中国特色社会主义进入新时代。新时代的到来,也使医学生思想政治教育面临着一系列的新形势、新特点、新挑战和新机遇。为了更好地适应新时代医学生思想政治教育的新要求,本章节围绕"医学生思想政治教育现状"这一主题,在查阅大量资料文献后,设计了相关调查问卷,通过问卷、课程调研和非结构式访谈等形式对当前医学生思想政治教育现状进行了充分调研,从中找出新时代医学生思想政治教育存在的不足和差距,并提出改进的建议和措施,为新时代提升医学生思想政治教育的针对性和实效性提供重要参考和依据。

第一节 新时代医学生思想政治教育现状调查与分析

医学生是大学生中的重要群体之一,其思想政治教育是医学人才培养的重要组成部分。新时代背景下医学生思想政治教育呈现出怎样的特点和变化,又存在哪些问题和不足,如何提高医学院校的思想政治教育质量和水平,是值得所有医学院校思考的问题。

一、调查概况

为了针对性地探究当前医学生思想政治教育现状,我们以河南不同办学层次、类型、地域的五所高等医学院校为基础,通过问卷星 APP 发放《新时代医学生思想政治教育现状调查》网络问卷,对五所院校 2019—2021 级的部分在校医学生进行了问卷调查,各高校按相同比例发放调查问卷 1 000 份,共发放调查问卷 5 000 份,回收有效问卷 4 820 份,有效回收率为 96.4%。本次调查涉及的相关医学专业有临床、药学、儿科、麻醉、公卫、检验、口腔、康复、法医等。此外,还进行了相关课程调研和学生、思政课教师、辅导员、思政专家等不同群体访谈。问卷调查结果数据用了 SPSS 20.0 统计软件对数据进行了整理和统计分析。

二、调查结果统计与分析

(一) 新时代医学生思想政治素质现状分析

通过对调查结果进行分析看出,新时代医学生思想政治状况总体呈现出积极、健康、向上的主流态势,但也表现出颓废、沮丧等问题,值得引起足够的重视。

1. 医学生思想政治状况积极、乐观方面

通过问卷调查发现,医学生思想政治状况积极、乐观方面主要可以归纳为以下几点。

(1) 政治关注度高,关心国家发展,政治情感认同度高。通过调查显示,大部分医学生表示对时事政治关注度普遍较高,对国家发展改革充满信心,拥护中国共产党的领导,坚决维护以习近平同志为核心的党中央权威和集中统一领导,对新时代中国特色社会主义道路满怀信心,并坚信"两个一百年"奋斗目标一定能实现。这表明新时代医学生对党和国家发展充满信心,医学生中国特色社会主义道路自信、理论自信、制度自信、文化自信进一步坚定,他们自觉将个人价值实现与国家发展相结合,能够成为让党、祖国和人民满意和放心的新时代中国特色社会主义事业的合格建设者和接班人。

1) 政治头脑清醒,坚持正确政治立场。大部分学生具有鲜明的政治立场,在大是大非问题上能够保持头脑清醒并站稳脚跟,对走中国特色社会主义道路,全面贯彻执行党的基本路线坚定不移,面对西方在意识形态领域对青年渗透时,绝大部分医学生能够做到不被错误言论所左右,自觉保持政治上的清醒和坚定。在"对以习近平同志为核心的党中央治国理政的印象"这一调查问卷中,92%的学生认同"人民至上""廉洁务实""正风肃纪"和"信心满满";在调查问卷所列的"必须坚持马克思主义的指导地位不动摇""坚持和加强中国共产党的领导是中国特色社会主义事业胜利的根本保证""坚持同以习近平同志为核心的党中央在思想上政治上行动上保持高度一致""社会主义核心价值观是实现中国梦兴国之魂"等几个重大政治观点上,医学生表示赞同的占比为95.6%,表示"非常赞同"的平均占比为87.2%。

2) 对国家的改革和发展前景充满信心,对实现"两个一百年"奋斗目标、实现中华民族伟大复兴的中国梦充满信心。学生虽然认为"贫富分化依然存在,个人收入差距扩大"(60.2%)、"就业难,毕业无业可就"(46.2%)、"腐败问题"(38.6%)等依然是新时代影响我国社会稳定的主要因素,但也认为在新一届中央领导集体的领导下,这些问题会逐渐改善和解决,同时对"十九大绘就的新时代蓝图充满信心"(86.8%),也坚信"中华民族伟大复兴的中国梦一定要实现,也一定能够实现"(92.7%)。在学生座谈中,同学们也

纷纷表示,在以习近平同志为核心的党中央坚强领导下,祖国在经济、科技、外交、"一带一路"建设等方面取得了卓有成效的成就,国际地位显著提升,国际竞争力明显增强,相信在党的坚强领导下,祖国会越来越强大,中国梦也一定能实现。这表明医学生们对中华民族伟大复兴的光明前景充满信心。

(2)认同主流核心价值观,并成为社会主义核心价值观积极践行者。大部分医学生能够坚守价值追求,认同社会主义核心价值观,并乐意成为良好社会风气的积极践行者和推广者。

1)认同主流核心价值观。在"爱国、敬业、诚信、友善是每一个公民必须遵循的价值准则""青年要使社会主义核心价值观成为自己的基本遵循,并身体力行将其推广到全社会去""国家的繁荣、社会的发展离不开个人,个人的发展也离不开国家和社会""医学生要树立远大理想,坚持实现自身价值与服务祖国人民相统一"等问卷调查中,93.25%的学生赞同上述观点。这表明绝大多数医学生已经树立起了正确的"三观",社会主义核心价值观已成为大部分医学生的价值遵循并生根发芽。

2)深植家国情怀,时刻彰显着鲜明的爱国主义精神气质。在对医学生"中国速度""中国力量""中国精神""中国奇迹"等问题的认同调查中,83.2%的学生认为"非常认同",71.6%的学生认为"比较认同"。这说明,新时代大部分医学生通过历史对比、国际比较、社会观察、亲身实践,已深刻领悟和感受到党的领导、制度优势和人民力量在关键时刻的突出作用,显示出新时代医学生爱国主义思想根基日益牢固。

3)社会志愿服务活动参与积极性高。调查显示,医学生更乐于通过不同形式的实践活动去接触社会、了解社会、服务社会,展现出积极的社会参与意识和能力。93.6%的医学生表示愿意参加社会志愿服务,其中78.6%的医学生表示参加过社会志愿活动,主要形式包括参与公益慈善、社区服务、医疗下乡、养老助残等。特别是新冠肺炎疫情发生以来,医学生们广泛参与到所在村、社区的疫情防控志愿服务中,他们充分利用所学专业知识,投身社区疫情防控,广泛宣传疫情防控知识,成为基层疫情防控的坚实堡垒,这说明,新时代医学生乐于参与志愿服务活动中,展现出了强烈的参与意识和社会责任感,以实际行动主动融入国家建设发展大局中。

(3)知识素养不断提升,综合素质全面加强。调查结果显示,医学生们对"知识改变命运""医学生需要扎实的专业知识和良好的身心素质"表示"非常认同"(93.6%)。越来越多的医学生把学习作为一种人生追求和人生价值,选择不断继续深造、提升学历。与此同时,他们也越来越重视对个人综合素质与能力的提升,在对"除了正常的学习外,还积极参与校园各类活动锻炼自己""参加各类技能大赛,提高自身综合素质""考取各类资格证书提升自身能力"等问题的调查问卷中,有92.8%的医学生表示参与过校园各类文体活动。有57.2%的医学生表示参加过"挑战杯""创青春""互联网+""职业生涯规划大赛"等赛事,通过科研锻炼和技能比赛不断提升自己的综合素质。有73.6%的医学生表示学习之余会选择考取各类职业资格证书来"充充电""加加油"。毋庸置疑,随着现代社会竞争压力的日益增大,新时代医学生学习的主动性、自觉性进一步提高,他们对个人综合素质能力的提升也越来越重视,并通过不同途径和方法不断提升自己综合能力。

2. 医学生思想政治状况存在的问题

在调查问卷中,我们发现医学生思想政治状况在总体上呈现出健康向上的同时,也受到国内外环境和社会外部风气等的影响,部分医学生呈现出价值认知偏差、心态消沉颓废等问题,概括如下。

(1)思想政治观念功利化倾向。在新时代医学生中,绝大部分医学生爱国主义情怀深厚,呈现出对中华民族精神、文化的高度认同。在具有民族认同感的同时,也可以看到部分医学生思想观念还存在着功利化倾向,动机不纯,从个人出发,将个人利益放在第一位。在"是否申请加入中国共产党,你申请入党的动机是什么"问题上,选择"为了献身共产主义事业,全心全意为人民服务"的占28.3%,选择"入党个人和家庭都光彩,在亲戚朋友和同学面前也都光彩"的占24.9%,选择"为了将来更好的找工作,有更好的晋升机会"的占26.6%,选择"看到身边同学都写入党申请书,也就跟大流写了"的占14.8%,"没有申请加入中国共产党"的占5.4%。由此可见,在新时代医学生中,面对入党这一光荣的事情,考虑更多的是入党可以满足自身虚荣心,和对将来找工作时候提供"加分项",把入党简单地、功利化地作为未来找工作和个人事业发展的一种铺垫,医学生思想政治观念存在功利化的倾向。

(2)价值观多元化,存在以自我为中心的个人主义倾向。新时代医学生能够积极以社会主义核心价值观作为自己的人生观和价值观,但其也更注重实现自身的健康成长和在自我实现中得到全面发展。在"如何选择自我价值和社会价值"问题上,有17.4%的学生选择"绝对自我价值",有8.2%的学生选择"绝对社会价值",有47.1%的学生选择"优先自我价值,然后选择社会价值",剩下的27.3%的学生选择"优先社会价值,然后选择自我价值"。由此可见,"利己主义"观念已存在于部分医学生观念中,究其原因是新时代医学生受社会外部环境影响以及自身实践认知不足原因,对价值观的一些认知出现了偏差,导致他们的价值观出现模糊性、追求实用性、功利性和以自我为中心的不良价值观念。

(3)易受网络负面信息诱导,思想认知混淆化。作为伴网而生的一代,网络已全面深入地进入到了新时代包括医学生在内的大学生学习、娱乐、交往、生活的各个方面。一方面,他们从网络上获取信息、知识、咨询,但另一方面,网络的多元化,使得各种思想、各种价值观都出现在网络之中,特别是当前深受大学生追捧和喜爱的网络流行语、各类短视频平台、网络直播等娱乐方式所输出的价值观及思想导向良莠不齐,对医学生思想产生潜移默化的影响,很多医学生在面对多样化的思想观念时,出现了是非混淆、飘忽不定的现象,甚至催化了青年学生的失范行为。在"日常用网时间和网络使用情况"等问题上,有72.3%的医学生选择用网时间在3小时以上,更有8.4%的学生选择"只要睡醒就一直在用网",与此同时,频繁使用网络导致的结果就是,医学生们通过网络时代的"拟态环境"去认识和了解世界,由于他们缺乏必要的社会实践经验,不能去伪存真地鉴别各类思想、文化观点,尤其是当现实和网络出现不一致时,他们的价值观就容易出现偏差,受到一些落后的、腐朽的、错误的思想误导,这种不健全的"网络人格"在面对新时代党和国家赋予新一代青年使命和重任时就显得极不匹配。

(4)部分医学生奋斗意识低落,容易产生畏难心理。绝大多数医学生从小在父母的呵护下成长,没有吃过苦,更缺乏吃苦耐劳的动力,遇见问题容易有"畏难情绪",产生畏难心理。在"您是否支持大学生'佛系'心态"问题上,有43.5%的学生选择"支持,社会竞争压力太大,应该佛系人生",有45.2%的学生选择"不支持,奋斗的人生最美丽",剩余的11.3%的学生选择"无所谓"。由此可见,有部分医学生追求"低欲望"生活,看到困难常常自己先主动放弃,选择转入"佛系",缺失了敢闯、敢搏、敢拼的奋斗精神。与此同时,他们中的部分医学生在面对压力和困难时容易产生浮躁、焦虑情绪,负面情绪和畏难情绪不能及时消解,长期压抑甚至影响心理健康,带来身心伤害。

(5)心理素质不稳定性。新时代医学生,特别是经过新冠肺炎疫情防控大势的洗礼,他们都呈现出较为深厚的医者情怀,有较强的拼搏意识和学习意识,寄希望于能够通过自己的努力去为患者缓解病痛,为人类健康事业贡献出自己的力量。在日常生活中,他们注重自我顽强意志的磨炼,注重自身科学思维能力的提升,特别是注重加强个人职业修养,为将来成为一名合格的医务人员奠定坚实基础。与此大相径庭的是,新时代医学生自身心理发展又呈现出发展的不平衡性、极易波动性。在"个人心理、情绪层面"相关问题上,有32.4%的学生选择"常常莫名其妙情绪低落、想哭",37.5%的学生选择"时常感到焦虑",更有17.1%的学生选择"感到抑郁"。究其原因,是其自身的社会阅历与知识成长、情感丰富和意志的韧性常常不协调,知与行不能一致,常常有距离,甚至背离。在新时代数据信息全面渗透进生活各个领域的背景下,大学生的知、情、意、行面临着各方面的挑战和转变,长期处于家庭关怀保护下的一些人便会出现情感脆弱、意志薄弱等心理问题,影响大学生的健康成长。

（二）新时代医学生思想政治教育现状分析

1. 思想政治教育内容相对陈旧

在"当前医学生思想政治教育主要存在的问题是"这一多选题上，有62.4%的医学生选择"形式单一、内容枯燥，缺乏时代感"；有47.8%的医学生选择"学、用分离，单纯为了'分数'去死记硬背，没有做到学用结合"；有43.9%的医学生选择"注重灌输缺乏启发"；有41.6%的医学生选择"没有真正将理论与学生实际需求和现实关切相结合，获得感不强"。医学生思想政治教育的内容跟不上中国特色社会主义新时代发展的步伐，集中表现在两个方面：一方面，医学院校结合当今全球政治社会经济发展，围绕医学生所想所需所困，立足学生需求实际开展思想政治教育的能力不足，思想政治教育内容没有活力，吸引力不足；另一方面，作为医学生思想政治教育重要理论载体的马克思主义理论与时政热点、社会关切相结合不足，缺乏对时代问题的积极回应、对现实舆论热点的阐释力，还是传统形式上的"大水漫灌"，使得思想政治教育内容没有真正走进医学生灵魂，更谈不上激发医学生主动学习兴趣。

医学生思想政治教育的主渠道是思想政治理论课，其核心是思想政治理论课教学内容。准确把握时代脉搏、回应学生关切、增强现实阐释力的教学内容更有利于契合医学生的成长需求，增强医学生的学习热情，提升教育效果。但是目前，医学生的思想政治教育内容仍然存在着较为深奥、枯燥、偏理论轻实践、针对性不强等问题，导致思政理论课教师对教材重难点把握不准，讲授的内容也较为泛化，不能够匹配医学生的思维方式和思想特点，无法满足医学生的需求。医学生们在学习相关理论知识时较为吃力，理解起来较为抽象，缺乏学习兴趣，有些甚至只是期末考试前突击死记硬背理论知识，并没有自己深刻独特的见解，没有入脑入心。

2. 思想政治教育方式方法落后

在"当前医学生思想政治教育方法存在的主要问题"这一多选题上，有58.6%的医学生选择"教学手段形式单一"；有46.3%的医学生选择"重知识灌输，缺个人思考"；有43.7%的医学生选择"缺乏与医学的联系，缺少针对医学生群体的教育方式方法"。目前医学生思想政治教育以思想政治理论课为主，传统的课堂讲授法是最为普遍的教育方法。在这个过程中学生常常是"人在曹营心在汉"，思政课并没有真正走进学生心里。而"互联网+"时代的到来，医学生们获取信息和知识的途径更加多元化、便捷化，知识呈现的形式也由课堂讲授为主的"二维平面"模式向动态视频展示为主的"三维景观"模式转变，从某种程度上冲淡了传统教育方式的地位。面对新媒体环境的变化，若医学生思想政治教育仍采用原有一成不变的方式方法，将无法满足医学生个体差异性需求，实现思想政治教育的"精准滴灌"。除此以外,教学模式重理论灌输,轻课外实践,教育实效性不强,没有能够激活医学生"后浪"们的主体性,让思想政治教育"活起来",让医学生在实践中深化对理论的理解、深化认知,就会出现"学""用"两张皮,"知行脱节"的现象。

3. 把握重大事件契机开展思想政治教育的意识和能力还不足

目前,医学生思想政治理论课仍然注重按照教学大纲和教案讲义进行,对于重大事件特别是临时发生的重大事件,不能及时跟进教育,把握重大事件进行思政教育的契机掌握得不够。重大事件由于其发生具有突然性、冲击性,一些突发灾难和事故还具有很强的破坏性,加之现在信息传播速度更快、渠道更多,事件一旦发生就人尽皆知,但个别思想政治理论课教师却来不及对其进行细致研究,分析判断其性质,掌握其发生发展的规律,导致认识不清,不敢讲解,也不愿第一时间讲,从而出现不能较好利用重大事件的契机加强医学生思想政治教育的问题。

4. 医学生思想政治教育工作队伍不专业

医学生思想政治教育队伍主要包括学校党政工团干部、思想政治理论课和哲学社会科学课教师、辅导员、其他专业课教师等。从与思政课教师、辅导员群体和学生访谈中可以看出,当前医学生思想政治工作队伍存在着以下几点突出问题:一是具有医学专业背景的辅导员寥寥无几。在对其中一所本科医学院校的调研中发现,学校专职辅导员79人中,具有医学专业背景的仅7人,辅导员们普遍不了解医学相关知识,不利于结合医学生专业和医学生特质开展思想政治教育,且辅导员中具有教育学、思想政治教育、心理学专业背景的仅有19人,辅导员队伍专业化水平不高。二是思政课教师专业发展受限。医学院校更加注重自然科学的研究与发展,对于哲学社会科学的发展缺乏应有的支持,哲学社会科学的发展存在靠老师个人积极性和主动性推动。三是思想政治教育队伍建设缺乏协同性。思政课教师队伍建设、辅导员队伍建设、高校党政工团干部建设各自"单打独斗",没有建立应有的长效沟通协作机制,没有实现队伍叠加的最大化效应和全员育人的"同频共振"。

5. 医学生对思想政治教育的满意度不高

在"对目前本校思想政治理论课教学效果满意度"上,"非常满意"的仅占19.2%,"基本满意"的占42.1%,"不太满意"的占38.7%;在"您认为学校整体校园文化活动如何"选项上,"非常满意"的占17.8%,"基本满意"的占38.6%,"不太满意"的占43.6%;说明医学院校的思政课教学效果及校园文化建设与医学生现实需求之间存在较大差距,还不能满足学生的实际需要,各类育人资源还没有得到充分开发、利用,全员育人、全过程育人、全方位育人的工作体系还没有完全形成。

6. 思想政治教育工作平台建设不完善

在对五所医学院校思想政治教育工作平台调研方面,通过访谈宣传部长、马克思主义学院院长、学生工作部部长,我们发现,医学院校思想政治教育工作平台建设单一化,各平台建设机制和运行方式存在"散打式"行为,平台建设和管理相对紊乱,思想政治教育工作队伍还存在着不稳定因素,等等。随着时代的发展,新时代医学生思想政治教育不能单靠课堂教育,单一的课堂教育不能实现全面育人的效果,医学院校思想政治教育平台建设亟须从单一走向多元,通过多样化的平台建设完善思想政治教育工作平台,进而实现对医学生思想政治教育的全面提升。一是,应该改进和完善的是校园文化建设,目前医学院校校园文化建设偏向娱乐化,且同质化现象严重,"校园 cosplay 嘉年华""十大歌手赛"等活动,多以满足学生喜好为目标,缺乏精神内涵,校园文化在高校思想政治教育工作育人中的引领作用没有得到有效的发挥。二是,医学院校思想政治教育工作平台建设机制和运行方式不完善。医学院校中与思想政治教育工作相关的平台设施建设相对滞后,相关的教育实践基地平台难以同新时代思想政治教育工作要求相适应。现代化的思想政治教育基地和平台建设不够健全,医学生思想政治教育工作队伍的运行保障机制落后于新时代对医学生思想政治工作的内在要求,现有的职称评价体系和管理机制也不能较好地提升思想政治工作队伍的主观能动性和创造性,这些都在一定程度上影响了医学生思想政治教育工作实效。

第二节 新时代医学生思想政治教育面临的变革与挑战

医学生思想政治教育还存在着与医学教育要求不匹配、与医学专业教育融合度不够、教育方法滞后、缺乏吸引力等问题。分析这些问题产生的原因,最根本的是当前医学生思想政治教育与新时代发展要求不匹配、不适应,与党和国家对新形势下高校思想政治教育要求不相符合的问题。这就要求新时代医学生思想政治教育要深刻认识和把握新时代下医学生思想政治教育面临的变革和挑战,顺势而为、系统谋划、改革创新,为实现医学生思想政治教育高质量发展提供坚实保障。

一、医学生思想政治教育面对的变革

中国特色社会主义进入新时代,我国经济社会发展取得伟大成就、世界影响力显著提升的时代背景,党和国家高度重视思想政治教育、思想政治教育学科繁荣发展的专业

背景,健康中国战略、医学教育改革的社会背景,等等,为医学生思想政治教育提供了有利条件,医学院校应乘势而上,创建出具有自己特色的思想政治教育体系。

(一)新的历史方位:实现百年奋斗目标

党的十九大报告指出:"经过长期努力,中国特色社会主义进入了新时代,这是我国发展新的历史方位。""我们既要全面建成小康社会、实现第一个百年奋斗目标,又要乘势而上开启全面建设社会主义现代化国家新征程,向第二个百年奋斗目标进军。"在这样的背景下,新时代医学生思想政治教育紧扣时代发展主旋律,构建反映新时代变化的新内容,为培养新时代社会主义合格建设者和可靠接班人服务。

第一,要自觉以习近平新时代中国特色社会主义思想为指导。"习近平新时代中国特色社会主义思想是马克思主义中国化的最新理论成果,是中国特色社会主义理论的最新发展,是新时代全党全国人民的根本指导思想之一,是新时代开启新征程的理论指南,是必须长期坚持的指导思想。"[①]医学生思想政治教育全部内容体系的构建要以习近平新时代中国特色社会主义思想为指导,并作为重点内容贯彻落实到学生教育实践中,确保用新思想指导推动新时代医学生思想政治教育工作新实践,用新思想武装医学生头脑,保证正确政治方向。

第二,要将爱国主义思想贯穿其中。深入开展民族精神和时代精神教育,积极引导医学生把自身利益与国家、民族利益紧密联系在一起,增强医学生爱国情怀和民族自豪感,做到以热爱祖国、建设祖国,乃至献身祖国为荣,以损害祖国利益、民族尊严和荣誉为耻,使"国家兴旺,匹夫有责"的千年古训升华为热爱祖国、报效祖国的高尚情怀。

第三,要增强奋斗的自觉性和坚定性。中国特色社会主义进入新时代,"我们比历史上任何时期都更接近中华民族伟大复兴的目标,比历史上任何时期都更有信心、有能力实现这个目标。"[②]但越是接近这个目标越是艰难,困难、障碍、问题越多,为实现这个伟大使命,需要一代代人不懈接力奋斗。为实现这个伟大目标,对于医学生思想政治教育来说,就是要培养政治立场坚定、献身祖国医药卫生事业的社会主义医学人才,通过内容建构、形式创新、载体丰富等手段和途径,把新时代的奋斗目标、发展战略、指导思想灌输给学生,教育学生自觉承担新时代的历史使命。

(二)新的载体平台:提升新媒体运用能力

随着新媒体技术在信息收集、信息传播渠道、信息传递形式等方面的快速发展,新媒

---

① 张阿兰.新时代高校思想政治工作的路径探索[J].党史博采(下),2019(1):63-65.
② 习近平.在庆祝中国共产党成立95周年大会上的讲话[N].人民日报,2016-7-8.

体为新时代医学生思想政治教育工作提供了更为广阔的发展空间和更为有效的多元途径,为新时代医学生思想政治教育的创新发展带来难得的新动力。

第一,丰富了医学生思想政治教育的载体和平台。一方面,新媒体作为思想政治教育崭新的载体,教育者利用专题网站、网文、短视频、网络公开课等新媒体手段直接地、公开地、旗帜鲜明地向受教育者表明教育目的以期达到教育效果,拓宽了医学生思想政治教育的传播途径,同时也实现了思想政治教育过程的"随时在线",可以随时随地、不受时空限制地对受教育者进行思想上的引导、释疑、劝告和提供心理健康上的意见、建议。新媒体传播形态融合性的特征使医学生思想政治教育载体更具趣味性和吸引力,能够使思想政治教育真正融知识性、思想性和创造性为一体。另一方面,新媒体还丰富了思想政治教育的学习平台。互联网上储备的电子学习资源营造了全员参与学习的良好氛围,有助于构建"时时、处处、人人"的学习型社会。新媒体降低了获取知识和信息的门槛,部分网站链接了多种知识资源,如马克思主义经典作家的经典著作、最新最前沿的文献资源、系统的中国共产党发展历程等。慕课网链接了网易公开课、央视网中国公开课、学堂在线等多种免费的网络视频公开课资源,这些都为受教育者提供了极好的学习资源,开阔了知识的眼界,同时培养了受教育者自主学习的能力。

第二,实现了医学生的精准思政。以往的医学生思想政治教育更加注重"共性",而忽略了"个性"。思想政治教育中固然存在着一些共性的问题,但不同的教育对象需要的一定是针对个人差异的精准教育。而大数据的广泛应用,为实现医学生精准思政带来了无限可能。通过全面、快速地收集和记录受教育者的网络使用数据,了解受教育者的兴趣爱好和行为模式,知晓受教育者的思想状况和心理特征,发现受教育者的个人偏好和发展需求,把握受教育者的行为路径和方向,这将有利于因材施教,促进思想政治教育的个性化教育和精准化教学。在精准地定位受教育者的教育需求之后教育者可以有针对性地为不同的受教育者,以差异化的方式提供内容不同、形态各异、模式区别的教学资源,使供给满足需求,实现精准思政。

(三)新的教育改革:突出医学生思想道德修养

党的十八大以来,以习近平同志为核心的党中央多次强调,要把立德树人作为教育的根本任务,培养德智体美劳全面发展的社会主义建设者和接班人。医学生职业要面向的是"人",工作内容是人的生命健康,这就决定了医学教育不同于其他教育,具有特殊性。医学生的马克思主义思想素质、社会主义政治素质、无私奉献的道德素质直接关涉人民生命健康、社会稳定,关涉社会主义建设事业。2018年8月,教育部首次提出了关于积极推进新医科建设的系统性谋划,如何贯彻"新医科生命健康全周期医学"的新理念,培养既有扎实专业知识,又有人文情怀、优良职业素养的高素质医学人才,成为我国高等医学院校的重要任务,而这也为医学生思想政治教育创新提供了思路和方向。

此外,2020年5月,教育部印发《高等学校课程思政建设指导纲要》,明确指出"把思想政治教育贯穿人才培养体系,全面推进高校课程思政建设"。对于医学类专业课程的课程思政建设,提出要着力培养学生"敬佑生命、救死扶伤、甘于奉献、大爱无疆"的医者精神,注重加强医者仁心教育,教育引导学生始终把人民群众生命安全和身体健康放在首位,做党和人民信赖的好医生。这就要求医学类专业课程思政建设的实施,要从医学教育改革的实际出发,建构有利医学生成长、符合医学教育特点、反映时代特色、满足社会需要的医学生思想政治教育内容,形成适应医学教育改革的内容体系,这也为医学生思想政治教育创新提供了有利条件。

(四)新的教育契机:强化新冠肺炎疫情下的医学生思政教育

2019年年底,新型冠状病毒性肺炎暴发,这是新中国成立以来在我国发生的传播速度最快、感染范围最广、防控难度最大的一次重大突发公共卫生事件。自新冠肺炎疫情暴发以来,广大医务工作者主动请缨,"逆行"奔赴抗疫一线,用生命筑起保卫人民健康的"钢铁长城"。医护工作者生动的抗疫故事和伟大的抗疫精神,对医学生而言,是一次思想的净化和灵魂的洗礼,也给医学生思想政治教育提供了丰富的教育资源和强大的精神力量。因此,要牢牢把握抗击疫情带来的教育契机,将其融入医学生思想政治教育全过程。

第一,开展理想信念教育。通过学习宣传党中央关于新冠肺炎疫情防控的一系列重大决策部署和各地区贯彻落实的有力行动,充分感受中国精神和中国力量,不断增强战胜疫情的决心和信心。用疫情防控的实际行动加强对医学生的思想教育和价值引领,使广大医学生在一个个生动事例中更加坚定"四个自信",增强中国特色社会主义的认同感,引导青年医学生把自己的价值选择、职业选择、人生选择同祖国的前途、民族的命运紧密联系在一起,更好地实现人生价值、升华人生境界。

第二,加强职业素养教育。在新冠肺炎疫情防控阻击战中,广大医护人员义无反顾投身于抗击疫情的第一线,书写着可歌可泣的英勇故事,凸显了"敬佑生命,救死扶伤,甘于奉献,大爱无疆"的医者情怀。在医学生思想政治教育的过程中,要融入"以人民为中心,生命至上"的人本主义精神和"医者仁心、敬佑生命"的人道主义精神,引导医学生认真学习医学知识,努力掌握医学技能,锤炼高尚医德,以仁心仁术造福人民。

第三,强化榜样教育,引导医学生向抗疫英雄、医学前辈们学习。医学院校有着得天独厚的抗疫资源,在新冠肺炎疫情防控中,各医学院校纷纷派出医疗队,奔赴抗疫一线,开展医疗援助,他们中涌现出了大量的抗疫先进个人和生动的抗疫故事。因此,要充分发挥身边抗疫先锋、抗疫英雄的榜样引领作用,邀请他们进教室、进课堂,用他们抗疫"战场"上的所见所闻、所悟所感,抗疫过程中最真实的故事,为医学生思政教育提供最好的素材和养料,给医学生以行为参照、激励启迪和价值向导。

二、医学生思想政治教育面对的挑战

互联网快速迭代、错综复杂的社会思潮、传统教育模式的脱节、新的教育教学改革……新时代的到来也对医学生思想政治教育产生了严峻的挑战。

(一)互联网时代"知识权威"的消解

传统的思想政治教育中,教育工作者占有绝对的主导地位,根据教育的既定目标,运用自己掌握的专业知识和专业技能,组织并实施思想政治教育活动,使受教育者形成符合一定社会要求的思想品德。教育工作者一旦树立积极而稳定的知识权威,受教育者对教育内容的信服感和认可度将在无形中增强,教育效果就会更加有序而高效。而在互联网时代,医学生们获取知识有了更加方便、便捷的渠道,课堂、教师不再是他们学习知识、了解外界的唯一渠道,这就使得受教育者与教育者处于同一信息平台,部分受教育者获取知识的能力甚至高于教育者,新型的知识生产和传播渠道、多样化的知识形态存在方式、更加开放和公共的教育平台弱化了教育者作为知识上位者的身份,这直接导致了思想政治教育工作者"知识权威"在一定程度上的消解。

(二)意识形态领域的斗争复杂

党的十八大以来,以习近平同志为核心的党中央不断加大意识形态工作力度,加强网络舆论监管,对错误思想,敢于亮剑、敢于斗争,坚决遏制各种错误思想炒作和蔓延,意识形态主旋律更加响亮,正能量更加强劲,文化自信得到彰显[①]。但与此同时,我们应该看到,意识形态领域面对的形势依然错综复杂,面临的风险挑战依然严峻,意识形态斗争和较量优势十分尖锐。一方面,在新媒体技术日新月异的今天,历史虚无主义等错误思潮借助微博、抖音、快手等新媒体平台,以"深度解密""还原历史""追求真相"为幌子,以娱乐调侃的形式蔓延至学生网络精神生活中,传播更具隐蔽性、内容更具虚伪性,导致马克思主义的主流意识形态一度受到巨大冲击,面临边缘化和认同危机。另一方面,包括

---

① 建设具有强大凝聚力和引领力的社会主义意识形态[N].人民日报,2018-09-21(07).

医学生在内的青年群体最乐于接受也最容易受到新事物、新思想和新潮流的影响,这些新思想、新潮流也潜移默化地影响着当代大学生的日常行为和思想。特别是在虚拟空间中,极端个人主义、功利主义、享乐主义等思想的传播十分迅猛,反之,集体主义和理想主义在冲击下变得淡薄脆弱,这些错误思潮的肆意传播也冲击着他们原有的价值观念和政治信仰。

(三)传统教育模式的制约与挑战

传统思想政治教育活动的开展有较为固定的模式,即以思想政治教育工作者为主导,在相对封闭的环境内,以面对面的课堂讲授、专题报告等为主阵地,以正面灌输思想政治理论为主要形式,对受教育者的思想政治品德产生一定的影响,使之符合特定历史时期和社会的要求。在这个过程中教育的主客体有明显的区分,学生处于被动地位。而随着新时代"互联网+"的广泛渗透,让新时代的大学生对新鲜事物有着极强的好奇心和求知欲,从某种程度上冲淡了传统教育模式的地位。一方面,削弱了传统思想政治教育正面灌输的教育模式,互联网的交互性极大唤醒了受教育者对自我在教育中的独立意识和主体地位的知觉,他们不再接纳正面灌输这种直接而简单的教育方法,他们更加渴望互动式、启发性的教育模式。另一方面,冲击了教育教学主阵地作用,课堂不再是接受教育的主要场所,学生们有更多获取知识和信息的平台和途径,这也给医学生思想政治教育带来了很多的不可控和不确定性。

(四)价值多元化背景下医学生价值观教育的挑战

当代大学生以"00后"为主要群体,他们是伴随互联网的兴盛而成长的一代,在全球化浪潮下,他们的思想观念和诉求也日趋多元和多变,大学生的价值观念也逐渐多元发展。一方面,他们具有更加强烈的主体意识和独立意识,会结合自身实际,做出符合自身需求的价值判断和价值选择。但另一方面,他们心理、思想上还不成熟,缺少理论基础,更缺乏社会实践,人生阅历还不丰富,他们的价值观受社会、特别是网络影响很大,造成价值观混乱。特别是新时代,大学生对于一元"灌输性"价值观教育的反感,过于功利、物质化的价值取向严重阻碍了思想政治教育者对医学生思想的正确引导,影响了医学生正确理想信念的培养,影响了医学生正确价值观的树立。

第三节 新时代医学生思想政治教育的创新路径

历史发展和社会实践已经证明,思想政治教育具有强大的生命力和感召力,这种生命力和感召力来源于思想政治教育自始至终自觉顺应时代发展趋势,准确把握时代前进的脉搏,敢于正面主动回应新情况、新问题,以创新和发展的眼光思考问题、研究问题和解决问题。此外,思想政治教育富有强烈的时代性特征,与时俱进是其始终站在时代前沿的根本保障。思想政治教育创新是指在时代背景、人的思想和社会状况发生变化的前提下,思想政治教育在观念上的更新以及教育内容、教育方法、教育载体和教育体制机制的调整与改变。结合新时代特征,不断进行内容创新、方法创新、载体创新和机制创新,是医学生思想政治教育的必然选择,也是其实现现代化和科学化的唯一出路。

一、新时代医学生思想政治教育的内容创新

新时代医学生思想政治教育创新体系的建构应从内容创新着手,在教育内容的选取上一方面应考虑医学生思想政治教育的特殊属性,另一方面应结合新时代的特殊要求。

(一)新时代医学生思想政治教育内容需要融入与时俱进的时代特色

要想医学生思想政治教育获得高质量发展,就必须与日新月异的社会发展与时俱进,立足新时代发展的新背景和社会发展的最新成就,因势而新"定制"思想政治教育最新内容。一方面,要发挥思想政治理论课主渠道作用,用马克思主义的世界观和方法论引领医学生去观察和理解时代,用习近平新时代中国特色社会主义思想去武装学生头脑,增强自信力和判断力。及时引导学生正确面对世界发展新形势、新变化,用辩证的眼光看问题,坚定"四个自信",不被错误思潮所动摇,提升化解焦虑、解决困扰的能力。另一方面,要增强思政教育阐释现实问题的意识和能力。在新的社会环境下,学生思想活动的独立性会引发他们对社会热点问题的关注和思考,这就需要我们走在时代前沿,了解学生最关心的问题,主动讨论社会热点问题,主动依托社会发掘实践性题材,将时政、社会热点作为思想政治教育的主要内容,有针对性地阐述其中蕴含的马克思主义中国化的理论成果,激发医学生理论学习兴趣,让思想政治教育既有理论深度的同时又有现实的温度。

(二)新时代医学生思想政治教育内容需要融入医学生独特的人文特色

医学是一门科学性与人文性相统一的学科,医学教育兼有科学技术教育与人文教育双重使命。医学人文教育内容是为培养医学生的人文精神,而思想政治教育的目的是为人的全面发展和社会和谐稳定,与培养人文精神本质上并无不同,内容上有交叉可借鉴,思想政治教育的共产主义理想教育是对人类未来命运的科学预判;人生观、价值观教育

就是对生命价值、生存意义的追问;爱岗敬业、无私奉献的职业道德观教育与人文医学教育学生树立"以病人为中心"、心怀仁爱之心的职业精神目标是一致的。因此,医学生思想政治教育理应将其与人文医学教育有机结合在一起,让二者相互补充、相辅相成,最终实现对医学生进行全面发展的教育理念和教育初衷。

(三)新时代医学生思想政治教育内容需要融入医学生特有的职业特色

改革开放以来,随着医疗改革把医疗卫生单位推向市场,医院变成了营利性组织,医生与患者利益共同体的关系开始分裂,天价红包、医闹、医疗纠纷频发,伤医杀医恶劣事件屡见不鲜,医患关系持续紧张。因此,在做好完善法律法规、加强行风建设、探索医疗分配体制改革的同时,如何教育引导医护人员树立起为人民服务的思想和崇高职业信仰,是切实改善当前医患关系现状的重要手段之一。与此同时,医学生作为医疗卫生事业的后备军,其思想政治素质对重塑健康和谐的医患关系也显得尤为重要。因此,必须建构现有的融入医学生职业素养内容的医学生思想政治教育,改变一般泛泛地开展思想政治教育的现状,有针对性、有侧重地开展教育,使医学生真正树立内在职业信仰,在职业行为中才能自觉外显医德行为。

(四)新时代医学生思想政治教育内容需要融入医学生个人的发展特色

从思想政治教育的功能来看,当前,医学生思想政治教育的内容更倾向于满足社会需要,政治政策、指导思想、革命史、法治思维、社会公德等主要内容给人以明显的社会性感觉,"偏重社会价值而忽视个体需要,就会使人觉得思想政治教育是与个人成长发展无关的外在之物,势必削弱思想政治教育的内在基础"。因此,从实现思想政治教育"促进人的全面发展"目标来看,新时代医学生思想政治教育要树立供给侧改革思维,以满足医学生个性化成长需求为抓手,抓住医学生的燃点、痛点、兴奋点,设置专门针对医学生压力问题、个人成长、思想困惑的思想政治教育内容,实现思想政治教育的精准供给,真正实现医学生对思政教育的价值认同。

二、新时代医学生思想政治教育的方法创新

方法是在开展思想政治教育活动中,为实现思想政治教育目标而采取的手段和方式。不同的方法适用于不同的教学内容和教育对象,也会产生不同的教学效果。时代在发展、学生也在变化,思想政治教育方法也应适应新时代变化创新思维,以最容易被接受的方式教授给医学生。

(一)创新课堂教学模式,提升理论课水平

课堂教学是思想政治教育的"主渠道"和"主战场",通过课堂教学使大学生获得思想政治理论知识。思想政治教育课堂教学模式的创新首先应该在实际课堂教学中,要求教学内容贴近实际生活,从学生个体的差异性入手,实现因材施教。要主动链接学生喜爱的形式、关心的社会热点,去激发大学生主动探索的欲望和能力,在课堂上积极调动学生对时事政治的兴趣,从而潜移默化地引导医学生树立正确的价值观,激发他们的政治热情。此外,加强医学生思想政治教育工作,还要树立"大思政"育人理念,构建"一体化"育人体系,认真落实"课程思政"的教育教学理念,使各类课程与思政课程同向同行,将思想政治教育融入课程教学和改革的各环节、各方面,充分发挥每一门课程的育人功能、体现每一位教师的育人责任,营造"人人育人、事事育人、时时育人、处处育人"的良好氛围。

(二)优化运用多种教学方法,增强教育效果

为了实现医学生思想政治教育的教学目标,提高思想政治教育的实效性,思政课教师应根据思想政治教育的基本内容,综合运用多种教学方法,调动学生的积极性,让他们参与到思想政治教育课堂。例如,在实际的思政课堂教学中,教师可以采用翻转课堂教学模式,通过"教师指导—课前学生以小组为单位进行自主学习研讨—小组课堂展示—课堂问答与讨论—教师点评"的翻转教学模式,使教师由"主演"变成了"导演",而学生则由"观众"变成了"主角"。在翻转的过程中实现学生对课程的独立思考、对社会热点的解读和对自身成长关注,使思政课既"有意义"又"有意思"。此外,教师还可以充分利用现代信息技术打造新时代思政课智慧课堂,打造"AI+思政课堂"新模式,利用移动直播、虚拟仿真实验室等技术,搭建虚拟教学体验场景,为学生提供智慧互动式、情景体验式学习环境,提高学生学习的积极性和主动性。

(三)创新实践教学,发挥实践育人作用

实践是认识的来源,更是认识的目的。那么,实践教学理论也来源于实践,人的思想认识也来源于实践,人们也只有在实践中才能体悟某一思想理论,进而产生情感共鸣。社会实践是思想政治教育方法的重要组成部分,通过实践了解国情、了解社会,能够让书本上的知识更好地与实践知识相结合,有助于大学生深化理论认识,更是检验思想政治教育工作成效的"试金石"。有鉴于此,在新时期医学生思想政治教育发展中,医学院校首先要将社会实践纳入学校教育的总体规划和大纲,建立和完善社会实践教学基地,将

实践活动制度化、规范化运行;其次要丰富社会实践活动,积极组织医学生参加医疗志愿服务下乡、医疗志愿服务宣讲、基层医疗卫生现状社会实践调研等活动,让他们在社会实践活动中得到成长,同时也可以使社会实践与专业学习相结合,如开展应急救护知识宣教、常见疾病医疗健康知识普及、中医保健等,在活动中不断丰富学生参与内容和形式,不断提升社会实践的效果;最后要让医学生在用脚步丈量距离,用真心体察民情,感受百姓生活中培养品格、增强社会责任感,受到教育。

(四)红色文化融入校园活动,发挥文化育人作用

"以文化人"是新时代高校思想政治工作的根本遵循。良好的校园文化是一种重要的教育力量,它以某种特有的潜在作用影响着大学生的思想品德和心理素质,是高校渗透思想政治教育的一条重要途径[①]。因此,要大力加强医学生文化素质教育,特别是要结合医学生特点,将红色精神融入校园文化建设中。红色精神是我党在长期的革命和建设过程中形成的精神结晶,是一种特有的红色文化。红色文化是开展医学生思想政治教育活动的重要载体和内容,具有导向、激励、凝聚和教化的思想政治教育功能。特别是与医学生相关的红医精神、白求恩精神、抗疫精神等,为医学生理想信念、家国情怀、职业素养、责任担当意识的培育提供了深厚的精神力量。面对这些医学生专属的"红色文化",医学生思想政治教育理应把握时机,讲究策略,巧妙选择手段和方法,将"红色精神"渗透式地融入医学生思想政治教育的全过程,提升医学生思想政治教育的实效性。

三、新时代医学生思想政治教育的载体创新

按照《现代汉语词典》的释义,载体有两种解释:一是科学技术上指某些能传递能量或运载其他物质的物质;二是泛指能够承载其他事物的事物[②]。思想政治教育载体是指"在思想政治教育过程中,能承载和传递思想政治教育的内容和信息,能为思想政治教育主体所运用,促使思想政治教育主客体之间相互作用的活动形式和物质实体。"[③]思想政治教育活动的开展必须依靠一定的载体,它是思想政治教育各要素相互联系的枢纽,具有传递信息、有效反馈和沟通协调的功能。思想政治教育载体在新时代的大背景下,一是要主动适应教育现代化发展要求,二是要不断丰富和完善载体自身建设。因此,如何

---

① 周长春.新形势下大学生思想政治教育探索[M].北京:北京工业大学出版社,2005:170.
② 中国社会科学院语言研究所词典编辑室.现代汉语词典(第6版)[M].北京:商务印书馆,2012:1620.
③ 张耀灿,郑永廷,吴潜涛,等.现代思想政治教育学[M].北京:人民出版社,2006:392.

在发挥传统思想政治教育载体作用的同时,充分依托数字技术、网络技术、移动通信技术,创新用好各类"微"载体,是当前医学生思想政治教育载体建设应破解的时代课题。

(一)主动占领各类"微"载体阵地,引导新载体发展,把握舆论导向

习近平总书记在全国高校思想政治工作会议上指出,做好高校思想政治工作,要"因事而化、因时而进、因事而新"。随着微博、微信、抖音等新媒体平台在医学生中的不断"走红",医学生思想政治教育的环境也应由"线下"拓展到"线上",高校思政工作者要以敏锐的视角和开拓的思路牢牢把握主动权,在各类网络平台"安家落户",打造高校专属账号,借助各类"微"载体的传播优势,发出主流声音,形成正能量矩阵,强化舆论引导,提升主流意识形态传播力和穿透力,营造良好的医学生思想政治教育外部生态环境,不断提升医学生思想政治教育的时代感和吸引力。

(二)综合运用多种新载体,促进载体合力

新媒体载体融合发展是大势所趋,也是实现其优化发展的关键所在。首先,要转变思想观念。思想政治教育者要具备创新意识,在教学过程中利用多种新媒体载体优势,丰富思想政治教育课堂。其次,要提升平台建设。一方面要加强对传统校园网站的建设和管理,引导其实现转型发展。另一方面要打造高校专属新媒体账号,发挥好微博、微信、抖音等新兴传播平台的作用,发出主流声音,形成正能量矩阵,不断激发载体活力。再次,还要与自媒体等形式进行联合,完善思想政治教育的传播渠道,打造立体化教育载体的格局,推动思想政治教育载体融合向纵深发展,优化载体组合,促进载体合力,共同形成全方位的思想政治教育合力与态势。

四、新时代医学生思想政治教育的协同机制创新

机制又称机理,源于希腊文 Mechane。它最早使用于自然科学领域,指事物或自然现象的内在结构及其各要素之间相互关系、相互作用的过程、原理和功能。思想政治教育机制则是指"思想政治教育运行过程中各构成要素由于某种机理形成的因果联系和运转方式"。中国特色社会主义进入新时代以来,医学生思想政治教育在由传统走向现代的过程中既面临着瞬息万变的复杂外部环境,也存在着自身的断裂与碎片化现象,对医学生思想政治教育提出了更高的要求。新时代背景下,要想满足新形势和新任务下的医学生思想政治教育新需求,应尽快建立健全新时代医学生思想政治教育的协同机制,实现医学生思想政治教育的创造性转化和创新性发展。

（一）协同机制创新是新时代提升医学生思想政治教育实效性的现实之需

20世纪70年代，德国物理学家赫尔曼·哈肯提出协同理念，泛指为了共同实现某一目标，协调各方面的要素，使其作用于整体，从而发挥整体效应[①]。党的十八大以来，随着党和国家对高校思想政治教育的日益重视，医学生思想政治教育协同育人取得了一些成绩，如思想政治教育协同育人的理念初步形成，"三全育人"理念不断落实等，但由于新形势更加复杂多变、新任务更加艰巨繁重、新对象更加捉摸不定，医学生思想政治教育也暴露出了许多新问题。如思想政治教育的主体还存在"散打式"行为，政出多门、"九龙治水"的现象仍比较突出；思想政治教育过程依然存在着"碎片化"现象，在教育资源、教育内容、教育方式上还存在着隔阂、缺失和耗散；教育空间还存在"矛盾性"特征，大中小学之间还存在断裂，现实社会与虚拟空间还存在矛盾；教育平台建构不足，不同平台之间存在信息割裂、相互脱节的现象等。因此，在医学生思想政治教育过程中贯彻协同创新理念，使医学生思想政治教育协同且有序，是新的教育环境下构建一体化"大思政"格局的现实需要。

（二）树立"三全育人"理念，完善党委领导下的"大思政"协同育人机制

2017年2月，《关于加强和改进新形势下高校思想政治工作的意见》出台，提出了构建"全员全过程全方位育人"的"三全育人"理念。2018年5月，教育部出台《"三全育人"综合改革试点工作建设要求和管理办法（试行）》，在原来"三全育人"工作的基础上启动"三全育人"综合改革试点，旨在建立起"党委统一领导、部门分工负责、全员协同参与"的高校思想政治工作体系，反映了党和国家对立德树人的高度重视和对育人规律认识的不断深化。全员育人强调主体层面的"人人育人"，全过程育人强调时间层面的"时时育人"，全方位育人强调空间层面的"处处育人"，三者辩证统一，其中全员育人是关键，实现全过程、全方位育人离不开全体教职员工的育人担当，实现全过程育人客观上也要求育人的全员参与和全方位覆盖，而实现全方位育人同样要遵循全员、全过程育人的要求。三者结合起来，集中体现了以立德树人为中心的教育观，是一体化构建高校思想政治工作体系、实现高校思想政治教育协同推进的基本原则和核心理念。此外，高校党委作为高校思想政治教育工作的领导核心，担负着落实医学生思想政治教育工作的主要责任。因此，高校党委要贯彻落实"三全育人"理念，把教书育人、管理育人和服务育人等理念融入学校思想政治教育的全过程，协同"十大育人体系"中的各要素，同时不断加强思想政

[①] 赫尔曼·哈肯.协同学：大自然构成的奥秘[M].凌复华,译.上海：上海译文出版社,2005:15.

治教育系统各要素之间的组织与协调能力,增强各层面、各教育主体之间的共同体意识,形成医学生思想政治教育"大思政"协同育人格局。

(三)构建思想政治教育理论课教师与辅导员协同育人机制

思想政治教育理论课教师和辅导员在医学院校思想政治教育中承担着课堂教学和日常思想政治教育的工作职责,可以说是医学院校思想政治教育队伍中最重要的两个群体。在新时代、新形势下,推进两者之间的协同育人机制建设,是创新医学生思想政治教育的重要途径。思想政治教育理论课教师和辅导员都服务于学生的成长成才,有着共同的教育目标,可以有效实现优势互补,发挥"1+1>2"的功效。作为思想政治理论课教师,一方面,要坚守好第一课堂主阵地,用翔实的数据和鲜活的案例全方位将理论阐释清楚、明白,特别是结合医学生专业特点和职业要求,将我国医疗卫生事业发展历程中的鲜活事例引入思想政治理论教学中,打造思想政治理论课"金课"。另一方面,要想讲好思想政治理论课,思想政治教育理论课教师还要主动与辅导员进行沟通联系,经常性地了解学生的现实情况和价值精神需求,学生关注的热点和讯息,掌握他们的话语和话术,将学生身边发生的有意义、有意思、有示范性的案例纳入课堂教学过程中,用好学生的自己事和身边情,使思想政治教育理论课落地生根,更接地气。作为医学生日常思想政治教育和管理工作的组织者、实施者、指导者,辅导员在做好学生请销假、奖助学金评选、日常管理工作的同时,更应该准确把握辅导员开展日常思想政治教育工作的职责,主动向思想政治教育理论课教师学习马克思主义和思想政治相关理论,增强对理论思维培养的高度自觉和科学运用。特别是要与思想政治理论课教师共同从纷繁复杂的医学生思想政治教育教学和实践中探讨提炼出规律性的学理知识和创造性的新实践,这样才能实现辅导员在医学生思想政治教育中的价值和作用。

但现实情况是,由于培养和选拔机制不同,思想政治教育理论课教师和辅导员在各自队伍中有不同的角色定位,承担着不同的职责,所以在协同育人体系中,二者容易出现脱节的现象,削弱了思想政治教育的合力。因此,可采取集体备课、角色互换体验、新入职思政课教师担任兼职辅导员、辅导员上思政课等形式,不断搭建思想政治理论课教师与辅导员交流合作平台,使二者之间互相感应、互相呼应、互相配合,同频共振同向发力实现育人效应最大化。

(四)构建课程思政与思政课程协同育人机制

习近平总书记在全国高校思想政治工作会议上指出,"各门课都要守好一段渠、种好责任田,使各类课程与思想政治理论课同向同行,形成协同效应"①。如何统筹两类课程之间的关系,实现思想政治理论课与其他课程的同向同行是新时代医学生思想政治教育协同创新的重中之重。其一,要构建思想政治理论课内部协同机制。当前高校思想政治理论课有其完整的课程体系,四门思想政治理论课要先做好内部的协同与配合,在教学资源、教学内容、教学过程管理上形成协作机制,实现思想政治理论课整体育人目标。其二,要充分发挥思想政治理论课的引领示范作用。要搭建思政课教师与其他专业课老师交流平台。如思政课教师走进其他课程教研室,与其他专业课老师共同挖掘专业课程思政元素,提供理论依据和阐释方法技巧等,增强各门课程之间的交流与借鉴学习,实现优势互补,共同促进育人质量提升。

(五)构建思想政治教育同心理健康教育协同育人机制

思想政治教育以塑造思想品德、提升和改变为重点,立足于思想层面,致力于培育立场坚定、思想端正,符合社会外部发展要求的合格人才;心理健康教育以心理调适、矫正和发展为重点,立足于心理层面,致力于培养学生和谐理性、积极健康的内在心理品质,良好的心理状态是进行思想政治教育的前提,是实现思想政治教育的心理保障,而良好的思想品德也是维护心理健康的思想基石,二者相互关联、相互助益、相互渗透,表现出"育人"目标下的高度一致性、教育内容的共通性和教育功能的同源性,构成了"协同育人"的教育合力。

培养高素质的医学生,健康的心理是重要的体现。近年来,由于社会大环境的影响,医学生的心理健康也面临诸多问题。因此,为实现医学生思想政治教育与心理健康教育二者的融合,最大化地发挥二者协同育人作用,首先是要转变思想观念,从思想上正本清源,打破过去思想政治教育和心理健康教育"两张皮"的现象,真正认识到在医学生思想政治教育中实施心理健康教育的重要性,坚持以人为本,从医学生群体的心理需求入手,建立相应沟通、协作机制和平台,全面谋划,整体设计,科学规划思想政治教育和心理健康教育,使二者有效融合,共同分析、解决学生在思想和心理方面存在的疑难问题,助力学生健康成长。其次是强化二者内容方法上的相互渗透。思想政治教育和心理健康教育是两个不同学科背景的学科,因此二者在教学目标、教学方法、教学内容方面都具有一定的差异性,但二者具有共同的教学目标,即培养高素质复合型时代新人。基于此,在高校思想政治教育教学中思政工作者要瞄准契机,将心理健康教育的内容和方法有效地应用到医学生思想政治教育中,增强思想政治教育预见性、科学性、实效性。

---

① 习近平.习近平谈治国理政(第二卷)[M].北京:外文出版社,2017:378.

第三章 医学人文教育与思想政治教育契合研究

第一节 医学人文教育与思想政治教育的比较与融合

一、医学人文教育的目标与现状

(一) 医学人文教育的历史

从医学的发展历程来看,医学的产生建立在人类对同伴病痛的同情心和试图解除同伴疾苦的努力基础之上。虽然医学人文教育出现在医学教育之后,但医学人文教育的核心医学人文精神却是同医学一起诞生。从医学诞生那一刻起,医学的人文精神就是医学发展中的精神内核,解除同类疾苦是医学发展的不竭动力。不论是"西方医学之父"希波克拉底流传千古的《希波克拉底誓言》,还是被中医学界誉为"医家之宗"的《黄帝内经》,都饱含了珍视生命,为病患健康奉献的职业精神。现代医学人文教育是在反思生物医学发展模式的弊端基础上,以重塑医学目的、维护医学尊严、坚守医学良知为主要内容的教育和科研活动的总称。20世纪60年代以来,有一部分学者通过反思医学的发展,尤其是科技至上主义占主导的医学发展所造成的医疗实践中人文与科学的分离趋势越来越严重,医学人文学科在世界各地逐步建立起来。我国著名的医学史学者张大庆将其归纳为医学人文学科的建制化萌芽、生命伦理学的浪潮和医学人文浪潮的全球化为主要内容的医学人文学的三次浪潮。① 也有学者从医学教育的发展历程的本质特征出发,把西方医学教育的发展归纳为,以科学为基础的科学化医学教育体系、以知识结构重构和教学方

---

① 张大庆.医学人文学的三次浪潮[J].医学与哲学,2015(7):31-35.

法改革的整合教学模式和以职业胜任力为核心的全面医学人格塑造模式。① 现代医学人文教育是对生物医学模式把人作为抽象意义的医学实践客体,而忽视了人作为疾病载体的多样性所出现的医患关系紧张,重点解决医学发展偏离其目的②或者超越医学疆界③的问题。

伴随医学人文大学教席的设立,医学人文学术团体的建立和医学人文专业期刊这三个学科建立标志的出现,医学人文学科在中西方分别出现并逐渐发展壮大。医学人文学科建立之后,对于医学人文学科所涵盖的范围大致上有以下内容:医学导论、医学史、医学伦理学、卫生法学、医学心理学、医学哲学、医患沟通、医学社会学等。医学人文学科是以"人与疾病的矛盾和斗争为逻辑起点",以"医务人员的素质、作用和社会行为为逻辑终点"④。其中既包括医学史对医学实践和医学认识的历史视角的考察和探索,同时也有从社会学、哲学、法学、心理学等学科视角来探索医学发展规律的其他医学人文课程。但不论如何,医学人文学科追求对人类真、善、美活动的探索,是对"医学是什么"的反思和追问,是彰显医学人文精神的重要学科。

因此,医学人文教育是医学发展过程中有关医学人文精神塑造的一种专门活动。医学人文教育不仅涉及医学学科本身的发展历史,更是浓缩了医学职业的人文精神和伦理内核。它建立在对生物医学模式的反思和医学目的重新审视的基础之上,是在包含了医学史、医学伦理学、医学社会学、医学心理学、卫生法学、医患沟通等子学科在内的学科体系。

(二)医学人文教育的目标

在讨论医学人文教育与思想政治教育契合研究之前,我们有必要首先明确医学人文教育的目标。毕竟只有目标明确,关系理清,才可能对医学人文课程在医学教育中的定位予以明确。当然医学教育的目标和医学的目标密切联系,我们要谈论的医学人文教育

---

① 于双成,金祥雷,于雅琴.美国医学教育改革三次浪潮的文化背景及其本质特征[J].医学与哲学,2011(12):11-13.

② 有关医学目的讨论的文章可以参见贺兰英.医学目的与医学人文精神[J].卫生软科学,2011(2):98-100.杜治政.医学目的、服务模式与医疗危机[J].医学与哲学1996(1):2-5.此外还有樊民胜、陆志刚、孟宪武等人的研究。总的来说,医学目的是医学要实现的目的和目标,现代医学目的包括:预防疾病和损伤,促进和维护健康;解除由疾病引起的疼痛和疾苦;照料和治愈有病的人,照料那些不能治愈的人;避免早死,追求安详死亡。

③ 杜治政.守住医学的疆界[J].医学与哲学,2002(9):7-11.杜先生指出:"治病救人,增进人类的健康是医学的疆界。……这种人文传统,是医学长期发展形成的,是医学固有的,是医学内在的,是医学的本性……如果医学超越了这个疆界,失去了这种人文道德本性,……医学就不成其为医学。"

④ 王亚峰,田庆丰,罗艳艳.医学人文学导论[M].郑州:郑州大学出版社,2008:7.

的目标具体就是医学人文教育在医学教育中的具体目标,或者说是医学人文教育与医学生培养目标的关系问题。而谈论医学教育的目标就离不开医学目的的探讨。医学目的的研究国际上早有一致性意见,即预防疾病和损伤,促进和维持健康;缓解疾病疼痛,减轻疾病痛苦;对病患治疗和护理,对不能治愈病人的照护;防止过早死亡,遵循临终关怀。① 而医学教育的目标不论国外还是国内都存在"参照标准"②,这些标准体现了对医学教育的要求,也提出了医学教育的目标。从这些国内外的医学教育目标中,我们可以发现医学教育目标中必然包含了医学人文教育的目标,具体来说就是培养对象的医学人文素质方面的要求。这些目标汇成一句话就是"培养医德高尚、医术精湛的人民健康守护者"。它具体又包括"救死扶伤的道术、心中有爱的仁术、知识扎实的学术、本领过硬的技术、方法科学的艺术"③。

从上述医学教育的目标我们可以看出,道术、仁术与艺术都与医学人文教育有关,因此医学教育目标的实现需要借助医学人文教育课程。此外,医学发展自身也必然要求医学人文来拯救当代医学发展过程中出现的问题。④ 这些问题既有科学主义的作用,也有金钱异化的影响,但根本还是医学与人文之间的断裂。杜治政先生从"医学随着人类痛苦的最初表达和减轻这痛苦的最初愿望而诞生"⑤推论出医学人文伴随医学的产生而存在。⑥ 在医学发展过程中,医学与人文从来是交织在一起的,直到20世纪六七十年代。⑦ 不少学者都将医学与人文的关系比喻成 DNA 双螺旋结构,但现实中医学人文教育与这一比喻的差距还有很大距离。

长期以来,医学人才培养的首要目标是把学生培养成为合格或者优秀的医学人才。至于学生的思想素质和职业素养,大部分医学院校是按照教育部以及卫健委(原卫生部)的规定要求来进行教学和培养工作。但医学职业是不同于其他职业的一项具有崇高职业奉献精神或者职业信仰的特殊职业。医学人才的思想素质和职业素养对我国健康事业能否顺利实现健康中国战略的目标具有关键作用。

---

① Callhahn D. The Goals of Medicine: Setting New Priorities [M]. Washington, D. C. Georgetown University Press,1999. 转引自雷娟,等.21世纪新的医学目标与医学生素质教育的探讨[J].中国高等医学教育,2006(3):12-13.
② 包括英国医学会的《明日的医生》,加拿大医学联盟的《医学教育的未来》,国际医学教育组织的《全球医学教育最低基本要求》,我国的《中国高等医学教育标准》和《中国医学教育认证办法》等。
③ 国务院办公厅.《关于加快医学教育创新发展的指导意见》,国办发〔2020〕34号,2020年9月。
④ 杜治政.医学生的培养目标与人文医学教学[J].医学与哲学,2015,6(36):1.另可参见唐金陵,等.对现代医学的几点反思[J].医学与哲学,2019,1(40):1-6.
⑤ [意]卡斯蒂廖尼.医学史(上)[M].程之范,主译.桂林:广西师范大学出版社,2003:8.
⑥ 杜治政.人文医学教学中若干问题的再认识[J].医学与哲学,2019,4(10):5-9.
⑦ 杜治政.医学生的培养目标与人文医学教学[J].医学与哲学,2015,6(36):1.

解决健康问题(主要是临床实践问题)的能力是过去医学院校培养学生的主抓手。大部分人都认同一位具有高超医疗技能的医学生(或者医生)就是一名优秀的医学生(或者医生),毕竟医生的本职工作在于救死扶伤,能够真正为病人解除病痛就是一位合乎职业要求的医疗工作者。但上述思想是建立在以治疗疾病为中心的指导思想之上的。现代疾病模式的转变已经让人们认识到现代医学所面对的不再仅仅是迫切需要治疗的急性疾病,以慢性非传染性疾病为代表的疾病正在疾病谱中占据越来越重要的地位,而社会环境、个人的生活行为方式以及文化认知都越来越多地与疾病发生着密切的联系。[1] 因此,预防疾病,切实提高人民群众的健康素质越来越成为各国普遍认同的健康事业目标。单纯的医疗技能作为职业的基础组成部分固然不可忽视,但作为一项根本的职业素质正越来越受到重视。医学职业道德、职业态度和职业价值观是医学职业素质教育的基本内容。从医者只有真正养成了"珍爱生命、大医精诚"的职业精神,才能真正把预防疾病、解除患者病痛和维护人民群众健康权益作为职业工作的神圣职责。

之所以要首先讨论医学人文教育与医学生培养目标的关系,是因为医学人文教育目标的实现与医学生培养目标的联系密切。具体来说就是医学人文课程体系的设置在各个医学院校实践中必须纳入学校整体的教学计划。只有从整体的培养目标出发才能获得医学人文教育课程的适当定位。就培养合格的医学人才,尤其是具有现代医学目标所需要的医学人才而言,医学人文教育是必选项。而医学人才的培养又涉及思想政治教育的内容,因此,我们需要讨论医学人文教育与思想政治教育契合的问题。

(三)当前医学人文教育现状

在进行医学人文教育与思想政治教育比较之前,还有个问题需要清楚:当前的医学人文教育的现状是什么?整体来说,医学人文教育得到了发展,但更多还是问题大量存在。现代医学人文教育主要面临教育政策模糊,医学人文课程实效表浅化和医学人文研究水平碎片化的问题。[2] 具体体现在国家在医学教育政策中对医学人文课程和医学人文教育发展具体措施规定得过于笼统,学者一般拿西方医学人文课程在医学教育中的体系和要求来对比。当然,我们应理性看待这一现象,一方面,能够提出这一问题的研究者本身就重视医学人文教育,这些重视会体现在他们所希望的课程结构和国家政策的硬性规定上;另一方面,中西方医学教育的发展阶段不同,西方医学人文教育也并非按照国家政策才形成,而是根据医学发展和社会发展的需要才构建了现在的医学人文教育体系。因

---

[1] Charles E. Rosenberg. 当代医学的困境[M]. 张大庆, 译. 北京:北京大学医学出版社, 2016:3-10.
[2] 苏强, 吕帆, 林征. 医学人文教育的危机与重塑[J]. 高等教育研究, 2016, 4:66-68. 另可参见郭永松, 张良吉. 医学人文教育:问题、挑战与对策[J]. 医学与哲学, 2006, 12:69-71.

此,正确对待这一现象,并相信这一情况会逐步得到改善。还有就是体现在课程质量和研究水平上,这一定程度上也与学科发展情况有关,一方面医学人文课程需要交叉学科的知识背景,这一方面的人才培养还有问题,另一方面学科发展需要学科积累,相信课程和研究水平会随着我国医学人文教育的兴盛而提高。

这些问题主要集中在学科体系建设、人才培养体系、教学内容和方法、课程设置等方面。

1. 学科体系建设

医学人文学科(或者说人文医学)所包含的子学科较多,医学史、医学伦理学、卫生法学、医学心理学、医学社会学、医学哲学等都包含在医学人文课程中。① 但这些学科之间的边界和学科语言还存在统一的共识,或者说是缺乏"学科规训"②。这些都制约着医学人文教育学科的发展。此外,学科的基础理论还缺乏,学术研究深度需要提升,还要更重视中国本土问题,避免直接翻译西方理论,而要更多关注中国医疗实践中的重大问题。③

2. 人才培养体系

一方面,医学院校的医学人文教育后继乏人,另一方面,人才培养难度大,尤其是医学与人文学科融合人才培养的难度大。由于政策和机制方面的原因,医学院校的人文科学学术环境相较于综合性院校不利于人才的成长,这更需要医学高校方面重视对人才支持政策的倾斜,毕竟没有高质量的人才队伍,要完成高质量的医学人文教育工作任务似乎是无本之木,无水之源。此外,有学者提出,鼓励医生从事兼职医学人文教育工作是一条补充途径,这也需要学校和医院的政策支持。④

3. 教学内容和方法

前述说到,医学人文教育所包含的子学科较多,进而确定核心课程和核心内容是课程构建的基础共识。从当前某些医学院校的教学实践来看,核心课程包括《人文医学导论》《医学伦理学》《医患沟通》《医学社会学》《医学心理学》《卫生法学》《医学哲学》《医学史》。⑤ 有高校把《文明史》和《经典导读》课程列为必修课程。⑥

在教学内容的选择方面,杜治政先生提出筛选重要部分和联系现实最紧密的原则,也就是紧密贴合培养目标,让课程的针对性和实践性更强,提高学生学习的主动性。对

---

① 杜治政.医学生的培养目标与人文医学教学[J].医学与哲学,2015,6(36):3.
② 牛磊磊.学科规训视野下的医学人文教育[J].医学与哲学,2013,6(34):77-80.
③ 郭永松,张良吉.医学人文教育:问题、挑战与对策[J].医学与哲学,2006,12(27):69-71.
④ 杜治政.医学生的培养目标与人文医学教学[J].医学与哲学,2015,6(36):6.
⑤ 杜治政.医学生的培养目标与人文医学教学[J].医学与哲学,2015,6(36):3.
⑥ 韦勤,柏茗.医学人文教育课程设置再思考[J].医学与哲学,2009,5(30):71.

上述观点,笔者也是认同的。此外,郭永松教授提出与医学专业结合,与社会生活结合,与人才培养目标结合的要求也值得注意。这样可以避免医学人文教育仅空谈理论而无法解决实践中的社会问题。杜治政先生也指出"这些年,我们医学人文教育一个重大失误,就是对医学人文的核心价值和核心内容强化不够,一些基本的人文理念和规则没有在学生的心中扎根"[①]。因此重视医学人文核心价值和核心内容也是教学内容选择上应注意的。

教学方法的选择则应根据不同的课程特点和授课对象进行选择,总体要求应包括抛弃单一讲授的做法,将调动学生学习主动性和激情作为标准来选择。将阅读、讨论、实践和论文写作综合到全过程教学中是一个值得尝试的做法。教学过程中如何做到师生结合,教研结合,课社结合,让学生既能脚踏实地,同时也能仰望星空。具体的授课方式,目前推荐的当然是小班化教学[②],但具体实践还要结合各个院校的具体实际情况。

4. 课程设置

课程设置方面主要是系统性的问题。这一问题还是由于课程体系的定位不清晰所造成的,由于定位不清晰,对于应该设置什么课程,设置多少学时,讲授哪些内容就会无法得出准确的结论。因此,其他人文社科课程进入医学人文教育课程体系,课程学时不足,教学内容不符合培养目标等问题都一一呈现。

因此,要解决课程设置问题,还需要医学院校从领导到各教学单位以及附属医院达成共识,对设置哪些课程,哪些是培养合格的现代医学人才所必需的,哪些是今后医疗实践所必须掌握的技能和基础知识达成共识,从而设置科学而且系统的医学人文教育课程体系。但系统性和全过程以及以实际问题为中心应成为达成共识的基本原则。

医学人文课程虽然门类众多,但其本身是一个系统,对培养学生的医学人文素养的目标应直接对应。这一体系本身的构建应当是科学而系统的。课程设置中重视实践中的问题,让学生学习的主动性和激情得到充分调动。重要的是贯穿医学人才培养全过程,尤其是临床实习和规范化培训阶段。让实践的锻炼培养学生内化的医学人文素质成为医学人文教育的重要舞台。当然,在此之前要打好医学人文教育的基础知识和理论。

不难看出,之所以出现这些问题,还是与高校对医学人文教育的重要性认识不足有关,与高等教育培养人才目标认识不足有关。实践中之所以出现学科体系、课程体系、教学内容和方法上的不足,关键是没有把医学人文教育放在立德树人的正确位置,在实践中错误地延续了以往的以疾病为中心的教学指导思想,以成才为中心的教育指导思想。

---

① 杜治政.人文医学教学中若干问题的再认识[J].医学与哲学,2019,4(10):6.
② 韦勤.医学人文素质教育与小班化教学[J].医学与哲学,2007,5(28):45-46.

这样产生的结果就是医学人文教育应有的培养体系无法实现其目标,或者根本不具备完备的医学人文教育培养体系。这些直接影响了医学院系立德树人工作的实效。因此,我们应认真讨论医学人文教育与承担立德树人任务的思想政治教育的关系。

二、思想政治教育的概念及其内涵

(一)思想政治教育的概论

根据学界对思想政治教育这一概念的主流认识,思想政治教育是指"一定的阶级、政党、社会群体用一定的思想观念、政治观念、道德规范,对其成员施加有目的、有计划、有组织的影响,使他们形成符合一定社会、一定阶级所需的思想品德的社会实践活动"。[①]思想政治教育具有培养社会发展所需要的全面发展的人,培养具有马克思主义观念、符合中国特色社会主义建设需要的社会主义接班人的重要功能定位。纵观我国思想政治教育的发展历程,从早期的马克思主义宣传到马克思主义意识形态教育,思想政治教育都承担了重要的思想启蒙和信念教育的功能,对树立正确的人生观、世界观和价值观具有重要意义。当前的思想政治教育工作是经历了一个历史演变过程才逐步形成和确立的。尤其是党的十九大以来,新时代中国特色社会主义思想成为思想政治教育的重要内容,成为党和国家发展的重要思想引领。将我国的思想政治教育工作带到新的发展阶段。

思想政治教育工作作为影响和改变人们思想和行为的社会实践活动有着悠久的历史。人们发现,原始社会末期就存在以原始宗教活动为主要方式的以缔结社会内部联系和保障集体生存的精神活动,这类活动在规范社会生活和塑造道德规范方面起到了重要作用。这类规范起作用的方式主要通过超自然因素,以树立神的权威来给行为规范和道德规范赋予执行力,从而达到规范社会行为和树立道德规范,进而维持社会内部秩序和保障社会团体生存。进入阶级社会之后,思想政治教育活动在东方以儒家经典的礼教传统作为思想政治教育的重要内容,以封建社会的家庭伦理等伦理纲常为核心构建起了一整套的思想政治教育体系。这种体系通过文化传播在东亚具有广泛的影响力。西方社会早期是宗教思想规训社会行为和社会道路规范,一切以宗教教义为评判依据。文艺复兴之后,人本主义思想打破了宗教思想的垄断地位,主张人的自由和人的解放的公民教育成为西方社会思想政治教育的重要形式。但不论两大形式在东西方的异同,思想政治

[①] 骆郁廷.思想政治教育原理与方法[M].北京:北京师范大学出版社,2019:13.

教育在阶级社会中的意识形态作用都深深地嵌入了两种教育形式中。阶级社会中的统治阶级在进行政治统治的同时,也进行以意识形态为主要内容的思想生产和分配的思想统治。马克思主义诞生之后,思想政治教育出现了无产阶级思想政治教育特征的教育体系。尤其是无产阶级政党成立并建立起国家政权之后,马克思主义、社会主义、共产主义的理想信念开始武装人民的头脑。中国共产党成立以后,虽然思想政治教育的名称从最初的"宣传工作"到"政治工作""思想工作""政治教育工作""思想政治工作"再到"思想政治教育"历经变迁,但其宣传马克思主义、为无产阶级服务、为实现全人类的思想解放和人的全面发展的目标从未改变。中国共产党在进行思想政治教育理论建设和实践探索的历史过程中提出和总结了一系列思想政治教育的成果经验,尤其是党的十九大之后,习近平新时代中国特色社会主义思想为开创新时代的思想政治教育工作指明了方向。

党的十九大明确了我国进入中国特色社会主义新时代,社会主要矛盾的变化和实现中华民族伟大复兴的历史任务要求我们必须"推进马克思主义中国化时代化大众化,建设具有强大凝聚力和引领力的社会主义意识形态,使全体人民在理想信念、价值理念、道德观念上紧紧团结在一起"①。作为解决人们思想认识问题而存在的思想政治教育活动具有其内涵和目标。

(二)思想政治教育的内涵

思想政治教育作为一项引导人们形成正确思想认识的活动,其内涵是各种思想政治教育活动存在的依据。综合国内主流观点,我们认为思想政治教育的内涵主要包括以下方面:

一是思想政治教育的人本性。思想政治教育是以人为主体和对象的活动,通俗地讲,思想政治教育就是做人的工作。而人本性是思想政治教育的本质内涵。思想政治教育以解决人在实践中的思想和认识问题为主要内容而存在,因此,为人服务,解决人的问题是思想政治教育的重要本质属性。具体来说,思想政治教育的人本性体现在以人为本,以正确的世界观、人生观、价值观来引导人分清是非善恶,追求真善美,以正确的思想认识来指导社会实践。坚持育人为本是思想政治教育的本质属性,在高校进行思想政治教育工作就是要牢固树立立德树人的根本任务,把育人的理念融入思想政治教育的全过程,全面落实党的育人方针,以人的全面发展的目标来要求各项工作的开展。

---

① 习近平.决胜全面建成小康社会 夺取新时代中国特色社会主义伟大胜利:在中国共产党第十九次全国代表大会上的报告(2017年10月18日)[M].北京:人民出版社,2017:41.

二是思想政治教育的意识形态性。思想政治教育的本质是按照一定社会阶级的意识形态来进行改变人们思想和行动的社会实践活动。它不同于其他教育活动，不是以科学文化知识教育和创新能力培养为主要任务，而是传播和实践特定阶级意识形态的一类特殊的教育活动。思想政治教育需要运用一定的包含哲学思想、政治思想、法律思想、道德思想以及渗透这些思想的历史知识的意识形式进行教育。① 这种鲜明的意识形态性也使得思想政治教育的内容具有明确的规定性。具体体现就是资本主义国家将体现资产阶级根本利益的价值观和意识形态渗透入包括政治活动、学校教育、宗教仪式和社会服务等在内的思想道德教育体系中的各个环节。而无产阶级的思想政治教育则是建立在社会主义生产资料公有制基础上的，以社会主义、共产主义的理想信念、道德观点和政治观点来进行公民思想政治教育的各过程。不同的社会和不同的阶级会运用不同的意识形态内容来对其社会成员进行教育。我国思想政治教育的意识形态性在中国高等教育事业中集中体现在两方面：一方面，思想政治教育的指导思想是以马克思主义、列宁主义、毛泽东思想、邓小平理论、"三个代表"重要思想、科学发展观和习近平新时代中国特色社会主义思想为主要指导内容。另一方面，思想政治教育在高等教育工作中的具体目标是培育社会主义事业的合格建设者和接班人。在这些经典马克思主义理论和中国化马克思主义为指导的思想政治教育活动中，我们的具体目标是通过马克思主义等无产阶级思想意识形态的教育，引导树立社会主义的世界观、人生观和价值观，培育社会主义事业的合格建设者和接班人。

三是思想政治教育的目的性。思想政治教育的目的性是由其特定的运动过程所决定的。思想政治教育过程是一个诸多因素相互作用的矛盾运动过程，具体来说它包括思想政治教育过程的基本矛盾和思想政治教育过程的具体矛盾。其中思想政治教育过程的基本矛盾是一定社会发展与人的发展所提出的思想政治素质要求与人们的思想政治素质现状之间的矛盾。不同时期的社会发展对人们提出了思想认识方面的要求，二者之间的差距是思想政治教育存在的根源。而且思想政治教育基本矛盾贯穿思想政治教育各项活动的全过程和全方面。它不仅决定思想政治教育的目的，还决定思想政治教育的实质。解决思想政治教育基本矛盾的目标是实现一定社会道德体系的个体化和社会化的统一。具体来说是思想政治道德体系的个体化和个体思想政治品德的社会化及其统一。由于思想政治教育的基本矛盾贯穿于每一个思想政治教育过程的始终。从思想政治教育目标的提出开始，到思想政治教育的具体落实，再到思想政治教育目标实现的全过程，始终是教育者解决思想政治教育基本矛盾的过程。这一基本矛盾规定和影响着思

---

① 郑永廷.论思想政治教育的内涵、外延与规范[J].教学与研究,2014(11):53-54.

想政治教育的其他具体矛盾和其他一切方面。这一基本矛盾是思想政治教育运动和发展的最根本原因和动力。因此,思想政治教育的目的不仅是要传授知识,更重要的是要人们形成符合社会发展要求的理想信念,在我们国家就是新时代中国特色社会主义发展所需要的理想信念。思想政治教育的目的是希望通过思想政治教育的过程激发并教育人的自觉抉择,把社会发展所希望的社会目标通过学习、教育、实践对个人进行内化,从而协调社会发展目标与个人发展目标的关系,进一步增强社会凝聚力,并且经过有目的的思想政治教育过程形成社会发展所需要的理想信念。在我们国家,思想政治教育的过程是个人实现全面发展的目标同新时代中国特色社会主义发展目标之间形成良性互动的过程,是全面建设社会主义现代化国家的发展目标与个人全面发展目标相协调的过程。

(三)思想政治教育的目标

思想政治教育的目标是教育目标在思想政治方面的总体规划,具体来说就是特定社会(或者特定统治集团)对教育所希望造就的社会个体成员在思想政治道德品德方面的质量和规格的总的设想和规划。它具体包含思想政治教育的社会目标和思想政治教育的个体目标。思想政治教育的社会目标是总体所希望达到的预期效果,主要是指思想政治教育在促进社会发展进步方面要达到的预期效果。因为教育的目标是希望促进社会进步,思想政治教育也无法脱离这一目标,思想政治教育也希望促进社会全面进步。具体来说,它包括推动社会经济高质量发展,增进社会政治认同,助推社会文化繁荣,促进社会和谐,促进环境的生态文明。社会目标可以对教育的预期效果进行规划,明确社会的发展方向,有利于凝聚社会力量朝着总体的方向去发展。思想政治教育的个体目标是对社会个体成员所提出的预期。具体来说就是思想政治教育对受教育者个体所要达到的预期效果。而思想政治教育的总目标在个人层面就是实现人的全面发展,因此,思想政治教育的个人目标具体包括丰富个人的认知能力,提升个人的政治思想素质,培育个人的主体意识,引导个人正确的利益追求,促进个人的心理健康,提升个人的审美素质。总体目标和个人目标之间是相互依存的,总体目标的实现离不开个人目标,个人目标的实现也无法脱离总体目标。它们互为条件、互为动力、互为目标,它们之间是辩证统一关系。

影响思想政治教育目标实现的关键因素有思想政治教育环境和思想政治教育资源。思想政治教育环境是指思想政治教育所面对的外部客观存在。它一般可分为宏观环境和微观环境。宏观环境主要指社会环境,具体包括社会的经济环境、社会政治环境、社会文化环境。经济环境是决定思想政治教育的重要因素,也是思想政治教育环境诸因素中最基本的因素，它直接影响培养人的思想政治品德的要求和规格，决定着思想政治教育的发展水平。资本主义经济建立在生产资料私有制的基础之上，其所主导的思想政治品德是不断强化资本至上、个人主义、自由主义、消费主义、拜金主义等资本主义意识形态。无产阶级所建立的社会主义制度是建立在生产资料公有制的基础之上，其所主导的思想政治品德是人民至上、集体主义的马克思主义意识形态，是要实现广大劳动人民、甚至全人类的思想解放和人的全面发展。此外，在经济环境中，还要重视科学技术的作用。因为科学技术的发展水平将对思想政治教育产生重大影响。科学技术在生产上的广泛应用，推动了社会生产力的发展，对人的思想政治品德发展产生重大影响。历次人类社会的巨大变革无不与人类的科学技术存在密切联系。思想政治教育的政治环境主要包括社会的政治领导阶级和社会政策。在我们国家实施的是中国共产党的政治领导，贯彻执行的是中国共产党的路线、方针、政策，奉行的是为人民服务的宗旨。以人民代表大会制度为代表的人民民主制度和中国特色社会主义法治理念和实践是我们实施思想政治教育的政治环境。政治环境为思想政治教育提供认清形势、树立正确的政治价值观的基础，并通过物质生产资料、精神生产资料和专门的社会行为规范来引导和制约人的思想政治素质的形成和发展。思想政治教育的社会文化环境主要体现其对人的思想政治素质的塑造功能。文化环境通过其各种存在形态凝聚社会共识、保持社会认同、促进社会团结。例如我国的"家"观念在日常生活，尤其是在节日文化中的体现，就有利于家族认同、社区认同和民族认同，再到国家认同。经过文化环境的长期熏陶，整个社会成员的情感表达方式、日常思维习惯和伦理价值判断会逐渐出现趋同的趋势。这种趋同就有利于社会共同理想信念的形成，进而产生社会和民族的向心力和凝聚力。习近平总书记就非常重视中华优秀传统文化的凝聚作用。

中华优秀传统文化和五千多年的历史积淀赋予我们丰富的思想政治教育资源。一方面，中国古代思想道德教育具有鲜明的中国特色，具体体现在：德育至上，家国同构和修齐治平的统一这几个方面。首先，在教育原则上，强调德育至上，这是以育人为中心的重要体现。把立德放在首位，重视人的思想道德而非仅仅关注知识的传授。从古代教育工作者的经典定位来讲，"传道"居于首位，"授业"其次，最后才是"解惑"。道即我们现在所强调的德育工作。其次，在教育内容上，注重"家""国"同构。中国古代的思想政治教育工作注重目的性和针对性的统一。从家庭教育抓起，把社会教育、环境教育、立志教育做到和谐统一，在强调"修身为本"的个人道德素养的基础上，还强调为社会、为民族、为国家、为人民的整体主义思想。这些都体现出鲜明的中国特色。最后，在教育方法上，重视修齐治平的统一。在教育方面，既主张教书育人中的训教合一，也注重教化与修身、齐家、治国、平天下的统一。

另一方面，中国漫长的历史发展过程中，尤其是中国共产党领导全国人民进行民主主义革命、社会主义建设和改革开放的历史进程中形成的以爱国主义为核心的团结统一、爱好和平、勤劳勇敢、自强不息的民族精神,是我们思想政治教育的宝贵资源。我们民族在反抗外来侵略争取民族独立的伟大斗争中,在"一穷二白"的国情基础上开展伟大的社会主义建设的实践中,在轰轰烈烈的社会主义现代化国家建设的道路上,我们昂扬向上的精神风貌,我们自强不息的精神状态,大大激发了我们的民族自尊心和自豪感。但同时我们也要认识到中国传统道德教育存在单纯采用灌输式教育方法、公私德不分的倾向和"重规范,轻人格"的倾向等局限。因此对我国思想政治教育资源应采取"古为今用"的态度,应立足新中国社会主义建设的伟大历史现实,选取思想政治教育资源中的精华和精神核心,突出德育首位的教育地位,重视学校家庭社会齐抓共管的教育途径,顺利实现培养社会主义四有新人和社会主义事业的建设者和接班人的目标。

思想政治教育的微观环境主要指与人们的实践活动直接相关的局部环境因素,主要包括受教育者具体的教育环境,家庭、学校、工作场所等。就高等教育而言,微观环境主要是校园环境,包括校园的自然地理环境、校容校貌、校园布局、校内景观、校内文化建设等方面。此外,学校师生员工在长期的学校教学、工作、学习过程中所形成的各种文化因素也属于微观环境。甚至学生所处的网络空间中的各种舆论等环境因素也属于微观环境的一种。由于思想政治教育的环境因素包含内容丰富,因此要从多方面来理解和处理思想政治教育的环境因素。一方面,我们应认识到,思想政治教育具有意识形态性和非意识形态性两方面的功能。意识形态性我们之前已经谈过,非意识形态性主要是指思想政治教育所要实现的除了政治性、阶级性功能之外的心理健康教育、科学素质教育、生态文明教育等非意识形态性功能。另一方面,由于思想政治教育的环境复杂多样,思想政治教育的本质也决定思想政治教育的内容是多元的,具体来看思想政治教育的内容不仅涵盖了思想教育、政治教育、道德教育,还包括了心理教育、生态教育等内容。

综上所述,思想政治教育从本质上讲,是按照一定社会的统治阶级或统治集团的意识形态要求来影响和改变人们的思想和行为的社会实践活动。思想政治教育具有鲜明的意识形态性、人本性和目的性特征。思想政治教育目标是特定社会(或者特定统治集团)对教育所希望造就的社会个体成员在思想政治道德品德方面的质量和规格的总的设想和规划。思想政治教育目标的实现需要思想政治教育环境的完善,具体包括经济、政治、社会等宏观环境和具体受教育对象的家庭环境、学校环境等微观环境。从思想政治教育的本质、目标和目标实现所需要的条件等方面,我们可以对思想政治教育与医学人文教育进行比较,从而为我们研究思想政治教育与医学人文教育的协同提供基础认识。

三、思想政治教育与医学人文教育的比较与融合

(一) 思想政治教育与医学人文教育的比较

通过上述医学人文教育和思想政治教育概念、内涵、历史以及实现条件等内容的分析，我们可以比较思想政治教育与医学人文教育的异同。首先，看思想政治教育和医学人文教育的共同之处。虽然从名称上我们不难得出，医学人文教育是针对医学教育以及医学生培养目标而存在的专业教育的组成部分，而思想政治教育是具有普遍性意义的人的思想政治道德素质而存在的具有更广泛适用性的一类教育活动。但二者都存在以理想信念教育为核心的内容的特征。而医学职业道德、职业态度和职业价值观是医学职业素质教育的基本内容，是医务工作者职业理想信念的体现。医学人文教育的主要目标就是培养医师职业精神，培养"珍爱生命、大医精诚"的职业精神。

思想政治教育目标和医学人文教育目标所实现的途径具有高度相似性。思想政治教育和医学人文教育都以培养人的理想信念为主要目标，因此在各自实现目标的途径上具有高度相似性。思想政治教育由于教育主体和教育客体的特征，在实践中多运用说理法、实践参与法、自我教育法、舆论引导法、榜样教育法、激励教育法、隐形教育法和心理咨询法等基本方法。而医学人文教育也需要通过理论阐述、案例分析、分组讨论、情景模拟、实践教学等方法来进行。其中理论阐述就是要把医学人文教育中的基本理论阐述清楚，就是说理法。而实践教学活动就是实践参与法的一种，案例分析既可以分析榜样的力量，也可以分析错误的做法及认识，做到自我教育，隐形教育和激励教育的综合运用。

思想政治教育与医学人文教育在具体内容上具有高度的重合。具体来说就是道德教育的基础性地位和人文素质教育内容的高度重合。思想政治教育以道德建设为基础。其中公民道德建设是提高全民族素质的一项基础性工程，也是思想政治教育的基础性内容。在我国思想政治教育实践中，我们坚持以为人民服务为核心，以集体主义为原则，以爱祖国、爱人民、爱劳动、爱科学、爱社会主义为基本要求，以社会公德、职业道德、家庭美德为着力点来开展道德建设。一方面，思想政治教育以人的全面发展为目标。而人的全面发展离不开人的全面素质教育。因此，全面素质教育是思想政治素质教育的重要基础，在思想政治教育的内容上就特别强调人文素质教育和健康素质教育两个方面的教育内容。医学人文教育本身就是职业道德建设的重要内容，是培养医师职业精神的核心作用课程群。二者在道德建设的内容上具有高度的重合性，在人文素质教育内容上也高度重合。思想政治教育重视人的全面发展，因而强调对人文素质教育内容的高度重视。而

医学人文教育本身就是医学生和医务工作者人文素养提升的主阵地,是培养医学生和医务工作者人文精神的课程群。另一方面,医学也是培养人的健康素质的重要基础。

除了上述相同之处,二者也存在差异。思想政治教育所涵盖的内容更丰富,所适用的教育对象更广泛,思想政治教育的意识形态性决定了其阶级性的深刻内涵,这些在医学人文教育中都是不具备的。医学人文教育所针对的教育对象更加具体,主要是医学生和医务工作者,因此其所适用的范围更加具体。由于医学人文教育客体的具体性,在教育内容上,医学人文教育有更加专业的医学史、医学伦理学等专业内容来实现其教育目标。而思想政治教育的内容不具有过高的专业性,反而是具有普遍的适用性,与每一个教育对象都息息相关,人们较容易理解其所指的内容。

(二)思想政治教育与医学人文教育的有机融合

鉴于上述比较的结果,我们认为思想政治教育与医学人文教育可以实现有机融合。

第一,在教育目标上的有机融合。思想政治教育和医学人文教育由于具有相同的理想信念教育目标属性,二者可以在教育目标上实现有机融合。思想政治教育是培养适用社会主义事业发展需要的建设者和接班人。医学人文教育就是要培养新时代的具备大健康理念的社会主义医疗事业的建设者和接班人。因此在培养目标上二者可以实现有机融合。

第二,在教育内容上的有机融合。思想政治教育的本质是按照一定社会的统治阶级或统治集团的意识形态要求来影响和改变人们的思想和行为的社会实践活动。思想政治教育的阶级性是其本质属性,但我国是无产阶级专政的社会主义国家,人民的利益是国家的根本利益,这是与资产阶级国家的本质区别。因此思想政治教育的阶级性在我国的体现就是为人民服务,以最广大人民的根本利益来判断是非曲直,来衡量我们社会和国家各项事业的发展目标。这同医学人文教育所主张的人道主义是不谋而合的,把人民的利益放在首位,人民的健康利益和人民的生命利益至上,进行一切活动都必须首先考虑人民的健康和生命。抗疫斗争所取得的各阶段胜利都是人民至上,生命至上的一次又一次的生动写照。因此,在教育内容上,二者可以有机融合。

第三,教育方法上的有机融合。思想政治教育和医学人文教育都是针对教育对象的思想道德素质来进行影响和改造的实践活动,是对个人的世界观、人生观和价值观的重塑。二者的教育方式都提倡以隐形教育的方式,通过说理法、实践参与法、自我教育法、舆论引导法、榜样教育法、激励教育法、隐形教育法和心理咨询法等教育方法的适用来达到各自的教育目标。在教育方法的运用上,二者可以有机融合。

第二节　医学人文教育与思想政治教育协同机制

一、医学人文教育与思想政治教育协同的理论研究

（一）教育内容的高度重合

思想政治教育和医学人文教育都存在以理想信念教育为核心的内容。理想信念教育是思想政治教育的核心内容。医学职业道德、职业态度和职业价值观是医学职业素质教育的基本内容。从医者只有真正养成了"珍爱生命、大医精诚"的职业精神，才能真正把预防疾病、解除患者病痛和维护人民群众健康权益作为职业工作的神圣职责。思想政治教育加强理想信念教育注重从"四有新人"教育、"四信"教育和"四科"教育来开展教学实践。两者的核心都存在以爱国主义教育为重点的协同点。爱国主义教育是思想政治教育的重要内容。深入进行发扬爱国主义优良传统、弘扬和培育民族精神教育。"要高举爱国主义、社会主义旗帜，牢牢把握大团结大联合的主题，坚持一致性和多样性统一，找到最大公约数，画出最大同心圆"。一位为人民服务的医务工作者也必然是一位心怀祖国和人民的爱国者。医学职业精神中的爱国主义来源是对人民健康事业的奉献精神，是医生职业救死扶伤的天职所在，是抗疫一线生动案例的真实写作。广大医务工作者把爱国主义具体化为对每一位患者健康和生命的热爱，甘冒风险、不计得失、人民至上、生命至上是医务工作者爱国主义精神的具体体现。

长期以来，医学人才培养的首要目标是把学生培养成为合格或者优秀的医学人才。至于学生的思想素质和职业素养，大部分医学院校是按照教育部以及卫健委（原卫生部）的规定要求来进行教学和培养工作。但医学职业是不同于其他职业的一项具有崇高职业奉献精神或者职业信仰的特殊职业。医学人才的思想素质和职业素养对我国健康事业能否顺利实现健康中国战略的目标具有关键作用。

解决健康问题（主要是临床实践问题）的能力是过去医学院校培养学生的主抓手。大部分人都认同一位具有高超医疗技能的医学生（或者医生）就是一名优秀的医学生（或者医生），毕竟医生的本职工作在于救死扶伤，能够真正为病人解除病痛就是一位合乎职业要求的医疗工作者。但上述思想是建立在以治疗疾病为中心的指导思想之上的。现代疾病模式的转变已经让人们认识到现代医学所面对的不再仅仅是迫切需要治疗的急

性疾病,以慢性非传染性疾病为代表的疾病正在疾病谱中占据越来越重要的地位,而社会环境、个人的生活行为方式以及文化认知都越来越多地与疾病发生着密切的联系。①因此,预防疾病,切实提高人民群众的健康素质越来越成为各国普遍认同的健康事业目标。单纯的医疗技能作为职业的基础组成部分固然不可忽视,但作为一项职业根本的职业素质正越来越受到重视。医学职业道德、职业态度和职业价值观是医学职业素质教育的基本内容。从医者只有真正养成"珍爱生命、大医精诚"的职业精神,才能真正把预防疾病、解除患者病痛和维护人民群众健康权益作为职业工作的神圣职责。

德育工作作为医学人才培育的首要内容并未得到充分的重视与落实。从现有文献资料来看,虽然德育被纳入教育教学体系,但教育的效果都不尽理想,这里存在认识问题和具体实施中的各种问题。②对教育主体的定位还不符合医学德育本身的要求,对教育途径的把握也不尽科学。随着健康中国战略的提出,教育部、国家卫健委、国家中医药管理局围绕健康中国战略的实施提出了卓越医生教育培养计划2.0方案,也就是"新医科"计划,发布《关于加强医教协同实施卓越医生教育培养计划2.0的意见》(教高〔2018〕4号)(以下简称《意见》)"将思想政治教育和职业素养教育贯穿教育教学全过程"是《意见》中对新医科德育教育的具体要求。因此,全员德育和全过程德育成为新时代医学院校德育工作的新要求。每一位学校的教职员工都是德育的教育主体,不仅是思政课教师,人文素质课程教师,各门专业课教师以及学校的全体教职员工,包括和学生学习生活相关的服务人员都是德育的教育主体,这些教育主体的一言一行都关乎学生对价值观、职业观的建构。言传身教的过程也必须贯穿教学全过程。从入学教学开始,学生毕业典礼都是德育的主战场,每一个场景都必须充分认识到德育的重要性,在润物细无声中,让学生真正能够把为人民健康服务作为自己职业的神圣职责,把热爱祖国、热爱人民,关心群众疾苦,建设健康中国作为自己为之奋斗的目标和内心坚定的理想信念。

(二)实践内容的高度重叠

思想政治教育以道德建设为基础。其中公民道德建设是提高全民族素质的一项基础性工程,也是思想政治教育的基础性内容。坚持以为人民服务为核心,以集体主义为原则,以爱祖国、爱人民、爱劳动、爱科学、爱社会主义为基本要求,以社会公德、职业道德、家庭美德为着力点。另一方面,思想政治教育以人的全面发展为目标。全面素质教育在注重思想政治素质教育的基础上,要特别强调两个方面的教育内容:一是高度重视

---

① [美]Charles E. Rosenberg.当代医学的困境[M].张大庆,译.北京:北京大学医学出版社,2016:3-10.
② 肖肖,刘涛.当前医学生德育教育途径存在的问题及成因[J].当代医学.2009(27):110-112.

人文素质教育;二是高度重视健康素质教育。思想政治教育价值的实现过程,主体的需要是衡量思想政治价值大小的内在尺度,判断思想政治教育有无价值以及价值大小,关键看它是否满足主体需要以及在多大程度上满足了主体需要。主要包括满足人的思想道德发展的需要,丰富和发展人的精神生活,满足社会精神生活发展的需要。

《意见》中明确指出了"全面加强德医双修的素质能力培养。"健康中国战略将传统医学教育从以治疗疾病为中心转变为以提高全体人民的健康水平为中心。这也预示着治疗疾病、预防疾病和心系群众健康权益成为每一位健康事业从业者的核心任务。要顺利实现这些任务,意味着我们所培养的健康从业人员是真正心系祖国人民的健康权益和掌握为人民健康事业服务真才实学的社会主义健康事业忠诚的建设者和健康中国战略坚定的实践者。因此,德医双修的育人体系是新时代健康中国战略背景下的必然要求。

德医双修育人体系是新时期高等医学院校人才培育的必然要求。《意见》将全面加强德医双修的素质能力培养作为改革任务和重点举措的第一条。不仅是针对当前医学人才培养中存在的问题而提出,更是深刻认识到了德医双修的素质能力培养是新时代医学人才培育的必然要求。

医学发展模式的转变呼唤职业素质教育。不论是世界范围还是我国领域,疾病谱的变化以及人们的生活方式和生态环境的改变都促使医学模式转变为环境—社会—心理—工程—生物医学模式。[1] 这种转变让我们所面临的疾病威胁变成了传染病、慢性疾病、急性疾病、新型疾病并存的局面,而健康影响因素也存在医学科学、生物技术、社会因素、心理因素等综合交织的情况。因此针对这种客观情况的转变,医学人才的培育必须从以治疗疾病为中心转变为以维护人民健康为中心。而维护人民健康需要基础医学、临床医学、公共卫生、护理学、药学、康复技术等学科的综合发展。过去那种"重临床,轻预防","重专业,轻素质","重医轻文"的教育思想必须进行转变,因此实践已经告诉我们单纯依靠医学技术已经无法有效解决人民健康的需求。在慢性病患者持续的就医过程中,疾病成为伴随其生活的一部分,患者的心理需求,社会如何有效预防疾病的发生是新时代健康事业的新要求。

健康事业发展必然要求实施德医双修的培育体系。健康中国战略将人民健康作为民族昌盛和国家富强的重要标志。新时代的健康事业关注全方位全生命周期,关注从疾病诊疗到健康促进的全过程。健康事业的中心提前到疾病预防和早诊断早治疗;具体的工作重心也同样转移到基层社区和农村;健康关注的视角同样从国家政策环境、医学、社

---

[1] 何珂,汪玲.健康中国背景下"新医科"发展战略研究[J].中国工程科学,2019,21(2):98-102.

会、心理、工程、生物等多角度入手,分析健康问题,进而着手问题的解决途径。① 这意味着未来的医疗工作环境和工作任务都需要具有真正为人民健康服务觉悟的医学人才。因此,职业素质教育必须融入医学人才培育的全过程。

"珍爱生命、大医精诚"的救死扶伤精神是医学职业的核心精神。不论中医还是西医的职业发展历程中都体现着这一职业精神。这一精神也是医学职业道德、职业态度和职业价值观的核心体现。明确珍爱生命精神是以人为本和医学职业人道主义的体现,大医精诚更是珍爱生命的体现,只有真正珍爱生命的人才明白,医学所肩负的责任和医学所要求的精诚的医学技术和职业素养是这个职业的核心要义。

二、医学人文教育与思想政治教育协同的实践探索

(一)统一全员德育,全过程德育的思想认识

要构建德医双修的育人体系,首先要统一整个学校乃至整个学界的思想认识,真正从内心认同德育在医学人才培育中的首要位置,真正认识到每一位教职员工都是德育体系中的教育主体,自己的一言一行都是构建德育系统中的一环。只有首先统一认识,才能真正落实德育为先,德医双修的育人体系。必须认清现有医学的发展趋势,在整体医学,综合医学,有机系统理论的背景下,固有的医学培养思想无法适应现代信息社会下对健康的发展要求。只有在综合视角下,树立正确的德医双修的教育理念,摒弃过去的重专业、轻素质,重医轻文等思想,才真正符合医学发展要求。具体可结合学校实际,召开讨论大会等形式,把医学实践的需求,医疗环境的转变,医学模式的转变等社会现实传递给每一位教职员工。

(二)设计科学合理的教学过程

德医双修育人体系的落实需要科学合理的教学设计。德育过程是通过显性途径和隐性途径分别实现的,因此在设计教学体系时,要注意德育的特殊性,注意综合利用各种有效的资源,在入学教学、实践教学、实习教学、专业教学、毕业教学、继续教育过程中体现出德育的对应目标。而不是仅仅在思政课和有关素质课程中才有德育的目标。《意见》也明确了将思政教育和职业素质教育贯穿教育教学全过程的改革目标,因此,科学合

---

① 詹启敏,王维民,王县成,等.面向未来:医学教育的责任与使命(笔谈)[J].中国高教研究,2018(5):77-81.

理的教学过程设计是构建德医双修育人体系的基本方案。

1. 以情动人的基础课程

从入学教育时就应将中外的医学史、医学精神纳入教育内容,让学生对医学职业和医学精神具有更直接的体会。因此,大一开始医学史课程和经典导读课程构成医学人文教育的基础课程。医学史让那些为医学事业付出心血的中外医学人物的事迹感染学生,让悲天悯人的大医苍生精神感染学生。经典导读也是将中外医学典籍或文学作品中最感人的、最神圣的或者最朴实的医者情怀,患者的疾苦,医患和谐的美好图景直观地呈现在学生面前。这一阶段主要是以情动人,让学生在医学职业应有的精神环境中得到熏染。

2. 以理服人的医学人文核心课程

第二阶段以医学人文概论课程为核心来打造,教授医学人文基础课程,医学哲学、历史学,医学与文学,伦理学等基础理论。这一阶段主要是以理服人,让学生知道基础的理论,可以通过学生的临床实例来说明某些行为规范背后的理论基础或者历史基础。

3. 以诚育人的专业教育和实践课程

第三阶段是与临床相联系的医学人文素质课程。包括医患沟通、医学社会学、医学伦理学、卫生法学等课程。这些课程特点在于与临床实践紧密联系。因此在课程内容选择上要选取与临床实践紧密联系的部分,在教学方法上可以选择情景模拟教学,病例讨论等形式,让学生主动去探寻问题的解决方法。在实践或模拟实践中掌握必备的医学人文素质。值得注意的是临床实习过程和规范化培训过程,带教老师的言行给学生所带来的示范效应。因此,对医学职业真诚的爱和对病人真诚的负责呈现在实践过程是关键,这将有效提升教学效果。

(三) 灵活运用教学资源和教学方法

在统一认识和构建合理科学的教学体系后,还应重视实现德医双修育人目标的方法及路径。现在信息时代下的科学技术发展给教学目标的实现提供了广泛的技术手段和丰富的教学资源。结合教育对象的特点,运用新时代信息技术的手段,丰富案例教学、小组讨论和实践教学中角色扮演等形式和方法。把一切有利于职业素质教育和思政教育的资源以教育对象更加容易接受、更加喜爱的方式提供给他们。以情动人,以理服人,以诚育人,让医学职业的神圣性逐渐融入学生的内心,让为人民健康服务的理念成为学生的信仰,把爱国主义、社会主义核心价值观融入学生的血脉之中。

(四)有机结合德医双修,提升学生综合能力

德医双修并非轻视医学专业教育,而是把医学职业素质教育与医学专业教育有机结合起来,增加学生学习知识的广度和深度,以能够应对医学发展的新要求。同时注意加强学生综合素质的提升和培养。例如交流沟通能力、促进健康的能力、解决临床实际问题的能力、批判性思维能力、信息管理能力以及终身学习能力都是学生必须掌握的职业能力。因此,德育体系和专业教育有机结合,综合能力培养是德医双修育人体系的具体要求。

思想政治教育是立德树人教育根本任务的重要内容,培养德智体美劳全面发展的社会主义建设者和接班人必须坚持正确的思想政治教育的方向性。而作为医学教育的重要培养目标和社会发展对医学人才的要求,医学人文素养是新时代医学人才的重要组成部分。因而,医学人文教育课程是医学教育目标完成的必备组成部分,也是医学自身发展的必然要求。医学人文教育和思想政治教育协同首先应该在思想认识上对两者的目标、途径、相互关系有清晰的认识。其次要在课程设置理念上,在人才培养和学科建设上达成共识,形成良性的互动,相互能够给予支持,在具体的实践操作中用全过程和系统化的思路来指导,以解决实际问题和培养核心素养为目标来完成医学教育目标和思想政治教育目标。

第四章 新媒体时代医学生思想政治教育

近年来国家对高校思想政治教育工作的重视程度不断加强,思想政治教育工作取得很大进步。新媒体从本质上转变了社会群体以往的生活模式,也在一定程度上推动了社会发展进程,将社会群体带入新媒体时代。传统的高校思想政治教育模式中,课堂是师生之间主要的交流渠道,而新媒体的出现,为高校思想政治教育的创新和发展提供了新机遇、开辟了新路径。

美国哥伦比亚广播电视网(CBS)技术研究所所长戈尔德马克(P. Goldmark)在1967年率先提出"新媒体"的概念,经过长时间的演变和沉淀,现在我们常说的新媒体是相较于传统媒体而言的,主要是指通过移动互联网、数字技术、大数据、有线网络和无线网络等渠道,通过数字电视、移动电视、手机、平板电脑等移动终端来向用户提供信息服务和娱乐服务的媒体形态。相较于报刊、广播、电视等传统媒体,传播容量大、受众交互参与度高、传播速度快、信息传播实时性强、传播范围大是新媒体较为显著的特征[1]。

国家信息中心发布的《2021年中国网络媒体发展报告》显示,2021年网络媒体发展的趋势集中表现为更科技、更开放、更实效。在"更实效"方面,主要体现在媒体功能的延伸,我国网络媒体发展实现从"新闻宣传"角色逐步向"新闻宣传+社会服务"的角色转变。从国家层面来看,网络媒体发展与传播在国家治理中的作用日益凸显,有助于实现国家治理体系和治理能力现代化。而在宣传思想方面,网络媒体的引导作用增强,需要承担更大的责任与更多功能。

第一节 新媒体时代医学生思想政治教育的机遇与挑战

医学院校是培养医药卫生人才的摇篮,是未来白衣天使的聚集地。医学生扮演着

---

[1] 曾来海.新媒体概论[M].南京:南京师范大学出版社,2015.

"学生"和"准医生"双重角色,承受着社会尺度评判和医患关系影响的双重压力。一名好的医生不仅要在思想上与党中央保持高度一致,同时也要能医治患者躯体的疾病和抚慰他们的心理,这才能达到真正的"治病救人"。因此,医学院校培养的学生不仅要医术精湛、医德高尚,敬畏和尊重生命,还需要树立高度的社会责任感。医学生能否形成正确的价值观和人生观、能否养成良好的医德,这与医学生的思想政治教育息息相关,这就需要学校不仅教会学生专业知识,而且还要高质量地进行思想政治教育。习近平总书记曾指出,"要坚持把立德树人作为中心环节,把思想政治工作贯穿教育教学全过程,实现全程育人、全方位育人,努力开创我国高等教育事业发展新局面"[①]。但是由于医学生专业知识较复杂,课程设置较多,专业课负担较多,没有太多的精力和时间去专门进行思想政治教育,这也为医学生思想政治教育工作提出了新的更高的要求。

随着互联网的高速发展,新媒体时代已经到来,新媒体以其独特的优势逐渐占据了医学生越来越多的碎片化时间,融入了学生生活学习的各个角落。伴随着新媒体快速发展而成长的医学生群体已经不满足传统的思想政治教育,这为医学院校进行思想政治教育带来了新的机遇,提供了新的思路和平台。新媒体平台逐步成为高校进行思想政治教育的主要阵地,各大高校开始利用网络与新媒体平台,创新教育内容和形式,宣传党和国家路线、方针、政策,广泛地传播社会正能量,弘扬社会主义核心价值观,取得了较好的效果。但是,新媒体是把双刃剑,在给学生提供生活学习便利的同时,意识形态多样化、文化多元化的观念也在不断冲击着学校主流文化思想。由于医学生正处于价值观形成的关键时期,对这些错误言论和思想分辨不清,再加上一些国外敌对势力的恶意传播,也影响着学生正确价值观的形成,给学校的意识形态工作和思想政治教育工作带来了前所未有的挑战。

一、新媒体时代医学生思想政治教育的机遇

新媒体为医学院校思想政治教育注入了新的活力,增添了新的生机,更新了医学院校思想政治教育的育人理念,进一步拓宽了育人平台,丰富了学习资源,提供了现代化的技术手段,极大地增强了医学生的思想政治教育效果。

(一)更新了医学院校思想政治教育的育人理念

在互联网技术日新月异的今天,新媒体已经成为人们工作和生活的重要组成部分,

---

① 习近平.把思想政治工作贯穿教育教学全过程[DB/OL].(2016-12-08)http://www.xinhuanet.com//politics/2016-12/08/c_1120082577.htm.

人们认识世界的方式、人们的思维方式和价值观念都发生了一些改变。同时新媒体也逐步影响和渗透着其他各行业,与行业融合发展,并产生了新的发展状态。教育行业也不例外,新媒体与教育融合改变了教学内容和手段,促进教育发生变革,教育与新媒体逐步融合发展,这是一种全新的、现代化的教育思想理念,教育思想理念的变化必然会引起思想政治教育理念的变化更新。

传统的医学生思想政治教育要求学生必须在规定时间内到规定的地点去接受指令性的教育,更多的是以教师为主体,学生被动接受的课堂型教学模式。这种教学方式较为固定、缺乏新鲜感,不能充分调动学生的积极性,教育效果不佳[①]。而新媒体时代,思想政治教育工作者与教育对象不再局限于一个空间内,教育方式与手段也不再仅仅局限于课堂,课堂之外思想政治教育工作者可以通过任何一个新媒体平台传播思政知识,学生可以利用碎片化的时间随时随地获取所需要的知识。

另外,传统的思想政治教育课堂上,学生很少与教师沟通和交流,也不能自由地发表自己的想法,而新媒体的传播和交互技术在现实与虚拟之间架起桥梁,在新媒体平台上,医学生可以自由发表言论,与教师进行互动。思政教育工作者可利用这种方式深入学生的内心世界,及时了解他们的心理动向以及真实想法,把握他们的需求;针对存在的问题,及时进行纠正引导,避免学生受到消极思想影响,同时也可以拉近与学生的距离,帮助他们养成健康、积极、乐观的品格。

新媒体时代,传统的思想政治教育方式的诸多弊端凸显,已经很难满足思想政治教育目的。思想政治教育要想达到效果,思想政治教育工作者必须要进一步解放思想,变更教育理念,树立网络新媒体教育新理念,在新型思想政治教育理念的引导下,逐步突破传统思政教育的诸多弊端;要适应新媒体带来的变化,学好、用好新媒体,将新媒体与思政课融合发展,增强思政教育工作对广大医学生的辐射力与影响力,努力提升医学生思想政治教育工作的时效性和开放性。

(二)进一步拓宽了医学院校思想政治教育的育人平台

在医学生的培养过程中,不仅要充分发挥思想政治教育主课堂的重要作用,还要善于运用第二、三课堂,来吸引学生的注意力,增强思想政治教育效果。利用新媒体平台开展思想政治教育有诸多优势,比如新媒体信息丰富、传播迅速,并且不受时间和空间等限制,极大地拓宽了医学院校思想政治教育的育人平台,为思想政治教育创新发展提供了便利。

---

① 郭嘉宝.微媒体背景下高校思想政治教育的影响与对策探究[D].石家庄:河北科技大学,2018.

目前,高校常用的新媒体平台包括微信公众号、微博、QQ、强国号、抖音号、视频号、快手、百度百家号、企鹅号等各类社交类和短视频平台。相较于传统媒体,微信、微博、短视频及直播平台等新媒体平台传播速度快,时效性强,思想政治教育工作者可以借助这些平台,打破地域与时间的局限,利用手机就可以进行编辑,24小时传递开放、即时和共享的正能量内容,打破了传统思想政治教育滞后性的特点,增强了思想政治教育的效率和速度。

师生也可以通过微信群、QQ群、微博等各种社交软件进行互动交流,学生可以在网上尽情地袒露心声,抒发自己的情感,表达自己的诉求。思想政治教育工作者可以在这里听到或了解到大学生个性化、多样化的需求,可以近距离与学生互动沟通,及时准确了解学生的所思所想,并及时给予帮助。也可以利用网络的便捷性,不受时间和空间的限制,针对存在思想问题的学生及时一对一沟通交流,了解学生心中所思所虑,疏导劝慰学生。新媒体平台的交互功能除了可以掌握学生的学情,实现师生互动的目的,还可以实现对思想政治教育目标的进一步完善,新媒体平台为医学生思想政治教育方法创新提供了契机。

同时,医学院校思想政治教育课程也可以利用新媒体进行开发,打造专门的思想政治教育品牌,利用文字、图片、视频、音频、动漫、H5、直播等多种形式,围绕理论学习、校园新闻、文化活动、典型事迹、重要节日等内容,传播积极、健康、正能量的新思想,让学生从视觉、听觉上受到冲击和影响,让思想政治教育内容更加生动、形象、深入人心,更具吸引力。

针对新媒体带来的思想政治育人平台的变化,各大高校积极打造"指尖"新矩阵,依据当前青年学生新媒体使用现状,整合学校新媒体资源,在医学生活跃度较高的微博、微信、抖音、视频号等新媒体平台上开设网络教育阵地,建立了自己的融媒体传播矩阵,整合传统媒体和新媒体资源,形成宣传教育合力,增强宣传教育效果。

(三)进一步丰富了医学院校思想政治教育的学习资源

近年来,计算机信息技术发展迅猛,网络学习越来越普遍,网络学习平台不断涌现,提供了丰富的网络学习资源,尤其受新冠肺炎疫情的影响,全国各地相继暂停线下教学,开始线上教学模式。为应对这种教学模式,国家及各地教育部门相继推出在线学习平台。网络学习平台除了专业课程之外,还有一大部分思想政治教育品牌,尤其是医学院校推出的思想政治教育品牌,比如"把灾难当教材,与祖国共成长"系列品牌项目,紧密结合疫情防控实际,深入挖掘身边的战"疫"英雄,将疫情防控中的鲜活事例与医学生思想政治教育相结合,让思想政治内容贴近现实、贴近学生,增强思想政治教育效果。再如"学习强国"平台,就提供了大量丰富的可供免费阅读的思想政治学习素材,不仅包括马克思主义、马克思主义中国化的经典理论著作,还有许多红色记忆、党史故事以及中华古籍、中国文学、中华诗词、中国戏曲等优秀传统中国文化内容。除了这些丰富的学习内容,同学们还可以通过品类繁多、形式丰富的内容换取积分,以兑换电子书、流量包等学生感兴趣的方式,吸引学生学习,增强思想政治学习兴趣和效果。再如,共青团中央为组织引导广大青年深入学习宣传贯彻习近平新时代中国特色社会主义思想和党的十九大精神,推出的网上主题团课学习平台"青年大学习",也拥有十分丰富的学习资源,一经推出,就成了各级团组织对青年学生进行思想政治教育的重要阵地。

随着智能手机的普及使用、手机软件功能的不断增强,人们获得网络信息更加方便,可以通过手机端随时随地了解思想政治教育相关内容。医学生平时专业课学习压力较大,除了日常从书本中获取知识,新媒体个性化的传播内容和简单便捷的传播形式,能够打破时间和空间的限制,学生更多地选择转向通过网络与手机客户端获取知识,他们可以利用碎片化的时间来进行学习,满足他们的知识需求。网络大数据技术与互联网学习相结合,大数据技术可以对所有学生所需知识进行整合,使学生能够在短时间内获得自己所需要的知识,满足学生多样化的学习需求。同时,大数据技术还可以通过学生选择的年龄、学历阶段来精准推送符合此阶段所需要的相应知识。在大数据的支持下,各种学习资源十分丰富,学生可以通过不同的搜索平台以及搜索软件对所学的知识进行深入的挖掘和扩展,从多方面理解知识,进行更深入的学习。学生通过互联网学习,提高学习效率,开阔自己的知识视野,享受大数据时代带给学生们的学习便利。

学习不只对学生而言,教师也应加强学习,这不仅是教学工作的需要,也是自身发展的需要。新媒体平台不仅是教师"育人"的工具,也是教师"育己"的平台。网络新媒体背景下,丰富的网络资源为开展医学生思想政治教育工作提供了充足的教学资源。新媒体平台也提供了网上大学、开放大学、虚拟社区、慕课等多渠道学习途径,方便教师及时获取最新的信息和资讯,给自己"充电",并将其融入自己的思政教学中,丰富了学生的学习素材。可见,网络新媒体时代高校思政教育资源更加丰富,教学更加灵活多样。

(四)提供了医学院校思想政治教育的现代化手段

随着网络信息技术的迅猛发展和普及,现代化教学设备在思想政治教学中得到了较为广泛的应用,运用新媒体、新技术进行思想政治教育也成为高校探索的方向,这对促进教学模式、教学体系、教学内容、教学方法和教学手段的改革,都具有重要的意义。新媒体融入高校思想政治教学后,思想政治教育教学模式更具灵活性和丰富性,给思想政治教育工作者尝试教学改革提供更多的可能,思想政治教育育人手段更加现代化。例如,借助新媒体技术可为医学生构建情景化的思政教学环境,激发学生学习主动性;教师可以尝试进行网络直播平台讲授课程,实现线上实时问答,并通过游戏关卡模式设置随堂测验,让思政课堂变得有理有趣、生动活泼。此外,新媒体为高校思政教育工作者开展网络教学提供了技术性平台,将线上与线下教育紧密结合在一起,便于学生将理论与实践相结合。同时,有效借助新媒体有利于思想政治教育工作者与教育对象间的沟通交流。举例来说,高校思政教育工作者可将考研信息、就业信息、教学辅助等内容发布在思政教学网络平台上,学生可选择自己感兴趣的内容查阅,并在线与老师一对一交流,在老师的帮助下解决自身的疑问。思政教育工作者也可以利用社交软件,将一些励志好文择优推送给同学们,同时也便于高校思政教育工作者通过平台及时沟通了解全校师生的思想动态,及时对学生进行帮助和引导。

目前多数高校都已经构建了属于自己的思政教育网站,充分将教学资源整合在了一起。思政教育网站的构建还有效避免资源浪费的问题,能采用数字化技术对教学内容进行处理,扩大数字化教学内容的影响力。大众媒体与思政教育相结合可促使思政教学更具层次性,两者相互渗透可提高思政教学的有效性。有利于整合各种信息,形成教育合力。网络具有实时分享信息的功能,学生可以通过网络将不同时间、不同地点的信息结合到一起,充分利用各种资源,形成强大的教育合力,提高思想政治教育的效率。一些医学院校还开设了移动数字图书馆,大量的电子图书、报纸、期刊、有声读物、视频资料免费开放,医学生可以随时下载阅读,极大地丰富了学生的阅读渠道。长期高质量的阅读对于思想政治教育也能起到潜移默化的作用,对学生正确人生观、价值观的形成有积极的引导作用。新冠肺炎疫情让网络思政课程成为主流教育模式,通过网络技术让学生与教师突破时间和空间的限制实现远程在线学习,网络直播思政课程可以让学生足不出户便享受更高水准的教学。

同时高校不能仅发展新媒体平台,还需要将传统媒体与新媒体进行融合发展,在推动新媒体平台发挥思想政治育人功能的同时,也要探索创新传统媒体的发展。医学院校可以在思想政治教育创新发展的过程中,将校园报刊、宣传栏、校园广播等传统校园媒体中的时政要闻、思想内容、校园动态借助新媒体平台,传递到医学生中去,真正实现高校思想政治教育的创新融合发展。

二、新媒体时代医学生思想政治教育的挑战

新媒体在给医学院校思想政治教育带来新机遇的同时,也给医学院校思想政治教育带来了更加复杂的传播环境,一些西方文化渗透,多种意识形态开始碰撞,思想政治教育工作者主流话语权受到冲击,个别医学生沉迷网络,影响他们身心健康发展,给医学院校思想政治教育增加难度。

（一）思想政治教育环境日渐复杂

习近平总书记强调:"网络空间天朗气清、生态良好,符合人民利益。网络空间乌烟瘴气、生态恶化,不符合人民利益。谁都不愿生活在一个充斥着虚假、诈骗、攻击、谩骂、恐怖、色情、暴力的空间。"①目前来看,网络空间整体处于一种积极向上的态势,但是新媒体在为我们带来海量信息的同时,也混杂了一些负面、虚假的信息,思想政治教育环境变得更加复杂化,医学院校高校思想政治教育难度增加。

首先,一些"西方"价值观念和低俗信息存在。网络新媒体时代,"西方国家"借助先进的网络技术对我国的思想、文化进行恶意渗透,极力鼓吹和传播西方和资本主义的一些价值观念和政治观点,这在很大程度上影响医学生正确价值观念的形成。同时,网络上也存在一些网络谣言、非理性谩骂、网上诈骗、网络暴力、低俗信息、网络淫秽色情信息,这些信息极其不利于学生的健康成长。学生在使用网络新媒体时,难免会受到这些消极信息的影响,对自身未来发展缺少坚定的理想信念和追求,道德观念逐渐淡化和薄弱,可能会形成贪图享乐、逃避现实的思想观念,有些甚至会导致学生走向违法犯罪的道路,加剧了思想政治教育的难度。

其次,网民自由性较强,法律意识淡薄。新媒体时代,由于网络环境的虚拟性与复杂性,人人都可以在平台上隐藏身份,发布消息,肆意发表言论或者做想做的事。针对这种行为,除非特别严重的情况会受到法律的制裁,比如故意造谣诽谤并大面积传播,故意言语侮辱并造成严重名誉损失等,其他情节轻微的行为基本不会被追究,网络违法代价较低,这在一定程度上导致了大学生法律意识淡薄,继而出现一些网络暴力现象,甚至出现网络犯罪。这些现象的出现,不仅揭示了学校法制教育和思想政治教育存在问题,还说明了在复杂的网络环境中,大学生更容易放纵自己的行为,走入法律的误区。

再次,存在恶意炒作现象。网络新媒体的发酵,可以使得一些普通的社会事件被炒作为政治事件,事件当事人哪怕只是一个普通的公职人员,只要涉及公权力,很容易引起一些激进的评论,尤其是一些网络大V擅长利用粉丝效应,借机炒作,采用耸人听闻的话语表达方式,借机煽动民众情绪,网络新媒体信息的快速传播,导致这种传播内容快速裂变爆发,一个非意识形态话题最终成为一个高度意识形态化的问题,思想政治教育实效性受到影响。

因此,医学院校要高度重视新媒体时代思想政治教育环境的变化,大力加强网络环

---

① 习近平总书记在网络安全和信息化工作座谈会上的讲话[DB/OL].(2016-04-25)http://www.cac.gov.cn/2016-04/25/c_1118731366.htm.

境的监管力度,净化思想政治教育的育人环境,加强网络文化建设,强化主流舆论的正面引导,提高对医学生思想及行为的引导性和可控性。

(二)影响了医学生身心健康发展

目前,新媒体已经成为医学生学习和生活中不可或缺的工具,为其带来便利的同时也影响了他们的身心健康发展。

首先,部分医学生会沉迷网络,容易形成网瘾,影响他们的身体和心理健康。医学生的培养模式为五年制,在学校三年时间接受课程学习,在医院见习实习两年。由于医学生必须在三年在校时间内,学习理论知识,因此医学院校在安排课程教学时,课程安排相对较满,再加上学习内容相对枯燥,需要理解和记忆的内容也较多。如此紧张的教学与课程安排,导致医学生学业压力较大。由于网络的私密性、虚拟性、开放性和自由性较强,越来越多的医学生选择在网络中缓解压力、放松自我,比如沉迷网络游戏、长时间看短视频、在各种社交软件上聊天、网上购物成瘾等,耗费大量的时间和精力在网络上,这对于学业繁重的医学生而言,不仅影响学业,同时也会影响他们的思想健康,使其无心接受思想政治教育[1]。严重者可能出现失控状态,造成心理损害和行为失控,对学校思想政治教育产生消极影响。

其次,过度依赖网络,容易形成思想懒惰。医学生每天将大量时间放在网络上,除了学习之外,更多是在阅读新闻、浏览网页、翻看朋友圈、观看短视频、关注娱乐八卦、社交聊天等。面对网络新媒体上各式各样、真假难辨的信息,尤其是大量"标题党"的存在,大学生只是快速浏览,并不会去思考或者深度参与。而这种快速浏览的阅读习惯,会对他们的日常学习产生影响,他们对待科研及专业知识不再潜心钻研,而是"浅尝辄止"。这样,浏览的越多,思考的越少,貌似知道的很多,其实能记起来的很少。这种不愿思考、流于表面的学习严重影响着他们的学习习惯与思维方式,导致他们的思考能力降低,容易形成思想懒惰。同时在学习上也过度依赖网络,当老师布置作业的时候,不管会做不会做,学生首先想到在网上查询,查到以后就直接复制、粘贴或者进行简单修改,自己不愿过多地动脑思考[2]。在考试的时候也会产生作弊的想法,这是因为他们平时作业都是从网上直接复制、粘贴的,知识掌握不牢固,单纯依靠考前突击,无法满足考试的要求。

最后,网络交流过多,影响现实沟通能力。随着智能手机的普及,越来越多的学生不分时间地点玩弄手机,日常基本靠微信、QQ等网络社交软件来进行沟通和传达信息,再

---

[1] 刘滢.网络时代加强医学生思想政治教育路径研究[J].佳木斯职业学院学报,2021,37(2):9-10.

[2] 杜茜.新媒体环境下医学生思想政治教育研究[J].传媒论坛,2019,2(18):17-18.

加上目前疫情的影响,面对面交流越来越少,集体活动也越来越少,学生变得越来越内向、冷淡,然而为了排除这种寂寞感又不断地通过网络来充实,从而形成网络依赖的恶性循环,这样就会造成现实沟通能力欠缺。而医学的特殊性,需要医生和患者之间进行有效的沟通和交流,如果医学生在学校里沟通能力欠缺,这在一定程度上影响他们工作之后的沟通能力,可能无法进行有效的医患沟通,影响治疗过程,更甚者会造成医疗纠纷等严重后果。

由此可见,网络新媒体时代下对学生个人正确价值观、世界观和人生观的形成带来较大影响,学生如果意志力不坚定将会在网络新媒体环境下迷失自己。

(三) 网络新媒体造成各种意识形态碰撞

意识形态工作主要是从思想上引导人、影响人的工作,关系着国家的安全、社会的稳定。习近平总书记在党的十九大报告中明确指出,要建设具有强大凝聚力和引领力的社会主义意识形态。新媒体时代,由于信息传播的高速性和自由性,各种思潮和价值观激荡,各种意识形态相互碰撞,许多西方价值观和不良文化涌入我国,严重冲击了我国的主流意识形态与价值观,可以说网络新媒体平台已成为现阶段意识形态领域斗争的主战场。西方强国利用先进的网络新媒体技术,频频在网络上散布对华负面舆论,传播和扩散非马克思主义和反马克思主义的理论和思潮,千方百计地否定中国共产党的执政合法性,宣扬扩散不健康的文化和生活方式,制造价值扭曲等威胁中国意识形态安全的内容。在网络新媒体时代,西方国家对我国意识形态的渗透往往采用比较隐蔽的传播手段,通过潜移默化传播的方式普及他们所谓的"好政策"和"好制度"。由于大学生的思想还不够成熟,分析和鉴别能力较弱,对西方国家包裹在鲜亮外衣下的恶意分辨不清,盲目地认为西方政治才是最自由、民主、平等、开放的。比如将一些西方国家所倡导的价值观披上各式各样的文化产品的外衣,利用网络影视、网络动漫、网络游戏等网络文化传播;广泛利用社交媒体进行价值渗透,在微博、微信、QQ空间、各大论坛等社交媒体平台,编造一些历史,否定中国共产党的领导,动摇和消解中国人民特别是青少年的信仰、信念、信心;或者利用技术手段诱导中国网民使用一些"翻墙"软件获取信息,规避国内网络监管,再根据"算法推荐"系统推送我国的负面信息和赞美、吹捧、美化西方的"正面信息"。这些传播信息,在一定程度上具有迷惑性和隐蔽性,大学生容易被这些信息的假象、表面所迷惑、欺骗,部分医学生会认为我们国家在很多方面不如西方国家,对西方国家盲目崇拜,甚至盲目鼓吹、追捧,降低了对我们本民族的认同感与自豪感,进而导致部分医学生的思想观念与行为准则出现"西化"现象①。再加上某些利益集团培植的"意见领袖"和"社会公知",有组织、有预谋地传播错误观点和网络谣言,造成大学生思想认识的混乱,无所适从、束手无策、迷失方向,这将在很大程度上影响大学生人生观价值观的培养。这些都给学校开展意识形态工作带来了极大的挑战。

不仅如此,西方实用主义的传播,导致很多医学生重利益、轻信念,盲目追求物质,拜金主义、享乐主义的现象日渐增多,不利于学生坚定自身的信仰,导致思政教育面临尴尬的境地。大学生正处于正确价值观、人生观形成的重要时期,自身经验阅历尚浅,政治敏锐性和辨别是非的能力还有待加强,对信息的筛选能力还不够成熟,难以对海量的信息进行正确的判断和科学的甄别,面对这些负面信息、谣言,往往会轻信、盲从,这就导致他们判断事物的能力越来越低,对网络的虚假信息或者谣言偏听偏信,缺乏有效的思考,出现判断力偏差,甚至做出错误选择,沦为敌对势力或者不良势力的"枪手",进而导致严重的后果,这无疑对医学院校思政教育带来极大的挑战。

因此,医学院校必须始终把意识形态工作作为思想政治工作的首要任务,牢牢掌握意识形态工作的领导权、主动权。

(四)思想政治教育者的主导地位受到冲击

在传统思想政治教育中,思想政治教育者地位不容忽视,他们拥有丰富的理论知识和技能,在课堂教学和日常的教育中,体现着绝对的教育权威,学生对他们非常崇拜和信服,但是随着新媒体的广泛使用,学生获取知识的来源越来越广泛,教师的权威在不同程度受到挑战,教育者的主导地位受到冲击。

首先,教育者的知识权威受到挑战。传统的思想政治教育,教育者获取知识的来源主要是教材,根据教材所规定的内容,去整合一些教辅资料来进行授课,有固定的教学大纲、教学内容等,由于学生获取知识的渠道较少,一般对教师的授课内容深信不疑。但是,新媒体时代,各类平台上有海量的知识和信息,学生和教师获取知识的渠道和方式日趋一致,作为网络新媒体影响最深远的一代,学生接受新鲜事物要比教师们快得多,获取资源的方式也更专业快捷,他们可以通过各类网络平台去获取自己想要了解的知识和信息,这就有可能造成很多学生可能早已知道教师讲解的内容,甚至教师有时候不知道的新名词和热点话题,学生已知道,这就使得教师精心准备的教育内容会落后于学生获得的最新信息,或者学生认为教师分析的还没有个别知名博主分析的到位,这就会造成大学生不信任、不尊重学校的思想政治教育,在这种情况下进行思想政治教育的难度过大。

---

① 田艳梅.新媒体时代高校思政教育面临的机遇与挑战[J].经济管理文摘,2020(4):177-178.

其次，对新媒体运用的不适应也是对高校思政教师的挑战。目前，高校对学生思想政治教育除了思政课程之外，都在积极探索课程思政模式，要求专业课教师在专业课堂教学融入思政元素，但是效果不太理想，这就造成高校思想政治教育还是以思政课程为主，教育者主要是由专职思想政治教师和辅导员群体组成，专职思政课教师注重思政课堂，在课堂上教授"马克思主义基本原理""毛泽东思想和中国特色社会主义概论""中国近现代史纲要"以及"思想道德修养和法律基础"等课程。辅导员主要是在日常学生管理中对其进行思想政治教育。网络新媒体时代，要求高校思想政治教育者不仅要具备丰富的马克思主义理论知识，而且还要熟练操作各种网络设备。据调查，目前各大高校尤其是医学院校专职思想政治教师较为缺乏，普遍年龄偏大，由于网络新媒体高速发展、信息更迭较快，这些专职思政课教师难以跟上其发展趋势，不能有效地将新媒体融入思政教育之中。甚至存在部分教师在一定程度上排斥使用网络设备，在课堂教学中拒绝使用多媒体。有些思政教师虽然具备基础的网络设备操作技能，但也只是一些简单的技术，不能灵活运用网络新媒体工具，难以激发学生兴趣。此外，目前的思政课堂过于重视理论的传授，学生们往往不太感兴趣，他们一般会对社会热点比较感兴趣，但是教育者可能由于使用新媒体的意识比较淡薄，无法满足当代大学生对于思政课程的需求。

最后，对教育者的政治理论水平提出了挑战。新媒体时代，网络信息繁多，真假难辨，筛选信息难度增大，这对教育者的政治理论水平带来了巨大的挑战。

在新媒体时代，思想政治教育者的权威话语权和主导地位受到挑战，这对思想政治教育工作者提出了更高的要求，要客观看待新媒体带来的新变化，用好新媒体，更新知识储备，拉近与学生的距离，做到与时俱进。

第二节　新媒体时代医学院校网络思政教育工作的问题

近年来，国家对高校思想政治教育工作的重视程度不断加强，新媒体的出现，更是为思想政治教育的发展提供了新机遇、开辟了新路径，思想政治教育工作取得了很大的进步。但是在实际工作中，还存在未能正确定义和使用新媒体的情况，新媒体的作用未能得到充分发挥，比如，部分教师对新媒体技术的运用较为片面，仅认为新媒体技术是一种教学的辅助工具，还没有重视新媒体带来的课堂变化。除此之外，还存在思想政治教育内容滞后、形式单一、方式方法缺乏创新、教师队伍建设有待完善、保障体系不够健全等问题。

一、对新媒体技术的运用较为片面

新媒体的时代背景下,信息的交互传播可以通过互联网实现,这样的传播方式下,微博、微信等社交媒体应运而生,信息得到了及时有效的共享,因此,新媒体的时代背景使高校思政教育的工作内容变得更加丰富、多元。但在实际的教学工作中,许多思政老师并未将互联网的传播优势充分利用。例如,在目前较为主流的高校思政教育模式中,老师授课的内容往往基于教材内容,老师与学生间的互动也多以授课或讲座形式进行,教育内容以及模式等都受到较大限制,导致高校思政教育的教学手段太过单一,而忽略了网络在思政教学中可以提供的便利条件。

目前,新媒体技术的发展为高校思政教育提供诸多便利,新媒体技术应当成为高校思政教育的有力工具,借由新媒体的加入,提升学生的学习积极性与创造力,增强学生对于网络信息的辨别能力、对于网络舆情的分析研判能力,加速师生之间的交流互动,完善思政教育学习心得。但是在实际的教学活动过程中新媒体技术却鲜少用于教育教学,以医学院校为代表的许多高校中的思政教师对于新媒体技术在思政教育中的地位和作用认知并不明确,在实际教学活动中,无法正视新媒体技术的作用,导致单一的以一种教学辅助工具来定义新媒体技术从而限制其在思政教育过程中的作用,致使教学中缺乏师生之间的互动交流,学生在接受思政教育的过程中主观能动性以及参与积极性被严重制约,造成学生在教学活动中的主体地位受到了侵犯,甚至丧失。

二、网络思政教育内容和形式缺乏创新

新媒体时代,"微"成为一个日益突出的特点,由于快节奏的生活方式,人们大部分都是利用碎片化的时间来进行阅读和学习,愈发倾向于短小精湛的信息内容,微博、微信等社交媒体应运而生,小视频、小游戏等时代特征鲜明的内容充斥在校大学生的课余时间,思想政治教育工作者必须要全面分析,教育内容也要不断适应时代变化并根据学生的特点进行创新[①]。然而就目前来说,高校思政教育工作内容仍然具有滞后性,优质教育内容不够丰富,个别高校思政教育的内容不够严谨,零散化、随意化较强。

首先,教育内容滞后。在新媒体时代,"人人都是主持人,人人都有麦克风",每一个大学生都可以是信息的接收者和传播者,可以随时随地通过各种渠道接收、了解知识和

---

① 郭嘉宝.微媒体背景下高校思想政治教育的影响与对策探究[D].石家庄:河北科技大学,2018.

信息。而思想政治教育理论拥有一套完整的理论性话语，其话语体系相对理论性较强，需要更为规范的讲解传授，这就导致在具体实践中，教师在课堂上讲授的多为晦涩难懂的深奥哲理，脱离了大学生的生活实际，忽视了大学生的情感需求，课堂毫无生气、枯燥乏味。再加上部分思政教育工作者依旧遵循传统的教育方法，使用着原有的讲课素材和案例，已经不能掌控课堂的全局，因为学生通过网络新媒体完全可以获得相关内容，极易出现他们在课上向老师提出的一些问题，教师不能够回答的情况。

其次，高质量的教育内容不够丰富。现阶段，越来越多的医学院校开始运用网络计算机技术，开展思想政治教育的实践探索，比如在新媒体平台设置中国共产党人精神谱系列思政微课、党史讲堂、党史青年说等栏目，教育教导广大师生发扬红色文化、传承红色基因、厚植爱党、爱国、爱社会主义情怀，践行社会主义核心价值观等。思想政治学习资料非常丰富，但是浏览量相对不高，究其原因大多是由于高校没有充分考虑网络教育的实际情况，仍然以理论学习为主，将原有的一些理论录制视频或编辑文字照搬至网络，内容陈旧枯燥，学习的深度不够。

再次，教育活动内容不够科学。目前，各高校都非常重视思想政治教育，国家也有相关层面指导，比如开展"不忘初心、牢记使命"主题教育、党史学习教育等，但是部分高校在开展相关教育活动的时候，方案不够严谨、科学，内容多是为了开展活动而开展活动，或者是为了完成规定动作或者盲目创新去开展活动，没有实事求是地从学习实际出发，忽略了学校的特色，思想政治教育活动内容不科学，有的高校甚至出现多个部门纷纷开展雷同的活动，相关活动的组织过程自主性较强，零散化、随意化较强，活动内容重复、没有创新，这样导致的结果就是思想政治教育活动不仅没有起到应有的教育意义，还会使得学生疲于学习思想政治教育相关知识，对思想政治教育产生反感，达不到教育效果。

最后，教育形式缺乏创新。新媒体时代，高校思政教育的载体实现了大拓展，以往单靠思政课堂育人的方式已一去不复返，取而代之的是多载体、多支撑的高校思政教育新媒体教学新模式。目前越来越多的大学生对新媒体的依赖度超过了对思政课堂的依赖度，他们的学习方法发生了重大转变。毋庸置疑，大学生思想的变化与思政学习方法的转变弱化了高校思政课堂教育的主导地位。

因此，在新媒体环境下，高校思政教育者可将这一新兴媒体形态与传统思政教育模式进行融合，不断创新大学生思政教育方法，优化思政教育成果。

三、网络思政教育人才队伍建设有待完善

新媒体时代的到来给思想政治教育工作带来诸多挑战，其中就包括思政教育工作者队伍的建设，虽然近年来从国家、地方和高校层面都日益重视学生思想政治教育工作，加

大教师引进力度,提升教师待遇,但是总体来说思政教育工作者队伍建设亟待优化。

首先,高校管理阶层的重视浮于表面。从思想政治教育管理层面讲,部分高校对思想政治教育的重视仅停留在做表面文章,存在应付心理,比如以会议代落实、调研没结果等,缺乏对思政课的深入了解以及科学长远规划。目前国家规定,校领导每年要讲两次思政课,但在实际工作中,部分校领导往往采用的是专职思政课教师的讲课稿和课件,并没有突出特色,只是为了完成规定任务,而不是真正关注学生的成长成才。也有一些学校虽然对思政教育很重视,但是缺乏足够的经验,在开展工作或相关活动时,没有整体规划布局,存在各个部门各立"山头",各自开展活动,活动之间缺乏互补性,仅仅追求大张旗鼓的形式化,或者一味照搬别的学校做法或者沿用之前的活动形式,而不考虑学校实际情况和学生心理特点,不能因校、因人而异,严重脱离现实生活,无法让学生产生认同感,因此必须要加强高校管理阶层队伍的建设。

其次,教师队伍人才缺乏。因为前期对思政教育欠缺重视,导致高校思政教育人才储备缺乏,高校思政教育工作者的队伍人数与课程设置所需人数不成正比,以医学院校为代表的专业院校,这种差异更是显著,为满足规定的思政课程设置,个别高校扩大教学规模,有的高校甚至出现二三百人一起上思政课的情况;也有部分高校加大现有教师的工作量,教师一周将近满课,教学任务大。这些都导致思政教育课堂教学实效性减退,与此同时,由于数量上的不足,部分院校开始实施辅导员或者行政管理人员兼任思政课教师的举措,这就导致思政教师专业性降低,教学质量无法得到保障。

最后,教师队伍质量整体偏低。从思政教育人才队伍的整体质量上来说,部分高校从事思政教育工作的教师受传统思政教育的影响,认为高校思政教育属于格式化教学,因此自身缺乏较强的创新意识以及科研意识,或者较为安于现状,导致整体的师资质量降低。部分思政教育的教师并非科班出身,对于思政教育工作的理论体系缺乏系统性学习,在多元化社会思潮的环境下,易受西方价值观的影响,自身意识形态产生混乱,开展思政教育工作时,可能产生力不从心的乏力感。另外高校的思政课教师往往只清楚自己所讲授章节理论知识,对其他科目或者章节的知识欠缺,自身思政水平有限。据某高校教师队伍思想政治考核发现,专职思政课教师的考试分数较低,也验证了这一现象。

四、网络思政教育环境保障体系有待健全

新媒体时代,各种思潮不断碰撞,学生能轻易地接触到形形色色的思想,这也影响着大学生各方面的发展。高校思想政治工作是以"人"为本开展的工作,目的是塑造大学生的思想观念。恰逢大学生思想观念的完善时期,网络飞速发展的新媒体时代,信息传播较为便捷,使得大学生的思想观念形成可能受到多方影响,因此高校思政老师在开展工

作时应提前设想方方面面,包括学生在思想观念形成过程中可能遇到的冲击,并预设性地提出规避风险的有效举措。基于如此的时代背景,高校思政教育的重要性日益凸显。也正是因为高校思政工作的顺利开展十分必要,如何为高校思政教育工作开展提供良好稳定的环境保障成为新媒体时代背景下对高校提出的全新课题。包括校园内部校风学风建设、思政教师对于学生思想动态的把控以及网络平台的建设完善与舆论引导。

首先,高校思政教育工作缺乏相应的建设机制和指导监督。这其中既包括我国目前高校开展思政教育的制度建设,同时也包括我国法律对于互联网信息传播的法律法规建设。随着时代的发展,互联网法律法规在逐步完善,但是互联网的发展是快速的,法律法规的形成是需要结合时代发展趋势的,因此目前关于网络信息传播的法律制订存在滞后性。与此同时,互联网中信息资源具有海量、传播迅速等特点,虽然给我们的日常生活带来了便捷,但是确实也存在着匿名性和开放性等特点,一些不法分子伺机利用网络的虚拟化特点,借由互联网平台发表不当言论,引导错误舆论导向,扰乱社会秩序。大学生心智尚未完全形成,这样的信息传播极有可能导致大学生思想"迷路",严重者甚至可能危及自身的身心健康发展。

其次,网络环境的净化及监管有待加强。目前部分高校并未重视网络舆情管理,无法客观认识到充分利用互联网平台对大学生开展思政教育的重要性,也有部分高校理论上重视网络环境管理,却缺乏专业知识,对于如何在网络媒体占据思政教育高地仍然充满疑惑。例如微博超话可能成为大学生谈论时事事件的主要平台之一,这里充斥着当代大学生应该有的活跃思维,但是同样也充斥着隐藏的舆情风险,甚至有部分高校直到学生言论引发网络舆情事件后才会重视网络平台管理。

最后,高校风气建设应加强。一方面,新媒体时代网络知识的海量存储,在为学生获取知识增强便利的同时,也在很大程度上造成了大学生的投机取巧,他们在学习上或考试中遇到问题时第一时间便会寻求网络的帮助,长此以往,独立思考的能力逐渐衰退,学习的自主能动性更是每况愈下。直接体现便是毕业设计或撰写毕业论文时,频繁出现的学术不端的严重情况,直接导致了高校大学生诚信素养的缺失以及学术能力的减退。另一方面,新媒体时代所衍生的一系列"微"软件极大迎合了当代大学生的需求,鼓励他们追寻新鲜事物进而展现自我风采,微博、微信等软件的出现和不断革新,为学生的学习生活提供了便利,增加了大学生的使用频率。但对于软件的依赖则造成了校园内部学习氛围的缺失,更是让当代大学生心生浮躁。这种不良风气的蔓延必然使得高校思政工作者难以顺利开展思想政治教育工作,而且也大大增加了工作量和工作范围。

第三节 新媒体时代医学生网络思想政治教育的创新路径

新媒体时代的到来为医学院校的思政教育工作带来了新的机遇以及挑战,在新媒体形式下医学院校的思政教育拥有更加丰富的教学资源、更为先进的教育方式、更为科学的教学方法,思想政治教育效果逐步提升,但是也存在一些问题,比如部分教师对新媒体技术的运用较为片面、网络思政教育内容和形式缺乏创新、网络思政教育人才队伍建设有待完善、网络思政教育环境保障体系有待健全等,针对存在的问题,我们要树立网络思想政治教育的新理念、构建网络思想政治教育新阵地、丰富网络思想政治教育形式和内容、加强网络思想政治教育队伍建设,依托网络技术、网络平台和网络载体,构建全新的思想政治教育格局。

一、树立网络思想政治教育新理念

理念是行动的先导,思想政治教育工作要想开展的好,必须要有先进的理念为引领。习近平总书记强调,高校思想政治教育工作机制要坚持"三全育人"的理念,"坚持协同联动"不断推进高校思想政治教育协同理论的发展与实践,构建与创新思想政治教育协同机制,提高思想政治教育工作的质量,最大程度发挥高校思想政治教育工作系统的整体效应。因此,在新媒体时代,医学院校思想政治教育工作者在进行思想政治教育时,必须紧跟时代的潮流,将思想、理念的更新放在第一位,坚持"以学生为本"和"三全育人"教育理念,加强社会主义繁荣发展与学生主体的统一性,提升高校医学生思想政治工作的针对性与有效性,增强思想政治教育的吸引力,做到思想政治教育工作的合力育人、协调发展[1]。

要树立"以学生为本"的教育工作理念,将传统的以"教"为中心,转变为以"学"为中心,变"教授"为"引导"的教育理论,增强高校医学生思想政治教育的吸引力,提升实效性。要以医学生为主体,从学生的实际需求出发,以平等的姿态加强与学生的沟通交流,充分发挥他们在思政课堂中的主动性,实现思政教育的平等性,使每个学生都成为信息的接受者和利用者。思想政治教育工作者要树立终身学习的理念,不断学习,积极利用

---

[1] 王黎.全媒体时代高校思想政治教育创新发展研究[D].兰州:西北师范大学,2020.

新媒体上丰富的信息资源,更新自身的知识储备,丰富思政课程的内容和形式。同时可以利用社会上的热点,迎合学生们的兴趣进行教学,将枯燥的理论与实际生活中的案例结合起来,通过时事热点激发学生对思想政治课程的兴趣,鼓励他们发表自己的观点和看法,以学生喜闻乐见的方式与话语开展思想政治教育工作,最大限度地调动学生的积极性与主动性,增强思政教育的时效性。

要树立"三全育人"理念并做到与时俱进。习近平总书记强调"把思想政治工作贯穿教育教学全过程,实现全程育人、全方位育人"。网络新媒体时代,高校思想政治教育的创新发展仍是需要在"三全育人"理念下进行的,面对新形势、新变化,"三全育人"理念要与时俱进。网络思想政治教育工作要做到"全员育人",积极调动所有高校思想政治教育工作者,包括思政课专任教师、辅导员以及专业课教师,充分发挥他们的主动性与积极性,利用一切可以利用的网络新媒体资源,积极参与到学校"立德树人"的工作当中来,做到思想政治教育主体的多元化与广泛性。同时,高校各部门各机构之间要加强配合、相互协同、互帮互助,形成"大协同"的合力育人工作机制。医学生的教育分为学校课堂学习阶段和医院见习实习阶段,要把思想政治教育工作贯穿到在校期间、见习、实习的整个过程当中,而不仅仅局限于某一个阶段或某一堂课,它贯穿于医学生成长成才的始终,做到"全过程育人"。同时,在育人过程中,要注重因材施教,根据学生的具体情况,针对性地制定与之相适应的教育方案,全面促进学生成长成才。此外,高校思想政治教育工作要从多个方面进行,并强调要培育德智体美劳全面发展的社会主义建设者与接班人,做到"全方位育人",而不只是某一个方面的培育。高校思想政治教育要遵循大学生的成长规律与发展需求,将思想政治教育融入大学生的日常生活与学习中去,既要重视显性教育,又不能忽视隐性教育,将二者有机结合。

因此,思想政治教育工作者要及时更新教育理念,全面分析新媒体时代医学生思想政治教育工作的新背景、新载体和新手段,实现新媒体与思想政治教育工作的互通互为、统筹发展,努力提升医学生思想政治教育工作的时效性和开放性。

二、构建网络思想政治教育新阵地

在开展医学生思想政治教育的过程中,要毫不动摇地坚持党和国家的领导,将医学生的思想政治教育和人才培养充分结合起来,进一步拓宽思政教育网络平台,构建网络思想政治教育新阵地。

第一,加强网络学习平台建设。要依托网络信息技术,打造新颖性、趣味性较强的思想政治教育网站和学习平台,如网上党校、网络学习平台、青年大学习等,及时发布党和国家在思想政治理论方面的知识,传播正能量,弘扬社会主义核心价值观。同时,要鼓励学校思政教育工作者进行创新，开发个性化的网络思政教育资源，并将其共享至网络学习平台中，引导医学生自主学习和探究。

第二，构建融媒体教育平台。要参考医学的特性，以医学生的兴趣爱好为切入点，做好顶层设计工作，构建集功能性、宣传性、教育性、休闲性于一体的融媒体教育平台，使思想政治教育传播形式更加多样化，将"面对面"的传统思想政治工作方式与"键对键"的新型工作方式相结合，整合校园广播、校报等传统校园媒体与微信公众号、微博、视频号等新媒体平台，将教育内容根据平台不同进行差异化编辑处理①，以学生喜闻乐见的手法，吸引大学生眼球，让大学生主动参与思想政治教育活动，从中获得学习感悟。

第三，利用网络社交平台，加强互动交流。以学生喜欢的方式进行教育，比单纯的说教更能让学生接受，思想政治教育工作者可以借助QQ和微信等社交软件，将看到的一些具有正能量的、反映当前社会新风尚的文章转给学生学习，或者利用这些软件，经常与学生沟通交流，在学生探讨交流中，深入了解其价值取向与思想动态变化，在思想上、学习上、生活上对学生进行指导和帮助，拉近与学生的距离，在潜移默化中熏陶和感染学生，帮助学生树立正确的世界观、人生观、价值观。同时可以设立师生互动的网络平台，借助微信群、贴吧、在线直播、社区论坛等形式开展思政教育，提升教育深度和广度。构建思政教育交流平台与心理健康教育咨询平台，为医学生提供自由交流与探讨渠道，师生进行虚拟沟通交流，解答学生疑问和困惑，有效疏导学生不良情绪，促进医学生身心健康发展。

三、丰富网络思想政治教育内容和形式

新媒体时代，医学生思想政治教育的环境和内容发生较大的变化，思想政治教育工作者和学生的思想、价值观念也在不同程度地改变。在强化医学生思想政治教育的过程中，要与时俱进，围绕时代发展趋势和医学生思想道德的新要求，进行教育内容的更新与调整，推进思政课教学改革创新，打造高精尖水平思政课。

第一，创新思想政治教育的课堂教学方法。整合校内网络各类资源，设立网络教育课堂，开展网络思想政治教学。利用新媒体技术改进和丰富教育方法，将主题式教学法、案例教学法、启发式教学法等思想政治教育方法同多媒体教学法有效结合，增强思想政治教育的效果。思政教师可借助网络教育课堂进行课后延伸与指导，还可以实时上传教学视频，使得学生能够方便快捷地自主学习。这种网络思政教育的方式更加灵活、自由，

---

① 王黎.全媒体时代高校思想政治教育创新发展研究[D].兰州：西北师范大学，2020.

成为平时课堂思政教育的延伸和拓展。利用现代信息技术手段,开发具有较强应用性、思想政治性、操作性的德育软件,实现医学生思政教育从扁平化到立体化的转变,进一步丰富网络思政教育内涵。

第二,坚持"内容为王",增加思想政治教育黏合度。新媒体时代,网络新媒体平台信息传播速度较快、发布内容较多、受众接受时间较短,高校如何选取优质的思想政治教育内容,吸引学生注意力,增加黏合度,增强网络思政教育的针对性和实效性,做好思想政治价值引领,是各高校要研究的课题。正确的政治引领、思想引导是关键。高校的各级各类新媒体平台,首先要发布的内容应该是对马克思主义理论、习近平新时代中国特色社会主义思想的解读和宣传,这是培养担当民族复兴大任的时代新人的必然要求,是解决好培养什么人、怎样培养人、为谁培养人这个根本问题的重要举措。其次要充分挖掘学校文化资源。我国许多医学院校的建设发展过程中,都蕴含着一些红色基因或者精神"密码",这些红色基因是学校进行思想政治教育有效的资源。医学院校要深入挖掘这些资源,将学校文化建设同弘扬中华传统文化相结合,充分利用传统节日宣传、主题策划、录制传统文化网课等方式,让学生从心里对学校文化产生认同,在爱校、荣校的情感中自然过渡到对党和国家的自信与自豪,产生政治认同、思想认同、情感认同和价值认同。再次要贴近学生实际,打造学生情感归属。高校网络思政文化育人的对象是在校大学生,要充分研究医学生的认知规律和接受特点,充分发挥学生的主体作用,贴近学生思想、情感和生活实际,设计一些学生喜闻乐见的栏目和作品,多用青年话语体系、生动鲜活的事例、新颖活泼的形式,展现医学生的生活学习状态,关注年轻群体感兴趣的话题,注重对学生情感的关怀,积极调动学生参与网络文化的生产和传播,强化他们在网络思政教育中的主体地位,让学生们用自己创作的健康向上的网络文艺作品影响同学,引领校园文化风尚,传递主流价值,打造有温度的网络思政文化,满足青年学生成长发展的需求和期待。每一个节日、纪念日都积淀着丰富的内涵,是不可多得的思想政治教育资源,它能够为医学生提供丰富的精神养料,可以根据医学生个性化需求,结合国际医师节、护士节等特殊时间节点,打造线上主题教育活动,以贴近实际、贴近生活、贴近学生的形式对大学生进行思想政治教育,培养独特的医学院校文化记忆,在轻松恢谐的氛围中输出积极的价值观念,实现文化塑造与引领。

第三,丰富网络思想政治教育形式,让学生能够随时随地接受正能量的熏陶。学校可以组织学生在网上观看体现社会主义核心价值观的电影或视频活动,根据观影内容让学生撰写观后感想,评选见解深刻的文章,在校内网站、论坛、微信群等进行发布传播。同时要大力开展社会实践教育。可以倡导学生将自身参加社会实践活动过程中的视频、照片及相关资料,上传到校内网络平台,对活动中涌现的好人好事、典型人物、感人事例及活动体会进行传播,树立榜样,让学生从中总结经验,向榜样学习。在新媒体上创新互动方式,增强师生的参与度。官方微信和校园公众号开通师生留言、讨论功能,平台管理者将反映主流价值观、语言表达清晰活泼的留言、帖子等通过置顶、推荐为精彩发言等方式,形成良性互动。

四、加强网络思想政治教育队伍建设

教师是教育的第一资源,教育改革的关键在教师,他们是教育改革中的重要践行者,起着至关重要的作用。高校思政教育质量的好坏,与思政教师队伍的素养、素质及业务水平的高低有着紧密的关联。"思政教师的价值观念、专业知识素养和道德修养直接影响着学生能否有合理正确的价值观、好的专业知识技能、好的道德修养和良好的素质。教师也是思想政治教育方法的主要实施者和运用者,只有提高思政教师队伍的整体素质,才能将好的思想政治教育方法加以利用。"[①]医学院校思政教育队伍包括专职思政课教师、专业课教师、医院带教老师、辅导员及行政管理相关工作人员等,特长优势各不相同,但都对医学生思政教育带来了不同程度的影响。因此,对于人员队伍建设,要在整体规划的基础上进行分类指导。整体而言,所有工作者都应跟上时代进步的步伐,不断创新教育理念和方法,持续提高思想政治教育的专业化水平和自身的能力素质,坚持理论学习和技能学习,尽可能地扩大自身的知识面,这样才能和学生有效互动交流,回答和解决学生提出的问题和难题,达到教学的效果。此外,还要发挥主导作用,必须紧跟时代潮流,了解网络语言,应加强对现代教育信息技术领域的学习,提升网络技术技能,同时应对高校学生所处的网络环境、背景、语言、心理加强学习和了解,从而更有针对性开展教育工作。利用QQ群、微信群及一些网络平台与学生保持联系、积极沟通,在虚拟的环境里进行轻松的表达和交流,会增强思想政治教育的效果。

分类来说,对思政课教师而言,要尽量补充医学通识类知识,尽量了解医学生所思所想,走进他们的内心,多关注社会上医疗卫生行业动态、医患沟通、医德医风等相关信息,从中挖掘思政内涵,与课程进行有机结合,提升课堂内容的贴近性和实用性;对专业教师和带教老师而言,要注重学生专业知识和技能的培养,并在此基础上引入国家政治意识、职业道德、法律规范、历史文化等知识内容,涵养学生思想品格,提升学习兴趣。在这个过程中,要避免本末倒置、生搬硬套,让学生产生反感、抵触等情绪;对辅导员和其他相关行政管理人员而言,要加强理论学习,提升政治理论素养及水平,站在沟通者角度,强化

---

① 刘滢.网络时代加强医学生思想政治教育路径研究[J].佳木斯职业学院学报,2021,37(2):9-10.

教师与学生间桥梁纽带作用,增加教育工作的黏性和韧性[①]。

因此,在网络时代背景下,网络思政教育成了大势所趋,高校应立足自身实际情况,分析网络思政教育的必要性,通过完善网络思政教育的方式、丰富网络思政教育的内容、提升网络思政教育队伍专业化素质、促进校园文化活动与网络思政教育活动相互融合,从而促进学生思想道德素质的全面发展。

---

① 曹晓菲.新媒体环境下医学院校思想政治教育实效性研究[J].青年时代,2020,71(31):100-101.

第五章 红医精神融入医学生思想政治教育

习近平总书记指出:"优秀传统文化是一个国家、一个民族传承和发展的根本,如果丢掉了,就割断了精神命脉。"①红医精神与所有中华传统文化一样,是我们党红色卫生文化的价值精髓,是我们党红色精神的思想内核之一,同样也是中国革命传统文化的重要组成部分,它积淀了中华民族、中华儿女最深层次的精神世界的追求。红医精神和井冈山精神、长征精神、延安精神一样,有着共同的精神品质、同样的理想信念、相同的英雄气概和一致的革命风范,共同留下中国共产党的红色烙印,与中国革命的苦难与辉煌交相辉映,并代代传承。建功新时代,踏上新征程,当前红医精神依然激励着千千万万的新时代医务工作者,全心全意为人民健康保驾护航,兢兢业业为民族大业求是创新②。将红医精神融入医学生思想政治教育,以红医精神为统领,聚焦思政课程,打造"大思政"育人体系,是落实立德树人根本任务,回答"培养什么人,怎样培养人,为谁培养人"这一根本问题的关键所在。

第一节 红医精神的科学内涵

红医精神孕育于中央革命苏区时期,也是中国共产党革命历史中的重要开端。红医精神从萌芽到成型再到发扬传承,是我们党在中央苏区的斗争与实践中产生的光辉路径,是伟大的精神传承,艰苦而又卓绝。

红医精神的革命内涵不仅在战火纷飞的年代发挥作用,在社会主义建设和改革开放,甚至中华民族伟大复兴的新征程中也必将成为中国特色社会主义医疗卫生健康事业发展的核心价值理念,是推进健康中国建设、实现中华民族伟大复兴的重要精神支撑力

---

① 习近平.习近平谈治国理论(第二卷)[M].北京:外文出版社,2017:313.
② 赵群,孙海涛,李春雨.红医精神的价值内涵及时代意义[J].中国医学伦理学,2021,34(7):787-791.

量。红医精神的深刻内涵从战争时期到中国特色社会主义新时代,为了不断符合发展需要,被不断注入新的符合时代发展规律的新的元素,定义和内容也在不断丰富和发展。

一、红医精神的历史溯源

什么是"红医"？顾名思义,指的就是"红色医生"或"红色医疗卫生事业"。这个词主要来源于中国共产党在土地革命战争时期领导人民创建的医疗卫生事业。除此之外,中国医科大学(原白求恩医科大学)的校史资料中,还记录有"红色卫生干部""红色军医""红色医务工作者""红色医疗专家"等多种提法[①]。

1927年,在大革命失败后,中国革命转变为农村包围城市武装夺取革命政权。1928年4月,中共中央接受共产国际提议,一方面在全党开展土地革命,另一方面努力建立红军队伍。在长期处于缺医少药的农村游击战争的恶劣环境中,伤病员数量越来越多。在这种环境下,1928年夏天,中国红军创建了井冈山小井红军医院,这是由毛泽东领导的红四军所创立的第一所正规医院。10名医生,一间木屋,这就是红军历史上第一所正规医院,随着这所医院的创建,开启了我党我军对医疗卫生事业的伟大尝试。起初,这里挂牌叫"红光医院",后来,改名为小井红军医院。人手少、缺医少药、医疗卫生器械缺乏,无法保障最基础的医疗活动开展,伤员需要忍受极大痛苦。尽管条件艰苦,但医院仍救治了不少红军战士。1929年初,面对国民党军队的第三次"围剿",红四军前委决定,留一小支部队驻守井冈山,其他大部分主力部队转移至赣南、闽西。由于敌我力量悬殊,井冈山在主力转移后失守。

1929年初,红四军进入闽西,开国将军傅连暲作为当时医院院长,领导福音医院积极救治红军伤病员。同年秋,应毛泽东的建议,将福音医院改名为中央红色医院,并将医院迁往瑞金,成为中央红军第一个正规医院。1931年末,中国工农红军军医学校在江西瑞金成立,这是中国共产党创建的第一所军医学校。1932年初,学校更名为中国工农红军卫生学校,为革命军队培养了一批急需的医护骨干。1932年2月,在红军卫校开学典礼上,毛泽东为学校题词"政治坚定,技术优良",这也是红军卫校的办学方针。毛泽东、朱德等老一辈无产阶级革命家在此提出"红色医生"的概念,对"红色医生"做了明确定义并对怎样做一名红色医生提出希望,可以说是红医精神的根基和源头。朱德在讲话中指

---

① 赵群,孙海涛,李春雨.红医精神的价值内涵及时代意义[J].中国医学伦理学,2021,34(07):787-791.

出:"中国工农红军已有了很大发展,但医务人员缺乏,必须培养自己的红色医生。"①

1934年10月,土地革命战争在第五次反"围剿"失败后受到严重挫折。作为军委直属部队的一部分,红军卫校跟随中央红军从瑞金开始出发长征。长征途中,红军卫校全体师生不仅和其他战士一样要经历过草地、爬雪山的生死考验,还要承担部队全体战士中伤员的救治,1935年10月,红军胜利到达陕北吴起镇时,彭龙伯校长和李延年、俞翰西等许多红军卫校师生同志都光荣牺牲,为此献出了自己宝贵的生命。在艰苦的长征途中,红军卫校师生成就了形成红医精神的实践来源,铸就了伟大的长征精神,这更是中国共产党在斗争中形成的宝贵精神财富。抗日战争时期,中国共产党面临着比以往更为复杂的革命斗争形势,在根据地延安的艰苦条件下,红军卫校又改名为八路军卫生学校,继续坚持办学救人。1939年1月,毛泽东在八路军卫生干部扩大会议上提出,为支持长期艰苦抗战,要极度发扬为民族革命的卫生工作精神。同年末,加拿大来华援助中国抗战的国际主义精神的崇高代表白求恩医生,在抢救八路军伤员的过程中因感染而不幸病逝。毛泽东发表了著名文章《纪念白求恩》,号召全党上下向白求恩同志学习,并在延安持续开展宣传学习白求恩精神的系列活动。毛泽东定义阐释的白求恩精神,表现为"对工作的极端的负责任,对同志对人民的极端的热忱"和"对医术精益求精"的精神②。1940年9月,毛泽东视察八路军卫生学校并提议,将八路军卫生学校改名为中国医科大学,后经党中央批准更名。1941年8月,毛泽东亲笔为中国医科大学第十四期毕业学员题词,"救死扶伤,实行革命的人道主义"。这一题词,既作为红医精神价值内涵的重要的理论基础,又为当时广大医务工作者提供了行动指南和价值遵循。

"红医"一词最早出现并作为专有概念被单独使用,是在1969年由天津中医学院出版的《红医手册》扉页。"领导我们事业的核心力量是中国共产党""指导我们思想的理论基础是马克思列宁主义""救死扶伤,发扬革命的人道主义""团结新老中西各医药卫生工作人员,组成巩固的统一战线,为开展伟大的人民卫生工作而奋斗"等这些文字出现在这本书扉页上,能够彰显"红医"的行业特征和时代特性。1971年的《新医学》也将"红医"作为一个单独概念提出。它刊登了《面向农村办好"红医班"》,该班针对当时存在的"学了语文,不会写文章;学了数学,不会打算盘;学了化学,不会使用化肥;学了卫生常识,不会草医草药"等教育与实践相脱节的情况,主张"把医疗卫生工作的重点放到农村去""以学为主""兼学别样",让广大师生"扛起锄头会种田,拿起笔杆会写文章,背起药

---

① 戴万津,赵群,王林松,等.中国医科大学校史图志(1931—2011)[M].沈阳:辽宁人民出版社,2011.
② 卢希谦.革命人道主义医德观的提出:纪念毛主席"救死扶伤,实行革命的人道主义"题词发表50周年[J].道德与文明,1992(4):14-14.

箱会治病"①。党的十一届三中全会以来,"红医"概念重新出现,冯彩章等编著的《红医将领》、栾荣生等编著的《红医之路》等歌颂红医精神的作品陆续发表。

在新时代,伴随着红色文化理论和实践研究的持续升温,"红医""红医精神"等再度活跃成为热词。许多具有红色历史的高校开展相应研究。中国医科大学成立红医联盟,编写了《红医精神概论》并长期举办红医精神论坛,从历史文化、理论、实践三个维度对红医精神进行深入挖掘、梳理并高度提炼。同样,赣南医学院成立了"中央苏区医疗卫生史与健康中国战略研究中心",编辑出版《峥嵘岁月:苏区红色医生的珍贵回忆》《中央苏区医学教育资料汇编》《中央苏区卫生工作史料汇编》《中央苏区卫生工作回忆史料》等校本教材丛书,建立中央苏区红色卫生史博物馆,介绍中央苏区医疗卫生机构、战场救治、药材生产供应、卫生法规、医学卫生教育、卫生科普、医药研究等,并展出各类苏区卫生史图片文物,成为传承弘扬红医精神的重要阵地②。除此之外,承德医学院、新乡医学院等历史悠久的国内老牌医学院校也不断追溯其红色革命年代红色基因,对红医精神进行了概括③。

与此同时,红医精神在新的时代,随着公共卫生事件、公共卫生危机的出现、公共卫生事业的发展,应社会需求不断被赋予新的时代内涵,以不同的形式展现于大众,作为强大的精神动力支撑着国家和人民渡过一次次困难时期。

为了适应人民群众的健康需求和社会发展需要,在新中国成立之后,我们国家大力发展改革医疗卫生事业,但自始至终医学思想的依托都是围绕红医精神。新中国成立之初,医疗技术落后、医疗资源匮乏、医疗设备陈旧、缺医少药,鼠疫、天花、肝吸虫病等一类传染病流行,公共卫生事业安全面临着严重威胁。在这种情况下,党中央始终把人民的生命健康安全放在首位,预防为主,让医药卫生事业工作者始终坚守疫情防控一线,开展各项防疫措施。2003年,一场不明原因的肺炎席卷全国,全国上下医护人员主动请缨坚守一线无私奉献,尽全力救治患者,发扬优良技术传统,积极寻找救治良方,勇于开创,这些都是红医精神在当年"非典"中的具体体现。2008年,四川汶川发生8.0级大地震,15名空降兵组成的先遣小分队高空跳伞,进行医疗救援定位,为灾后救援、灾区人民生命健康赢得生机④。

从2020年年初持续到现在、席卷全球的新冠肺炎疫情中,无数医务工作者肩负时代

---

① 翁源县江尾中学革委会.面向农村 办好"红医班"[J].新医学,1971(3):9-11.
② 王锋旗,万永勇,汪行舟.红医精神立德树人的实践之路[J].江西教育:管理版(A),2018(7):17-19.
③ 李玉红,周文娟,杜少杰,等.传承红医精神,打造"大思政"育人体系:承德医学院思想政治教育扎实开展[J].法制博览,2020(18):69-70.
④ 陈子静.红医精神的历史溯源及其成就[J].中国医学人文,2021,7(10):11-13.

重任,无私奉献,为人民群众生命安全构筑坚实防线,所形成的伟大抗疫精神是中华民族红色精神谱系中的重要部分,也是红医精神的生动体现。除此之外,中国在疫情全球蔓延的形势下,展现大国担当和伟大的国际人道主义精神,科技攻关研发高质量疫苗,向全球80多个国家和地区供应,还向中国境内外国友人免费接种。因此,红医精神的形成伴随着中国共产党党史、新中国史、改革开放史、社会主义发展史的形成,历久弥新并不断被赋予更为丰富的内涵。

二、红医精神的内涵

红医精神是在中国革命战争特定历史背景下形成的,它包含专业技术、理想信念、工作作风、价值取向等多个方面,是一个完整的思想体系。红医精神形成的实践基础是中国革命,毛泽东题词是解读红医精神的基本依据。红医精神深刻而丰富的价值内涵,无论在革命战争年代还是在社会主义革命、建设和改革开放时期都发挥了重要作用,乃至在中华民族走向伟大复兴的新征程中,也必将成为中国特色社会主义医疗卫生健康事业发展的核心价值理念,是推进健康中国建设、实现中华民族伟大复兴的重要精神支撑力量。红医精神基本内涵是一种政治品格,表现为政治坚定、对党忠诚;是一种价值取向,表现为救死扶伤、大爱无疆;是一种工作作风,体现为艰苦奋斗、无私奉献;更是一种科学研究精神,不断追求技术优良、求是创新。

(一)信仰坚定、对党忠诚的政治品格

政治信仰坚定是红医精神的灵魂,是红医精神对于医生的最基本的要求[①]。坚定马克思主义的政治立场和正确的政治方向,树牢共产主义的理想信念,坚决维护党中央的权威和集中统一领导,坚决贯彻党中央的决策部署,任何时候任何情况下都坚决听从党的指挥,跟党走,永不叛党。1931年毛泽东为红军卫校题词:"培养政治坚定,技术优良的红色医生"。红医之"红"就红在对党的绝对忠诚,也是早期红色医生用切身行动表现出来的优良品质。在和平年代,唐山地震、长江特大洪水灾害、非典疫情、汶川地震、抗击新冠等数次医疗救援行动中,在人民群众的生命健康受到威胁之时,在祖国需要的时候,总是能够看到党旗在救援一线高高飘扬。医疗队员将"共产党员"写在防护服上,体现了对党的热爱和忠诚,也增加了老百姓对医务人员的信任。为了确保医务人员正确的世界

---

① 赵群,孙海涛,李春雨.红医精神的价值内涵及时代意义[J].中国医学伦理学,2021,34(7):787-791.

观、人生观、价值观,积极践行红医"一切为了人民健康"这一基本问题,必须把政治信仰坚定、对党忠诚作为红医精神内涵的首位。

(二) 救死扶伤、大爱无疆的价值取向

救死扶伤的革命人道主义精神、大爱无疆的生命至上理念,不仅是红医精神的内涵之一,也是我国自古以来对于医务人员的职业要求,前提是尊重人的生命、宗旨是治病救人,是我们党全心全意为人民服务宗旨的具体体现,"一切为了人民健康"这一原则始终不变。

朱德在中国工农红军军医学校创立的开学典礼上要求:"我们的红色军医应该具有坚定的政治立场,对人民、对伤病员要满怀阶级感情。"[①]1933年,长汀福音医院迁往瑞金,改编为中央红色医院。毛泽东在看望当时的学校校长傅连暲时,特别指出必须坚决树立"为伤病员服务"的观点,才能当好中央红色医院的院长。不仅仅给士兵看病,还要给老百姓治病送医[②]。红色医生坚决遵照毛泽东和朱德的要求,在战争中不畏枪林弹雨,为工农红军战士保驾护航,在平时积极对人民群众进行医疗救助,挽救了无数军民的生命。甚至面对敌军的战俘,也发扬国际主义精神,一视同仁,生理上和心理上给予帮助和尊重。1929年的古田会议,决定将医治好的被俘士兵送回并给予路费,充分体现了红医精神救死扶伤,践行革命人道主义精神的内涵。1941年,中国医科大学成立,毛泽东题词"救死扶伤,实行革命的人道主义",要求广大医务工作者,全心全意为人民服务,树立生命至上、人民至上的价值观和宗旨意识、服务意识、群众意识。

新中国成立之后,"一切为了人民健康"的总原则、总目的没有改变,毛泽东主席仍然坚持,多次强调医疗卫生要为社会主义建设服务,要面向大多数人,为大多数人服务。中国共产党领导下的中国革命,发展医疗卫生事业是为了人民解放,运用医疗技术为人民健康服务是其根本目的。新中国成立之初,国家医疗卫生事业虽然不再有战时对于医疗队伍的急迫需求,但当时我国医疗卫生事业落后,技术水平低,艾滋病、肿瘤等一些严重威胁人类健康的疾病挑战接踵而至。在这种形势下,我国千千万万医务工作者充分发挥红医精神,盘根溯源,刻苦钻研多种疾病的病因、发病机制,研制全新的有特色的治疗方法,对我国甚至世界医疗卫生水平的进步做出不可磨灭的积极贡献。当今医疗发展水平突飞猛进的新时代,我国的医疗卫生水平早已改变过去落后的状况,变为世界一流医疗强国。新冠肺炎疫情全球化,我国白衣战士挺身而战,支援抗疫,提供药物、疫苗援助,充

---

① 王林松,郭秀芝.中国医科大学岁月[M].沈阳:辽宁人民出版社,2011:3.
② 中共中央文献研究室.毛泽东年谱(1893—1949):上卷[M].北京:中央文献出版社,1993:394.

分发挥国际人道主义精神。"卫生事业为什么发展？医疗卫生为什么人服务？"这一核心问题，无论在革命年代，还是社会主义现代化建设时期，始终是我们党不断回答和解决的问题，也是在这一次次大考中，红医精神"救死扶伤、大爱无疆"的核心内涵才得以凝聚。

（三）艰苦奋斗、无私奉献的工作作风

红医精神从战争年代延续到现在的基础就是艰苦奋斗、无私奉献。我们国家的人民医疗卫生事业，在党的领导下，经历了从无到有，从萌芽到发展壮大的非凡历程。中国工农红军军医学校的创办，解决了当时战争时期医务人员严重不足的难题。军医学校创建初期，医学学员条件极为艰苦[①]。学习生活常在露天课堂进行，黑板是门板做的、粉笔用柴碳替代。面对没有场地、没有资金，也没有器械、没有技术人员的窘迫局面，红医战士研发器材、研究医术，自觉改造祠堂、废旧医院、教室等场地，开展医学教学与科研。在如此艰苦的条件下，埋头苦干，艰苦奋斗，为解决根据地缺医少药问题，创建红军第一个卫生材料工厂，实现自给自足。凭着他们的艰苦奋斗精神，红色医生克服当时极大的困境，为我国新时代医疗事业的蓬勃发展打下了坚实基础，提供了宝贵经验。

新中国成立以来，广大红医工作者更是以自己的艰苦奋斗、无私奉献的工作作风，为新中国医疗卫生事业发展做出了重要贡献，进一步生动诠释红医精神的多层次内涵。医德修养的最高境界当属为医奉献、无私利他、自我牺牲，无私奉献、全心全意为患者健康服务，也是医生的最高境界的追求和努力的方向。这也是红医精神道德标准高于普通的医学伦理规范的重要体现。

（四）技术优良、求是创新的科学研究精神

技术优良、求是创新是对医务工作者重要的专业要求，也是红医精神区别于井冈山精神、长征精神和延安精神等红色精神的独有之处。红军军医学校一开始创建就提出"政治坚定、技术优良"，表现红医精神的主要内涵就是对技术的高标准、严要求。革命战争年代，面对医疗卫生水平十分低下的状况，人民群众的基本生命安全都无法得到保障。一批技术优良、医术高超的医务人员尤为需要。在白求恩身上，这种要求被体现得淋漓尽致。在1938年反"扫荡"中，"红色医生"的代表白求恩6天内救治120名伤员，做百余台手术。在冀中齐会战斗中，他甚至连续工作近70个小时，为115名伤员做手术。他亲自编写教材，编写医学著作《游击战争中师野战医院的组织和技术》并亲自授课，解决了

---

① 赵群,孙海涛,李春雨.红医精神的价值内涵及时代意义[J].中国医学伦理学,2021,34(07): 787-791.

当时八路军的医疗队伍边干边摸索成长,缺乏基本训练的问题。他还经常到各处医院检查,细节处也不放过,交代放茶杯盖时,一定要口朝上一类的细节。白求恩对伤员极端负责的态度和以身作则的精神,在红医队伍中不断传承与发扬。土地革命时期,中国共产党做出了巨大努力,在革命根据地建立了多所红色医院,极大地提高了当时医疗卫生人员的技术水平,培养了大批优秀医学人才。还出版了以《红色卫生》为代表的普及医疗卫生知识的杂志,专门划分讨论技术工作上的问题,大大加快了一支技术优良的红色医生队伍的成型。新中国成立之后,毛泽东、周恩来等多次强调医生对技术精益求精的重要性。精湛的医疗技术、求是创新的开创精神是医务工作者履行救死扶伤崇高职责,解决患者病痛的基本要求。因此,"技术优良、求是创新"是我们党培养红色医生的专业技术需要,是红医精神的基本要义,更是红医精神的不竭发展动力,否则所有的一切都是一句空话。

三、红医精神的时代价值

红医精神的价值内涵是我国时代精神的重要体现,为构成中国革命精神谱系提供了重要的支撑。红医精神的形成、丰富和发展,见证了中国共产党领导革命、建设和改革的光辉历程,是中国共产党的宝贵精神财富。在中华民族走向伟大复兴的新征程中,时代不断变迁,医疗卫生领域挑战不断出现,所凸显出的红医精神对于我国精神文明建设的意义越来越明显。对于培养优秀医学人才,塑造医学生良好的职业价值观,提升医务工作者职业道德素养,构建和谐社会,促进中国特色社会主义卫生事业健康发展,都具有积极作用。

(一)红医精神为践行社会主义核心价值观提供科学的精神引领

红医精神是中国革命文化的重要组成部分,并作为中国共产党红色卫生文化的价值精髓与思想内核。红医精神的先进文化与核心价值理念,是通过一代代人的牺牲奋斗所积淀出来的,是社会主义核心价值体系建设中不可或缺的重要内容。红医精神是在马克思主义创新成果指导下形成的宝贵思想理论体系,对发展推进深化医药卫生体制改革,提高人民群众健康水平,发展我国医疗卫生事业具有重要意义。红医精神从政治信仰和价值取向上来说是社会主义核心价值观的直接体现,能够为践行社会主义核心价值观提供重要的实践载体。因此,红医精神不仅能够解决好人民群众医疗卫生领域的问题,将红医精神进行创造性转化和发展,使其发展为马克思主义重要的传播载体和渠道,还将为践行社会主义核心价值观、发展新时代中国特色社会主义先进文化提供科学的精神指引。

(二)红医精神为健康中国建设提供强大的精神动力

红医精神在内的一系列伟大精神构筑起了中国共产党人的精神谱系,它的形成反映了我国传统社会道德观念对于医护人员的要求,是中国时代精神的重要体现,也是马克思主义中国化的结果,一切以人民健康为中心,全心全意为人民服务,既是广大医务工作者救死扶伤的至高原则,同时也是红医精神的核心理念,更是中国共产党创建发展医疗卫生事业的出发点和落脚点。

新中国成立数十年来,人民群众的健康水平有了很大的提升,但仍然无法满足人民群众日益增长的健康需要。医疗卫生领域发展的不平衡与不充分等问题是民生问题,也是政治问题,是社会问题的直接反映,解决好才有助于党的事业兴旺发达和国家的长治久安。在当下世界百年未有之大变局的历史机遇和挑战下,我国与世界上其他国家一样,面临着严峻的卫生与健康问题,制约经济发展,影响人民生命健康和社会和谐稳定。

近年来,医疗卫生行业的形象在公共卫生事件中,比如新冠肺炎疫情全球化背景之下,越来越多地展示在公众面前,医务人员与人民群众交集逐渐频繁,群众在医疗卫生方面的投入也不断上升。党的十八大以来,以习近平同志为核心的党中央高度重视人民健康问题,针对如何正确处理医患关系,推动"健康中国"战略,提出了许多新思想、新战略。人民健康、全民健康、健康中国,是红医精神在中国特色社会主义新时代的进一步丰富和发展。

因此,传承和发扬红医精神,不仅有利于构建和谐的医患关系,传承医生群体优良的职业道德修养,还能够为继续深化医药卫生体制改革,实现中华民族伟大复兴的中国梦提供强大的精神动力和智力支持。为进一步构建和谐社会,推进新时代中国医药卫生文化的发展与繁荣,必须在医疗卫生改革政策中直接体现党的性质宗旨与执政理念,在医疗卫生工作中坚持全心全意为人民健康服务的价值理念。

(三)红医精神为形成良好的社会道德风尚和塑造医务人员良好的职业素养提供重要道德支撑

红医精神是中国共产党人民卫生事业发展的精神命脉,是中国革命文化传统在医疗卫生领域的重要体现。抗战时期,毛泽东为中国医科大学写下"救死扶伤,实行革命的人道主义"这一光辉题词,他明确指示医院必须救死扶伤,实行革命的人道主义,生动诠释了红医精神的理论内涵。

新时代,我们国家大力推进健康中国建设,深化医药卫生体制改革,更需要发扬红医文化传统,牢记红医精神这一根本。尤其改革开放以来,受到市场化改革大潮下的利益驱动影响,医患矛盾日益尖锐,医德医风问题在医疗卫生领域日渐突出,这一现象在本质上反映的是红色卫生文化传统的缺失和红医精神传承的断裂。红医精神应是一份强大的精神力量与行为标杆,有效带动我国医疗工作者的研究热情,坚定医疗工作者信念,以国家命运、人民生命、世界和平为使命去推动我国医疗卫生事业的发展。将红医精神作为新时代医疗卫生职业的道德标准,对于形成良好的社会道德风尚,践行社会主义核心价值观也将起到积极的道德支撑和引领作用。

(四)红医精神为培养新时代优秀医学人才提供优质的教育资源

近年来,党和国家越来越重视医疗卫生领域的发展。医务人员是保护广大人民群众生命安全的主体,作为培养医学生的主力军,高等医学院校肩负着医学人才培养和为人民群众提供健康服务的重要使命,医学生培养直接影响到我国医疗卫生事业的发展。加强医学生群体的责任感和使命感,是决定我国医疗卫生领域未来走向的关键要素。我国教育事业一定要贯彻党的教育方针,落实立德树人的根本任务。医学生的思想道德教育对于培养我国医疗卫生队伍的后备人才提供重要保障。红医精神综合了我国革命时期红色医生的感人事迹和多种革命伟大精神,为我国医学生的培养淬炼了一本生动翔实的教材,是当代医学生教育的巨大精神财富。高等医学院校应将红医精神作为标杆,培养提高医学生的思想道德素养,打造一支信仰坚定、对党忠诚、救死扶伤、大爱无疆、艰苦奋斗、无私奉献、技术优良、求是创新的优秀医疗队伍后备军。

第二节　红医精神融入医学生思想政治教育的价值审思

2004年,中共中央、国务院发出大学生思想政治教育的纲领性文件《关于进一步加强和改进大学生思想政治教育的意见》,文件提出了"以理想信念教育为核心,深入进行树立正确的世界观、人生观和价值观教育;以爱国主义教育为重点,深入进行弘扬和培育民族精神教育;以基本道德规范为基础,深入进行公民道德教育;以大学生全面发展为目标,深入进行素质教育"作为加强和改进大学生思想政治教育的主要任务。红医精神的价值内涵融汇了理想信念、民族精神、公民道德和新时代大学生应具备的素质品格,对于落实上述四个方面的任务要求,推动新时代医学教育具有全面的针对性和指导性,是高等医学院校落实立德树人根本任务的必要保证。

(1)推进红色基因代代相传、历久弥新的时代需要。红色基因蕴含着我们党厚重的历史文化和丰富的革命精神,包含了革命先辈的崇高理想和坚定信念,是党的优良革命传统和集体智慧的结晶,更是当前实现中华民族伟大复兴的精神支柱和力量源泉,既质朴厚重,反映过去,又历久弥新,引领未来,是大学生思想政治教育的优质资源。

红医精神是在艰苦卓绝的革命斗争环境中形成并流淌至今的红色血脉,可以作为中国共产党红色基因的重要成分。高等医学院校学生是未来医疗卫生事业的主力军,在健康中国战略实施背景下,将红医精神融入青年医学生思想政治教育,让当代医学生的思想接受红色革命精神的洗礼,使其自觉学习红医精神,发扬光荣传统,传承红色基因,赓续红色血脉,引导国家医疗卫生事业未来的中流砥柱为实现"红色基因代代传"的目标砥砺奋进、不断前行。

(2)坚定医学生理想信念、增强中华文化自信的坚强基石。当代中国医学生接受的思想政治教育是以马克思主义思想为指导,同时又离不开中国共产党红色卫生文化这一肥沃的思想土壤。医学生教育具备很强的专业性、知识性,这使得大部分医学生只专注自己的专业所学,所思所想也局限于此,更谈不上用科学全面的眼光看待问题。因此,医学生思想政治教育的重要目标是同时充实专业知识和政治理论修养。2018年全国教育大会上习近平总书记强调:"要在坚定理想信念上下功夫,教育引导学生树立共产主义远大理想和中国特色社会主义共同理想,增强学生的中国特色社会主义道路自信、理论自信、制度自信、文化自信,立志肩负起民族复兴的时代重任。"①如今在西方不良文化和舆论思潮的影响下,在多元文化的冲击下,有些医学生在思想上产生错觉,出现政治信仰迷茫,理想信念摇摇欲坠的现象,沉迷于物质享受,精神世界贫乏,享乐主义、拜金主义严重,从而不能够树立正确的人生观、世界观和价值观。很多医学生不愿意到条件艰苦的基层,不愿到祖国最需要的地方去,认为只有在大城市、大医院工作才能实现自己的价值,才体面、有前途,甚至宁愿选择在家待业也不愿意去基层就业,为国贡献、艰苦奋斗的思想意识淡薄,所以必须注重培养和铸牢医学生的理想信念。习近平总书记在教育文化体育领域专家代表座谈会上强调,要"推动理想信念教育常态化制度化"。把理想信念教育作为医学生思想政治教育的重点,把红医精神融入核心内容,使红医精神入脑入心,以革命战争年代红色医生的典型事迹为榜样,学习他们艰苦奋斗、坚韧不拔的爱国主义精神和民族精神,用他们坚定的共产主义理想信念,帮助医学生重新建立社会责任感,重新树立正确的价值观念,时刻清醒地认识到自己作为一名准医务工作者需要承担的国家和社会责任,真正认识到只有中国共产党才能够发展中国,只有具备坚定的马克思主义信仰和树立伟大的共产主义理想才能够为实现中华民族伟大复兴贡献力量。

(3)提升新时代医学生医德修养的重要引领。医德修养是广大医务工作者在从事临

---

① 韩玲.红色文化涵育社会主义核心价值观研究[M].北京:人民出版社,2020:309.

床治疗、治病救人的实践中形成的道德规范,是医疗卫生事业特有的道德风范。"无恒德者,不可以作医。"在医药卫生行业市场变化的影响下,医学生专业技术培养比以往任何时候都有了长足进步,医护人员不断发掘寻找新的治疗方法和新的技术手段。但是"医德"不足成为医患之间、医生与医生之间产生矛盾的主要因素。医疗卫生领域出现收受患者红包、对患者缺乏耐心、服务态度差、医患矛盾日益尖锐、医疗纠纷不断涌现等现象,反映了部分医务工作者职业道德沦丧和职业精神缺失,这种现象对医学生也有很大的不良影响和渗透。将红医精神融入医学生思想政治教育,以红医精神所提倡的仁爱思想为指引,为提升医学生"医德"问题的解决提供了有效思路,有利于医学生良好职业道德和职业精神的培养。

"医者仁心"中的"仁"既是中华传统文化儒学中的灵魂思想,也是对于医者的基本要求。明代医家龚廷贤所著《万病回春》所言:"一存仁心,乃是良箴,博施济众,惠泽斯深。""仁爱救人""悬壶济世"的思想对医务工作者影响至今,依然是当前医务工作者所追求的至高的行为准则。一方面要求医务工作者要"一视同仁",无论是高官贵族还是平头百姓,在生命面前人人平等。医圣张仲景所著《大医精诚》提到:"若有疾厄来求救者,不得问其贵贱贫富,长幼妍媸,怨亲善友,华夷愚智,普同一等,皆如至亲之想。"汉代名医华佗,为救治更多的百姓拒绝做官,因医术高明每每被朝廷传唤,而他因不愿做曹操的医官最终被杀害致死。他们这种普世救人的大爱思想被后人所永远称赞。另一方面要求医务工作者清廉正直,"杏林春暖"这一佳话常用来形容医生廉洁行医,说的就是三国时期吴国名医董奉,他医术高明,"日为人治病亦不取钱",而仅要求患者病愈后为自家种一棵杏树,等待杏树开花结果再将果实换成钱接济贫穷患者。

红医精神的内涵所包含的"医者仁心""救死扶伤"是医务工作者的责任和使命,引导无数医务工作者不惧危险,不怕苦累,冲锋在医疗工作第一线。无论是革命战争年代还是在当下这场没有硝烟的抗疫战场,千千万万医务工作者不顾个人安危,"最美逆行",及时抢救病患,将自己化作一道坚固的屏障,挡在病魔和人民面前,赢得了人民群众的信任和赞誉。在突如其来的新冠肺炎疫情面前,在去往武汉、上海等疫情防控一线的请战书上,医务工作者按下了一个个鲜红的指印,去拯救一条条鲜活的生命。红医精神在无数医学生心中埋下了责任担当的种子,成为战胜疾病和疫情的重要精神动力,使他们深刻理解了医务工作者救死扶伤、治病救人的职责,也更加深刻理解"健康所系,生命相托"的医学生铮铮誓言。高等医学院校承担着医学人才培养和为人民群众保驾护航的重要使命,需要将红医精神与新时代医疗卫生事业的新要求相结合,并浸润日常思想政治教育活动,通过经典事迹感染提升医学生品格和增强专业认同感和荣誉感,引导广大医学生无论在什么情况下都要将维护人民群众的生命健康、生命安全放在第一位,牢牢树立为人民群众服务的职业道德和职业精神。

(4)建设德才兼备的医学人才队伍的精神动能。为了给社会主义医疗卫生事业培养更多的优秀医学生和接班人,必须要注重德才兼备,加强医学生的医德教育。"艰苦奋斗、求是创新"是红医精神的工作作风,"政治坚定、技术优良"是对红医队伍的基本要求。在红军医疗队伍建设初期,不仅要时常躲避敌人的围追堵截,还要克服缺医少药、异常艰苦的救治环境和学习条件,甚至连救治伤员、医生学习的桌椅板凳都需要从老乡家里借。在如此艰苦的条件下,红色医生艰苦奋斗,发挥求是创新的主观能动性,自己编写教材,制作教学工具,研究疑难重症治疗方法,保障病人救治和红医队伍的不断壮大。医学生是红医精神的传承者,学习医学的过程是一个异常艰苦的过程,专业课程繁重、学制长、实习规培、就业压力大。近年来,医疗行业屡屡出现伤医事件,使得许多医学生专业思想动摇,学习态度不端正,很多人萌生出改行的念头。将红医精神融入医学生思想政治教育有助于医学生理论学习的提升。新时代医学生作为医疗卫生事业的后备力量,必须要能够耐得住医路漫漫的寂寞和艰辛,传承和发扬艰苦奋斗、求是创新的红医精神,将其作为精神支柱,转化为理论学习和临床实践的不竭动力,勤奋刻苦、努力拼搏,秉求是创新的科研态度,扎实学习医学理论知识和专业技能,练就精湛艺术,为成为一名真正的医者打下坚实的基础,为人民群众身心健康和健康中国战略保驾护航。各医学院校在注重专业知识培养的同时,也应注重思想政治建设,要以代代红医、红色革命医学先驱为指引,结合各医学院校自身特有的红色发展历程,讲好红医故事,充分汲取红医精神中的优秀元素,从学校到家庭、社会、医院,将爱国敬业、无私奉献等力量汇聚成一种风尚,让大医精神在医学生心中生根发芽,并将这种打动内心的情感转化为面对挫折的勇气和战胜困难的力量,为祖国输送"又红又专"、既具有高超技术水平又拥有医德修养、"政治坚定、技术优良"的高质量医疗卫生人才队伍,为中华民族伟大复兴注入不竭的精神力量。

第三节 红医精神融入医学生思想政治教育的创新路径

中国共产党高度重视我国大学生的思想政治教育,各高校包括医学院校,在思想政治教育方面都取得了重要成果。然而目前高校思想政治教育不同程度存在一些问题,比如教育理念缺乏创新性,教学过程缺乏规划性,教学内容、教育载体缺乏多样性,教育方式缺乏实践性等。究其原因可以归结为社会主义市场经济环境带来巨大发展潜力的同时也影响医学生价值观念和行为取向,医学院校教师人文精神、人文素养缺失,医学生人文底蕴、责任担当等核心素养偏低等。红医精神是中国共产党人红色基因的重要组成部分,是红色文化的重要内容,可以作为优质的医学生思想政治教育教学资源。《高校思想政治工作质量提升工程实施纲要》提出高校思想政治提升包括"课程育人、科研育人、实践育人、文化育人、网络育人、心理育人、管理育人、服务育人、资助育人、组织育人"等"十大育人"体系,医学院校将红医精神融入医学生思想政治教育,可以通过课程育人、实践育人、文化育人、网络育人、组织育人、管理育人等方式,将"课程—实践—文化—网络—科研—组织—管理"有机融合,推动红医精神与思想政治教育有机融合,为落实立德树人根本任务提供指导方针和基本遵循,作为实现全员育人、全过程育人、全方位育人要求的有效实施路径。

一、整合红医精神资源,让红医精神融入课堂教学

课堂教学作为高校思想政治教育的主阵地、主渠道,推进红医精神融入医学生思想政治教育首先要坚持课程育人主渠道,把红医精神融入医学生的思政课程和课程思政,使其成为医学生传承红色基因的最重要载体。

第一,红医精神应当融入高校思政课程[①]。习近平总书记在学校思想政治理论课教师座谈会上强调:"思想政治理论课是落实立德树人根本任务的关键课程。"[②]高校思想政治理论课包括了"马克思主义基本原理""毛泽东思想和中国特色社会主义理论体系概论""中国近现代史纲要""思想道德与法治""形势与政策"等系列课程,是一套完整的课程体系。思想政治理论课的教学目标是培养学生坚定的理想信念和正确的世界观、人生观和价值观,紧紧围绕思政课程的教学特征和育人理念,将红医精神所包含的中国共产党的优秀作风传统、政治理想信念与思政课程教学目标有机融合,为医学生学习红医精神提供理论指引。要将红医精神融入各种思政课程的教学中,收集红色文化、研究红医精神,深入挖掘红医精神特质在课堂上呈现,并尤其注意要创新教学方式方法,以医学生专业和心理特点去设定教学过程和目标。比如思想道德修养课程中可以将中国人民解放军医疗卫生工作创始人之一,在军中享有"红色华佗"美誉的傅连暲将军在发展中西医、普及祖国医学、培养医学人才等方面做的大量工作,为解放军和人民卫生事业做出的功绩作为教材融入"人生意义与追求"专题;将著名医学家、中国现代普通外科的主要开拓者、肝胆外科和器官移植外科的主要创始人和奠基人之一、"中国外科之父"、"医德风范终身奖"获得者裘法祖海外求学归国报效祖国医疗卫生事业的感人事迹作为"忠诚爱国者"的生动教材;在有关中国共产党革命理论和革命道路等专题中,可以依托"毛泽东

---

① 于晓欢,张希中.红色基因融入大学生思想政治教育研究[J].河南科技学院学报,2021,41(12):54-59.
② 习近平主持召开学校思想政治理论课教师座谈会[DB/OL].(2019-03-18)http://www.gov.cn/xinwen/2019-03/18/content_5374831.htm?allContent.

思想和中国特色社会主义理论体系概论""中国近现代史纲要"等课程,将小井红军医院、中央红色医务学校、白求恩战地医院的创办发展过程作为学习素材融入。除了这些课堂理论教学之外,还应当大力发展思政课实践教学,根据教学需要创造有利条件,组织医学生座谈讨论红医精神、参观红医精神相关教育基地、观看红医电影电视剧、编排话剧等亲身演绎红医故事,丰富课程形式,通过体验式、沉浸式、演绎式等多种多样的教学方法,使红医精神融入思政课程的过程生动鲜活有温度,使其真正入脑入心,内化成医学生人文素养的重要部分,使其自觉主动担当,努力学习专业知识,担负起健康中国建设的重要使命,从而进一步传承和发扬红医精神。

第二,红医精神应当融入高校课程思政。习近平总书记指出:"学校思想政治工作不是单纯一条线的工作,而应该是全方位的。要完善课程体系,解决好各类课程和思政课相互配合的问题……发挥融入式、嵌入式、渗入式的立德树人协同效应。"①在医学生的专业课程和通识课程当中将红医精神作为思政元素和教育资源融入其中,使其达到课程思政与思政课程同向同行的目的。专业课教师可以深入挖掘红医精神文化资源,将红色医学文化与其讲授的医学专业课程相结合。比如在"外科学"的课程教学中,可以融入外科医学家王志超不与敌伪合作、坚持民族自尊心的感人事迹;在"妇产科学"的课程教学中,可以将妇产科医学家林巧稚为中国妇产科奉献一生的故事讲给学生。这一个个生动事例推动红色医学文化融入医学生思想政治教育,将"信仰坚定、对党忠诚的政治品格,救死扶伤、大爱无疆的价值取向,艰苦奋斗、无私奉献的工作作风,技术优良、求是创新的科学研究精神"的红医精神内涵春风化雨般融入课堂教学之中,使学生在课堂上不仅接受专业知识的学习,又能够感受红医精神等红色文化的熏陶,从而使得立德树人和专业技术知识在润物无声中得到双向统一。

二、践行红医精神主题,让红医精神融入社会实践

毛泽东指出:"实践、认识、再实践、再认识……这就是辩证唯物论的全部认识论,这就是辩证唯物论的知行统一观"②。当代医学生个性鲜明、年轻富有朝气,早已不满足于传统的课堂教学模式,也就是教师在讲台上讲、学生在讲台下听。必须不断创新发展新的教学模式,诸如实践式教学、调研式教学、体验式教学等形式,才能够不断满足当代医

---

① 习近平.思政课是落实立德树人根本任务的关键课程[(DB/OL)]https://baijiahao.baidu.com/s?id=1676528826095976988&wfr=spider&for=pc.
② 吕枫.中国共产党组织工作全书[M].沈阳:白山出版社,1996:833.

学生群体旺盛求知欲和好奇心,帮助他们全方位、沉浸式地感受所学的知识[①]。因此,在红医精神的教学过程中加入调研、实践等实践教学方式,能够更好地帮助当代医学生深入感受红医精神、理解红医文化,并自觉将红色医学文化融入自身成长的过程中。

高校思政课教学形式一般有两种途径,理论教学和实践教学,二者相辅相成又互为补充。思想政治理论课的实践教学形式通过实践育人途径,作为传统理论教学的有益补充,对提升青年医学生政治理论素养和理论与实践相结合的能力有积极作用。

实践教学是医学生思想政治教育的重要组成部分,将红色医学故事、人物事迹进行示范穿插在抽象的课堂理论讲授中,将案例与思想政治教育实践活动融合起来,贴近医学生实际,创新组织模式,增强趣味性、娱乐性和感染力,打破第一课堂与第二课堂间的壁垒,提升医学生实践教育的参与率和获得感,从而在春风化雨、润物无声的情境下达到医学生的心理共鸣,使其接受、领会,进而参照、遵循,极大地调动学生积极性。医学院校要结合自身办校特色,塑造校园精勤进取、崇真向善的医学院校校园文化氛围。结合日常课余时间或者暑期"三下乡"固定实践时间、中国医师节等医疗卫生节日,高校辅导员、思政课教师可带领大学生开展内容丰富、形式多样的红色主题实践活动,拓展红色医学文化教育体悟活动,立足地域特点,挖掘本地红色资源,组织医学生到革命场馆等思想政治工作研修基地,开展红色医学文化旅游研学实践,让医学生主动接受红医精神文化洗礼和熏陶体验。比如组织学生参观福建明溪红军战地医院旧址和宁化县红军医院旧址、河北白求恩战地医院旧址、江西小井红军医院旧址、安徽南丰战地医院等红色物质载体;参观中国医学博物馆、白求恩纪念馆、伍连德纪念馆等红色医学文化场馆。在如今新冠肺炎疫情影响下,也可以充分利用多种先进媒体形式,采用网上走访实践、线上直播采访实践等形式,利用VR技术、直播平台,进行足不出户的学习体验,进一步加深医学生对中国红色医学文化历史进程的感受。还可以通过开展传承红医精神的主题医学文化活动,提升医学生对红色文化的认知,组织学生学习医学经典著作,比如《大医精诚》《纪念白求恩》等,将高雅艺术引进校园、引进课堂,重温医学经典舞台剧等的"诵读医学经典 弘扬红医文化"系列活动,让医学生原汁原味、真实可感地领略红色医学文化,实现潜移默化的教育作用,使红医精神更加入脑入心、植入血脉,从而使医学生自觉继承、弘扬和传播红医精神。

还应该将对红色医学相关的社会实践与社会调查融入医学生的实践教学,学校和学生协同配合,利用暑期调研,了解当地疾病防控体系、医患关系情况、医疗卫生历史沿革等,充分感受红色卫生文化、红医精神在当地医疗卫生建设中起到的作用。医学生通过

---

① 白煜杨.中华优秀传统文化融入医学生思想政治教育路径研究[D].济南:山东中医药大学,2020.

调研记录自己所得,并互相交流各自的心得体会,提升自己对红色卫生文化的认知,使医学生的社会实践活动真正落到实处,形成内容全面、现实可行的社会实践体系,达到学生受益,实现红医精神的化育目标。

除此之外,和其他高校不同,医学生培养过程中一个关键的环节是临床见习、实习、实训等教学实践环节。对于书本上的理论知识通过课堂上语言表述传授就可以实现,但查体、问诊这些具体的诊疗过程是对知识的另一种表达,带教老师在临床教学中,在与患者接触的过程中要潜移默化、注重身教,将"无私奉献、救死扶伤"的红医精神传授给学生,使其不断在实践中提升自己对红医精神的理解和践行。

三、融入校园文化,实现红医精神文化育人

文化的传承与创新是高校的基本职能,校园文化建设是医学生思想政治教育的重要载体,校园文化是传承红医精神的重要方式。为了把主流意识形态和话语体系更好地融入大学生日常生活话语中,应将红医精神融入高校校园文化,进一步内化为医学生的行为方式和生活方式。校园文化建设需要浓厚的氛围感,通过开展红色卫生文化宣传活动等,注重用红医精神浸润校园、抢占红色文化阵地、塑造红医文化生态、发挥红医文化力量,把校园建成红医文化宣传阵地。

要建设大学生喜闻乐见、乐于参与的红医精神文化,让医学生随时随地汲取红色养分,在潜移默化中浸润红医精神文化,实现红医精神的文化育人功能,让医学生在理解中认真学,在实践中认真体悟,在创新中活学活用,使红医精神和校园文化全方位融合。一方面,要打造丰富多彩的红医文化校园活动。校园文化活动是大学校园文化的重要组成部分,有助于形成浓厚校园文化氛围,也是医学生喜闻乐见的校园文化生活参与形式,可以利用校园文化对学生进行积极、正面的影响。医学院校可以以党史学习教育、党内主题教育为契机,以"五四"青年节、"国家公祭日"等重大纪念日为契机,开展如红色经典诵读、红色歌曲合唱、红医精神故事展演、红医精神视频剪辑、红医精神图片展览、红医精神征文等特色鲜明、红色底蕴浓厚的校园文化活动,将红医精神的文化内容等作为主要载体,运用现代的多媒体手段,邀请知名专家学者、社会名人等进行讲述、点评等,利用医学生群体思路开阔、专业知识扎实等优势,通过读、唱、讲、演、拍、展、悟等活动方式,在丰富医学生校园文化生活的同时,发挥红医精神的导向作用,让全校学生全方位接受红医精神、红医文化的熏陶[①]。另一方面,要营造红医精神的校园传播氛围。不仅要通过传统

---

① 于晓欢,张希中.红色基因融入大学生思想政治教育研究[J].河南科技学院学报,2021,41(12):54-59.

宣传方式如校报、广播、宣传栏等方式宣传红医文化,弘扬红医精神,把反映红医精神的名言警句搬进围廊、绘进展板、刻上文化墙,在校园中大力讲解、宣传,而且要在医学院校打造一批蕴含红医精神的校园地标,如校园中设立白求恩等红医人物雕像供学生瞻仰;在教学楼中张贴、悬挂红医精神相关宣传资料,感染师生;校史馆中深度挖掘展现医学院校本身的红医文化和红色历史,供全校师生了解并弘扬等。总之,通过红医文化的校园宣传传播,使其对学生产生潜移默化的感染、熏陶作用,让医学生在校园中随时随地都能受到红医精神的影响,使学生看到的是励志标语感受的是责任担当,增强红医精神的艺术感染力和视觉冲击力,使红医精神的内涵在学生中外化于行、内化于心。

四、融入网络思政,实现红医精神网络育人

在全国高校思想政治工作会议上,习近平总书记指出要做好高校思想政治工作"因事而化、因时而进、因势而新""遵循学生成长规律"。① 互联网的发展可以满足医学生群体学习发展、娱乐社交等需求,是大学生思想和信息输入的主渠道,而且作用逐渐与课堂教学并肩。"网络育人是新时代高校思想政治教育的重要领域,构建高校网络育人协同机制具有重要的时代价值。"当今在校医学生都是网民的主要群体,网络对当代医学生获取知识、形成"三观"的影响较大,因此要在大学生网络思想政治建设中融入红医精神的传承,实现用网络途径延续红医精神生命力,深度融合、优化传播,扩大红医精神对医学生群体的影响,切实提升红医精神育人效果。一是,要大力培育网络思政育人名师。依托医学院校的专家学者资源和学科研究团队,成立红医精神研究机构或团队,落实好高校网络教育名师培育支持计划,广泛开展红医精神课题研究,不断丰富完善本校的红医精神文化,提炼红医精神的时代内涵,为营造风清气正的网络空间贡献正能量。二是,要整合网络信息资源,构建网络新空间,使网络信息技术与思想政治工作相融合,着力打造红医精神等红色基因网络思政传播平台。突出内容为王、平台为基,如在校园网主页创建红医文化专题网站、党建专题网站,同时在学校官方微信公众号、微博、抖音等创建红医精神传播栏目等,通过网络传播的优势,扩大红医精神网络育人的影响力和辐射面,积极探索"微时代""全媒体"的网络宣传模式,让不同时期的红医精神和红色医学文化在医学生中流传,从而扩展思政育人的广度和深度。除此之外,还要用好用活各类学习媒体,比如"学习强国"APP等各类网络主流媒体,提升网络点击量和覆盖率,让红医精神在

---

① 习近平在全国高校思想政治工作会议上强调:把思想政治工作贯穿教育教学全过程 开创我国高等教育事业发展新局面[DB/OL].(2016-12-09)http://dangjian.people.com.cn/n1/2016/1209/c117092-28936962.html.

网络绽放时代光芒。三是,要利用网络技术搭建红医精神网络育人交流平台。思政课教师、兼职班主任或专业课教师在课下用QQ或微信等新媒体手段,与学生进行谈心,可以减少平时不习惯和老师交流的学生的紧张感,更方便了解学生思想情况。还可以以网络直播、网络会议等方式,线上互动,第一时间针对不良情绪和错误思想进行疏导和指引,及时纠正学生不良学习和生活习惯,做到精准教育、线上线下协同合力育人。

五、上升为理论研究高度,实现红色基因资政育人

习近平总书记在中国人民大学考察时发表重要讲话:"不断推动中华优秀传统文化创造性转化、创新性发展,不断推进知识创新、理论创新、方法创新。"[1]红医精神作为中华传统文化的重要组成部分,内容丰富、内涵深厚,将红医精神融入大学生哲学社会科学研究的范畴,深入总结、细致阐释红医精神的精神内涵、时代价值等,构建中国自主的红医精神知识体系,使医学生学习红医精神从实践向理论纵向深入意义重大。医学高校可以组织学生开展红医精神的学术研讨,设立红医精神专项研究课题,将各个医学高校的红医文化资源进行梳理和深入研究,并提炼升华、上升为理论,通过刊发理论文章等形式,创造性转化为医学院校思想政治教育的优质资源,实现红医精神的资政育人。医学院校还应该将红医精神等红色文化优秀研究成果纳入职称评聘、科研奖励等各个方面,作为师生评选先进的重要依据,激励进一步开展红医精神传承的理论研究。

六、融入党团活动,实现红色基因组织育人

高校各类组织如何发挥育人职责,必须与教育引领相结合,实现红医精神的组织育人。要充分利用校园党团组织,聚焦红医精神,将其融入医学生党团活动。党团共建、党建带团建,形成组织育人合力。党支部书记、团组织书记、辅导员和兼职班主任等在医学生的日常思想政治教育管理中,应充分利用"三会一课"、主题党日活动、主题班会、暑期社会实践等活动形式,研究和学习红医文化,将其融入大思政格局之中,强化党团组织理论育人、历史育人和实践育人的教育功能。

---

[1] 习近平在中国人民大学考察时强调:坚持党的传承,红色基因扎根中国大地,走出一条建设中国特色世界一流大学新路.国际在线-中央广电总台央视新闻客户端,2022-04-25.

七、融入体制机制建设,实现红色基因管理育人

管理育人要在规范的体制机制管理的基础上,实现春风化雨、润物无声的教育效果。高校完善的体制机制建设是医学院校开展红医精神的保障。一是要健全组织领导。学校层面应成立红医精神融入思想政治教育领导小组,从总体上把握红医精神传承教育的根本方向和目标任务,增强机制设计方面科学度。并配齐各相关职能部门工作人员,规范、协调各部门的工作职责,确保育人机制能够从多个维度有效运行,形成全校各部门既各司其职又齐抓共管的工作格局。二是完善管理制度保障。党的十九届四中全会明确提出建立"不忘初心、牢记使命"的制度,这对传承和弘扬红医精神提供了遵循。高校应构建好教师队伍建设制度、学生成长成才配套管理制度、学科教学管理制度、考核评价机制等,抓好制度建设这一环节,为红医精神传承提供强有力的制度保证。三是加强思政教育师资保障。师资队伍的整体素质对医学院校思想政治教育工作影响极大,高素质思政育人队伍能够高效完成学生思想政治教育任务。优化医学院校思政育人队伍,需要引培结合,多方发力,确保思政教学队伍的专业化和教学能力的提升。首先在选拔聘用上,注重考察应聘教师或辅导员的政治立场、专业匹配度、管理学生经验、思政活动的组织协调能力等,选拔优秀的、综合素质高的思政教师,打造层次多元化、结构合理化的医学高校思政育人队伍;其次在教师培育方面,打造不同层次教师的培训体系,可以通过新教师入职培训、专业课教师思想政治理论学习、"红医精神"思政专项集体研讨备课、外出交流、参加思政专项培训等形式,增强业务水平和教学科研能力,提升课程思政理念和思想政治素养,使得思政教师队伍能够与时俱进、满足学生教育教学需要;最后要加强"红医精神课程思政"教学团队建设,医学院校要组建由思想政治课教师、专业课教师和学生行政管理人员在内的多元化优秀师资团队,发挥先锋示范作用,使"大思政"育人理念形成广泛共识。

第六章 新医科背景下医学生思想政治教育的教学优化

教育部高教司司长吴岩强调,发展新医科是新时代党和国家对医学教育发展的最新要求。新医科是在国家发展进入新时代、世界医疗卫生事业历经大变革的大环境下,相对于传统医科来说的全面省思、守正创新。在新医科建设背景下,医学院校思想政治教育活动必须紧跟新时代的新要求,实现医学、理学、文学等学科的协同融合创新,达到"1+1>2"的效果,在卫生医疗事业供给侧实行教育改革,以满足人民群众日益增长的健康生活需求和中国医疗卫生事业发展的人才要求。

第一节 新医科概述

一、新医科的提出背景

医疗卫生健康事业是关系国家富强、民族振兴、人民幸福的千秋大业。我国提出建设新医科,从理念上推陈出新,"推陈"指淘汰以倡导强调治疗的健康理念,"出新"是指覆盖生命全周期的预防、治疗和康养一体化大健康理念。此外,还倡导开设新专业,如精准医学、智能医学、转化医学等。那么究竟是什么催生了"新医科"的诞生呢?

(一)新时代对高等医学教育的新要求

医学教育不仅事关教育的发展,更是决定着医疗卫生事业的发展。因此,推进高等医学教育的高质量发展是新时代卫生健康部门和教育部门共同关心的课题。进入新时代以来,随着人们物质生活水平的不断提升,人们对于美好生活的期待越来越全面和精细,卫生和健康需求则是人们创造和实现美好生活的前提和基础。中共中央、国务院印发的《"健康中国2030"规划纲要》中提出了2030年人民健康水平的硬性目标,而这些目标的达成不仅要依靠全民的共同努力,更需要大批优秀的医疗卫生人才来保驾护航。因此,医学教育亟须与之相适应、相匹配,"新医科"应运而生。

(二)新兴科技革命驱动医学教育新形态

随着信息、材料、智造、生物等领域新技术的迅猛发展,卫生健康行业日渐形成新的产业生态。具体而言,主要体现在两个方面:一方面智慧医疗全面铺开。从临床技术与决策到临床诊疗,再到新药研发、医疗装备的开发与使用,各流程、各环节等日益数字化、精准化、智能化,年轻一代的医务工作者必须主动适应智慧医疗的新需求。另一方面泛在化智慧医学教育崭露头角。受新冠肺炎疫情影响,全球化的网络学习平台如雨后春笋般发展壮大,泛在化学习唾手可得,使得医学教育"教"与"学"的方式日趋多元,新一代医学生必须适应这种变化,并且储备相应的能力才能够胜任将来的工作需求。

(三)医学教育改革3.0掀起全球新变革

纵观世界,医学教育历经百年共出现了三轮变革:第一轮产生于20世纪初,以强调课程设置的科学性为主要标志;第二轮产生于20世纪中叶,以强调教学创新的问题导向为标志;第三轮是最近几年才提出的,以系统为基础的岗位胜任能力培养为标志。我国新医科改革是以世界医学教育改革的大趋势和大环境为参照系的。随着第二轮和第三轮医学教育改革的推进,学界越来越呈现整合化趋势,不仅是医学学科内部的横向整合,更是医学、理学、文学的大融合。这种融合的深层逻辑是医学知识生产的内在逻辑。因为,医学的研究对象是人,而人本身是一个系统综合的整体。当我们刻意对其按照一定的标准进行分类设立、独立研究到一定程度之后,最终肯定要走向融合。另外,医学是人学,它不是赤裸裸的、冷冰冰的,它注定是一门有人文情怀、仁爱至上的学科,因此,好的医学一定是科学与人文、理论与实践的无缝对接。医学的各门学科投射到社会当中,则涉及多个部门和多个层级,因此,不仅要有横向啮合,如地区或全球网络系统、医学教育联盟等联合体,更要有纵向融合,如从医学科研中心向基层医疗卫生保健机构拓展。

(四)健康新风险亟须具有创新思维的新人才

进入新时代以来,工业化、城镇化等此前长期累积的问题和矛盾日益凸显,人口老龄化程度令人堪忧,疾病谱也产生新的变化,生态环境和人们的生活方式也发生相应变革,健康的促进和维护正经受和将面临各种考验。因此,我们需要构建具备大健康理念,拥有全周期、全人群、全方位的三全健康思维。现代医学涉及环境、生物、医学、工程、心理、社会、法律、伦理、美学等多个学科和领域,因此,需要多学科交叉融合创新才能解决健康新风险和新挑战。经过多年的改革,我国已经初步形成三级医疗卫生服务体系,但仍然急需培养具有创新思维的医务工作者,以适应新时代国家和人民的需求。

(五)信息科技革命成果开辟医学教育新方向

"新医科"的提出依然离不开科技大环境的发展。在当前这个时代,人类科学技术日新月异,计算机和互联网的发展早已超出人类曾经的想象,许多在几年前看来如同天方夜谭的东西却被悄悄写入现实。那么,究竟哪些科技的发展,会给医学带来新的革命和挑战呢?下面从三个方面来逐一分析。

1. 人体健康大数据的收集及应用

当今社会进入快速发展期,人们之间的信息交往频次、密度都越来越高,大数据顺势而生。大数据是指人们基于计算机技术挖掘、分析、处理和应用海量的数据和信息,促进信息资源化、资源知识化和知识价值化[①]。大数据的概念现在已经为社会各界所熟知和接受,正在各个领域掀起变革,医疗健康领域也不例外。通过个人健康数据服务平台,我们能为个体建立个人终身健康数据库,为其提供全生命周期的健康数据管理,提供综合、专业的统计分析,并为其身心健康问题提供个性化的解决方案,这就是大数据背景下的智慧医疗。

2. 医学影像检测识别技术的成熟

人体是一个封闭不透明的系统,每一个部分都有生病的可能性。人总是习惯于直观地看到事实和真相。借助于物理学的发展,人们发展出的医学影像技术手段让我们看到一些肉眼无法看到的内容,比如 X 射线的应用,使得医生能够透过人体的血肉看到骨骼的病变、受伤情况。大数据和人工智能的应用,个体每次人体影像都会被记录在案,当进行新的影像检测时,人工智能就会开启自动识别功能,将新拍摄的影像与过往的记录进行比对,首先排除或者选中明显的地方,这样可以节约医生时间,提高诊断效率。当然,智能检测设备的先进性不仅体现于此,以系统化思维打造的排队、诊疗、开药、后续效果回馈一体化的流程设置更加体现现代医学技术的智能性,能够极大程度提升患者的体验感和满意度。

3. 机器人的发展及其在医疗领域的应用

随着物理学和电子工程学的快速发展,机器人时代也随之而来。人类设计机器人的

---

① 陈言.大数据时代下大学生道德教育探索[M].天津:天津人民出版社,2020.

初衷是让机器人代替人类,完成一些人类不方便处理的事情。在工厂里,机器人代替人类完成一些单一、枯燥、危险、耗力或高精度的操作,从而提高工作效率、降低产品制造误差、节约劳动力、保障劳动安全等。在医学领域,机器人也能够胜任许多岗位,给智能医疗带来诸多便利。比如,微型机器人可以在原子级水平上工作。外科医生可以在毫米级水平上通过遥控微型机器人做视网膜开刀手术,在眼球运动的条件下,切除弹性视网膜或个别病理细胞,接通切断的神经。微型机器人还可穿行在患者体内杀死发现的癌细胞,游走在血管中刮去主动脉里堆积的脂肪等。这些工作能够弥补人工操作的缺陷、减轻医生工作压力,节约他们的时间,使其将精力聚焦于富于创造性的活动。

二、提出"新医科"的必要性

每一个时代医疗技术的进步都与时代要求密切相关。新时代,我国的基本矛盾是人民日益增长的美好生活需要与不平衡、不充分发展之间的矛盾,反映到卫生医疗健康领域就是人民对美好生活的向往与医疗技术发展不平衡、不充分之间的矛盾。为了缓和这个矛盾,与经济发展密切相关的医疗事业的进步对当前医疗技术提出了更高的要求。

(一)提出新医科是服务健康中国战略的内在要求

从某种程度上而言,人民健康与否是衡量一个国家是否富强、一个民族是否得以振兴、人民是否幸福的标尺。人的生命健康权是人类最基本的权利,是人享有其他一切权利的基础。人民健康是实现中华民族伟大复兴这一时代宏伟目标的底线要求。假如人民健康都无法保证,谈何实现国家现代化。健康中国战略要求到2030年我国人均医疗资源占有量达到国际领先水平,人均寿命提升到中等发达国家水平,这是新时代对医疗卫生领域提出的新要求。而这些要求,依靠传统的医学教育和医学人才培养模式难以达到。因此,提出新医科发展要求,从教育理念、专业结构、人才培养模式进行全方位变革,以适应人民群众对美好生活的健康需求。

(二)建设新医科是国家发展的外部需求

科技无国界,我们国家现在早已不是曾经的闭关锁国状态,国家内部的行业态势与国外息息相关。第四次科技革命的浪潮正席卷而来,正日益走近世界舞台中央的我们必须紧跟时代潮流,发展自己的科学技术,提升自己的科技实力,在世界激烈竞争的环境中争得话语权、主动权。

(三)新医科的理念符合医学发展内生性要求

医学发展从来不是特立独行的,而是与其他学科齐头并进、交相融合、互鉴互惠的。在当今这个时代,各种风险挑战纷至沓来,新型疾病层出不穷,新冠肺炎疫情防控任务紧急,要求医学学科内部更好协调一致,临床医学、公共卫生、基础医学、医学工程等各个细分领域更好协调一致,提升患者看病效率,解决看病流程繁复的问题。传统医学在实施过程中往往重视疾病的医治,讲求对症下药,对疾病来临前的预防工作不甚上心,这与人民对美好健康生活的要求不符,也不符合健康中国战略要求。

新医科的发展向来离不开医学人才的教育问题,医学教育一方面连着卫生健康事业,另一方面连着教育事业,新医科理念的提出对医学人才培养提出更高要求,同时对不同学科的融和提出要求。在传统医学的理念下,由于分工的日益细化,擅长不同领域的人才从事不同领域的内容。部分医疗卫生事业从业人员存在思维僵化、不懂变通的现象,而鲜活、具体、多变的现实情况则要求医疗卫生事业人员注重客观事实、辩证思维,融合创新、另辟蹊径。开拓医学新领域,需要的是敢为人先的勇气、自我革命的毅力,在新医科的新专业建设中更是如此。

第一,精准医学。基于大数据、人工智能等现代科技成果,医院为患者建立个人信息中心,甚至运用基因检测技术,将一个人的患病基因记录在册,实现致病原基因定点消除,将患者曾经得过的病、有可能得过的病全部记录下来加以综合分析,实现针对患病个体的精准治疗方式。其意义主要在于通过收集用户个人的大量数据,结合现代医疗技术,以实现一对一、点对点的治疗,不仅为医生提供最佳治疗方案,还能降低试错成本,节约疾病诊疗时间,提升救人效率。

第二,转化医学。医学教育的两大分支学科就是基础医学和临床医学,基础医学重点在于研究医学领域最新知识,实验室是其主战场,需要基础医学专业人才运用"生物+医学"的模式。临床医学重在实践操作,主要是临床医生对患者运用临床治疗手段加以救治的学科,转化医学就是将基础医学最新获得的知识成果运用到临床治病救人上去,同时根据临床经验和新知识运用效果为基础研究提供反馈,实现二者相互作用、相互联系的循环。

第三,智能医学。智能医学就是将现代科技成果转化为人类生命健康服务上的医疗健康整合系统,实现疾病医治的私人定制。这种新型医学模式需要精通医学、电子信息工程、互联网的复合型人才。如何在医教协同背景下培养出这样的人才,是教育领域亟待解决的新课题。

三、新医科的人才培养目标

习近平总书记在全国教育大会上指出,要培养德智体美劳全面发展的社会主义建设者和接班人。高校的根本任务就在于立德树人,医学发展和医学人才教育唇齿相依。在医学院校推行新医科理念是培养符合我国医疗战略的高级人才的切实保证。医学院校为国家卫生健康事业人才培养提供供给侧支撑。医学教育行业一方面连接着公共卫生健康,另一方面连接着人才培养,加强医学生教育是推进新医科建设的基础工程。在医学院校推进一个新的教育理念的首要目标就是人才培养。新医科理念中"医"是本质,无论是新医科还是传统医学最主要的任务都是治病救人,这是医学这门学科首要解决的问题。"新"是特色,新医科的提出是因为在科学技术的进步下,学科间交融流通是未来医学发展的大方向。新医科人才培养的目标需要从两个维度分别设立。

(一)全过程、全方位塑造医德之魂

医学直面人的生命。古语有云,德不近佛者不可为医,才不近仙者不可为医。自古以来,德厚而从医是医学亘古流传的规律,塑造医德之魂是新医科人才培养的第一要义。在全球多元文化交融的时代背景之下,新时代青年学生的德育工作更具挑战。医学教育工作者要研究青年、了解青年,并在此基础上求真求实、顺势而为、积极引导。医学院校要始终倡导臻善人格、成就智慧的教育理念,培养学生成为"心中有爱、眼中有人、胸中有梦、腹中有才"的卓越医学创新人才。

(二)培养知识面宽广,精医学、懂科技、能创新的多面手

现在不比以前,"一招鲜吃遍天"的思维方式将远远落后于时代要求,在医学领域亦是如此。各种新型检测仪器设备层出不穷,各种新知识、新方法推陈出新,只懂得临床治疗手法已然跟不上时代的要求,故步自封、抱残守缺的人必将遭到时代的淘汰。复合型人才是医学院校的最新培养目标。为了实现这个要求,高等医学院校要从教学模式、教学方法、课程设置、教学评价、教师人才队伍培育等关于教育教学的各个领域改革创新。医学院校应鼓励工科、理科、文科等领域联合授课,分享学习理念,促进学科间交互借鉴。

第二节　新医科背景下医学生思想政治教育内涵与特点

一、新医科背景下医学生思想政治教育内涵

我国进入了新时代,思想政治教育也随之面临新的要求与任务。党的十八大报告指出:"要坚持教育优先发展,全面贯彻党的教育方针,坚持教育为社会主义现代化建设服务、为人民服务,把立德树人作为教育的根本任务,培养德智体美全面发展的社会主义建设者和接班人。"这一重要论述,为高等教育的办学和人才培养指明了方向、肃清了使命、明确了要求,高校要始终将立德树人贯穿教育的全流程、全周期、全人员。习近平总书记进一步阐述了三个根本问题,即高校应该培养什么样的人、如何培养人以及为谁培养人。这些根本问题拎不清、抓不住、做不实,自然人才培养质量上不去、服务社会职责担不起、社会高质量发展达不到。因此,人才培养是关键一环,一旦扣不住、掉链子,社会发展就会出现疲软乏力。

新医科背景之下,我们要做好医学生的思想政治教育教学,就要以"立德树人"为根本航向,以习近平新时代中国特色社会主义思想为引领,基于当今医学生的成长特点、心理特质、教育需求和文化欲求,踏实探索思政教育改革创新的新路,以期培养能够扛起健康中国时代重任的新生代医者。就新医科背景下医学生思想政治教育内涵而言,主要包括以下几个方面:

(一)新医科背景下医学生思想政治教育理念的创新

理念先于行动。在新医科的大环境下,高校思想政治教育创新的根本在于理念创新[①]。要达成立德树人的根本任务,我们亟须探求科学合理的培养路径。对于一个目标的达成,其路径并非只此一条,而应该是多样化的、异彩纷呈的。因此,只要抓住教育的本质,可以在教育形式和方法上多做文章、多下功夫,创设学生喜闻乐见的教育环境和教学方法。新医科侧重学科外的有机融合和学科内的深度整合,一要弥补人文与医学的学科鸿沟,将人文知识和素养作为大地,只有持续无声地滋养学生的内心,医学生才可能成

---

① 梅萍,王瑕莉.论新时代高校思想政治教育工作理念的创新发展[J].学校党建与思想教育,2019(17):44-48.

长为一颗生发于泥土、具有博爱情怀的仁爱之树;二要打破学科内部的课程界限,将身体和精神深度融合,将人体系统与功能重新整合,只有这样医学生才能看到一个鲜活、整体、全面的人,才能够真正辩证、发展、深刻地认知健康。新医科背景下医学生思想政治教育应该始终以培养具有大爱、大德、大情怀的医学人才为根本任务,要将这种理念贯穿到教育的全过程,要落实到教育的全环节,要普及教育的全人员,只有这样才能形成适应新医科人才培养的教育健康新生态。

(二)新医科背景下医学生思想政治教育内容的创新

新医科背景下医学生思想政治教育内容要返"本"开新。这个"本"一是指马克思主义经典理论和基本原理;二是指马克思主义中国化的系列成果,尤其是习近平新时代中国特色社会主义思想,重点深入学习和研究习近平总书记关于教育以及思想政治教育的重要论述,领悟其深刻的精神内核,汲取创新的动力和源泉;三是指立足我国优秀传统文化资源,尤其是结合中医药文化,倡导学生将中西方医药文化进行有机整合和融通创新。

(三)新医科背景下医学生思想政治教育载体的创新

在新医科的背景下,医学生思想政治教育载体的创新具有全空间、分众式、全媒体的特点。全空间特征具体表现为:传统的思政教育以课堂教学为主,而如今的思政教育则涵盖教学课堂、校园活动、社会实践和虚拟空间等全空间载体,呈现思政教育无所不在、无时不有的态势。分众式的核心要义是,针对不同学生群体的具体需求选择相应载体,运用多样化的载体来适应同一群体的个性化需求。思政教育载体的选择也并非一成不变,也需要教师考虑具体情境因事而化、紧跟学生步调因时而进、融合技术发展因时而新。全媒体主要体现思想政治教育的传统载体与现代平台之间的全面整合,如将传统的线下课堂与泛在式网络空中课堂相融合,构建线上线下混合式课堂教学方式;传统课堂活动载体与信息技术相融合,建立课堂活动网络互动平台等。思想政治教育的载体创新应契合医学生的内在特质(如黏着网络、喜欢自己做主等),适应医学生的兴趣爱好(如喜欢图示、酷爱动画等),吸收新媒体技术的新发展,拓展思政教育的空间和时间覆盖面,增强教育载体的吸引力与感染力,从而满足医学生个性化、多样化的教育需求,提升思政教育的针对性与实效性,使得思政教育能够真正润物无声、深入人心。

(四)新医科背景下医学生思想政治教育工作机制的创新

制度建设事关全局根本、涉及长期稳定①。因此,新医科背景下,推动医学生思想政治教育工作机制的创新,是新医科背景下的现实需要,也是新医科背景下医学生思想政治教育满足新要求,实现新医科建设任务的机制保障。新医科背景下,从教师和学校层面而言,医学生思想政治教育工作要创新机制,协同各职能部处和教学院系,提高全员参与的意识和能力,拓展思政教育的过程与环节,延展思政教育的空间与维度,促进"三全育人"体制机制全贯通;从学生层面而言,需要坚持以"生"为本,从医学生的群体特征、个性需求和成长规律着手,精选思政教育内容,采用适切教育载体,打造思政课程与课程思政互促互进的协同生态。

综上所述,新医科背景下医学生思想政治教育的内涵可概括为:高等医学院校紧紧围绕立德树人的根本任务,以培养有大爱、大德、大情怀的人民健康守护人为根本目标,以新医科发展和"三全育人"为创新理念;以马克思主义基本原理、马克思主义中国化系列成果并结合优秀传统文化为思想政治教育内容;打造全空间、分众式、全媒体为特征的教育载体;建立健全"三全育人"体制机制,提升医学生思政教育效能,使得医学生将来能够满足新时代人民日益增长的健康需求。

二、新医科背景下医学生思想政治教育的特点

新时代是高校思想政治教育创新发展的现实依据与逻辑起点②。当前,我们正处于"两个一百年"的历史交汇点,中国正日益走近世界舞台的中央,百年变局和新冠肺炎疫情交织叠加,世界进入动荡变革期。新时代医学生思想政治教育工作者应审时度势,把准世界和中国的发展脉搏,充分展现思政教育的时代性、人文性和创新性等特点。

(一)时代性

高校思政教育要实现内涵式发展,就必须把握时代脉搏、把准思政教育航向③。首先,思政教育理论应因时而化。理论决定行动。思政教育要想取得实际效果,必须从源

---

① 邓小平.邓小平文选(第2卷)[M].北京:人民出版社,1994:333.
② 王仕民,汤玉华.新时代高校思想政治理论课创新发展探析[J].思想政治教育研究,2018(5):88-91.
③ 刘有升,林婷婷.推进新时代高校思想政治教育创新发展[J].思想政治教育研究,2019(6):144-145.

头上注入时代活力。习近平新时代中国特色社会主义思想既是对马克思主义理论的一脉相承,也是对当今时代的精准把握,因此,思政教育理论的创新与革命应以习近平新时代中国特色社会主义思想为根本遵循。其次,思政教育载体应因时而新。进入新时代以来,随着互联网和信息技术的蓬勃发展,传统单向度、平面化的教育格局向双向度、立体化的教育格局转变。最后,思政教育机制应因时而进。传统思政教育各自为营的散兵作战模式已经不适合新时代的融合发展,高等医学院校必须构建全过程、全人员、全方位的"三全协同"思政工作机制。

(二)人文性

思想政治工作说到底就是"育人"。因此,医学生思政教育必须始终以基于学生、培养学生、护卫学生、服务学生为立足点和出发点,不断提高学生思政素养、人文涵养、医德操守、专业本领,让他们成为德艺双馨的医疗卫生人才[①]。思政教育的本质是促进人的健康全面发展。医学生有着特殊的使命,他们一开始就担负着人民生老病死的护卫职责,人文性是医学生思政教育的本质和核心之一。然而,只有医学生在大学学习和生活中感受到了充分的人文关怀,这种关怀才能在他们将来走上实习和工作岗位上生发出来,并传递给病人及家属。如果自己都不曾感受何为人文关怀,指望学生将来对病人及家属表达人文关怀,这简直是无中生有。因此,在新医科背景下,医学生思政教育工作者应该抓住医学与人文融合的契机,将人文的种子植入医学生的心间,在日常的生活中用心浇灌、充分滋养、悉心呵护,让这颗种子按照一定的节奏,长得强壮结实,能够经受住外界的诱惑、阻挠、打击,而屹立不倒、坚守初心。

(三)创新性

"新"与"旧"相对,医学生思政教育要创新,必须首先要弄明白两个问题:"旧"的为何不行——为何要创新,"新"从何来——如何创新。

对于第一个问题的答案主要有以下几个方面:一是时代新,国内国际形势日新月异、瞬息万变;二是要求新,新时代人民对于健康的需求新,因而对于医学人才也有了新的要求;三是技术新,新时代技术蓬勃发展,信息技术、网络技术、媒体技术等高速融合发展;四是学科新,新医科横向融合人文、理工,纵向整合系统划分,实现新的跨越;五是学生新,新时代成长起来的学生一代,更加自信、独立、创新而有活力。因此,旧的思政教育模式需要适应上述新特点、新要求,做出适应性的新改变和新变革,才能达到因事而化、因

---

① 习近平.习近平谈治国理政[M].北京:外文出版社,2017:377.

时而进、因势而新的要求。医学生思政教育工作者应系统探究和精准把握医学生新特质、时代新态势、社会新需求,在思政教育理念、内容、载体及机制上全面创新。

思想政治教育是高等医学院校培养现代专业人才的必修课程。要提高思想政治教育的实际效能和教育质量,需要构建和完善科学适切的思想政治教育体系。同时,建设大学生思想政治教育体制是全面落实党的教育政策的重要措施,是高等医学院校人才培养的重要组成部分,是快速有效地提高教育质量的重要途径。医学院校始终以立德树人为医学教育工作"原点"。医学生是新时代我国卫生事业建设任务的承担者、践行者,肩负着重大的时代责任和历史使命。首先,我们是要培养人民的健康守护者,因此,医学生应该将人民至上和生命至上的理论牢记心间,在政治信仰和具体立场上与党中央保持一致。其次,我们要培养的是有大德的健康守护者。因此,要在医德修为上持续发力,将其锤炼成视病人为亲人,能够急病人之所急、解病人之所忧的新时代医者。最后,我们要培养有本领的健康守护者。政治正确、德行过关只是最基本的要求,在知识能力的修炼上也不能松懈。只有本领强硬、内功深厚,才能担当起护卫人民健康之大任。要提高思想政治教育的质量和效率,就必须建立良好的思想政治教育体系,不断探索思想政治教育的新途径和新方法。

第三节 新医科背景下医学生思想政治教育体系构建

思想政治教育是高等医学院校培养现代专业人才的必修课程。建设大学生思想政治教育体制是全面落实党的教育政策的重要措施,是高等医学院校人才培养的重要组成部分,是快速有效地提高教育质量的重要途径。因此,把握新医科背景下医学生思政教育的新内涵和新特点,从理论理念、内容整合、载体搭建和机制构建方面进行全方位创新至关重要。然而,创新必须基于现实,必须围绕学生,否则将成为无根之水、无本之木。因此,了解新医科背景下医学生思想现状和教育现状是创新的基础和前提。

一、新医科背景下医学生思想现状及教育现状

(一)新医科背景下医学生思想现状

刚刚经历高考进入高等医学院校的青年学生,需要在大学熔炉里锻造正确的人生观、世界观和价值观,滋养医德情操,夯实专业本领。总体来说,大学生的主流思想是向

上、向善的,但也存在理想和信念不坚定、学术道德失范、社会责任缺乏、团队精神薄弱、集体观念淡薄等问题。因此,加强医学生的思想政治教育依然任重道远。自《关于进一步加强和改进大学生思想政治教育的意见》发出以来,高等医学院校根据文件和本校具体校情,积极研究和探求高校医学生思想政治教育的制度、机制、内容、手段和方法,取得了显著成果,积攒了许多丰富的经验。

(二)新医科背景下医学生教育现状

高校医学生的思想政治教育仍存在一些问题和缺陷,主要表现为四个方面。

1. 学生的主动性和参与性不足

高等医学院校思想政治教育的教学,或多或少地保存着强调教师主体地位的传统教育模式惯性,这一定程度上确立了教师在教学组织、教学活动中的主导地位,但也往往容易忽视学生的主体性。在思想政治理论知识教学中,教师大多以书本上的知识为基础,向学生们传递思想、政治和价值观等内容,这在一定程度上削弱了学生的主体地位,使得学生在教育实施过程中始终处于被动接受的地位,最终难以调动学生的积极性和主动性,导致学生到课率和抬头率不高。

2. 教育理念较为陈旧、教育方法较为单一

近几年来,党和政府高度重视思想政治理论课教育教学质量,也从队伍建设、师资培训、领导机制、经费保障等各方面开出药方,各级各类学校也在改革思想政治教育教学模式、创新教学方法,教学效果得到显著提升。但部分高校还存在教育理念陈旧和教学方法单一的问题。主要表现在,重视马克思主义理论的系统灌输,但对于当代医学生的心理特质和认知特点研究不足,教育理念滞后。处于全球信息化时代的今天,医学生也同样有着强烈的猎奇心理和较高的媒介素养,学生接触的信息可能比教师接触的更新、更广、更细致。然而,面对纷繁复杂的信息,他们缺少的是甄别真伪、客观评价的能力。如果教师依然秉持"以本为本"的教育理念,不结合鲜活的案例和时政热点问题进行阐释与剖析,不采用适应医学生特点的教学方法,那么学生很难有兴趣跟上教师的授课思路,教学难以激发学生的兴趣,很难引发学生深度思考,导致教师引导乏力、学生认可不足,教师与学生之间形成鸿沟,教学方法与学生喜好之间匹配不够。

3. 实践教学流于形式

高等医学院校思想政治理论课程改革的重要方向之一就是实践教学。但截至目前,实践教学环节相对比较薄弱,教学质量更是难以保证。虽然各高等医学院校对实践教学通常有相应的规章制度,但实践教学体系形同虚设,没有根据学校的专业特征和学科特色来整体规划学生的实践教学,尚未有效整合全校的思想政治实践教学和专业实践教

学,因而没有发挥应有的作用。2018年教育部印发了《新时代高校思想政治理论课教学工作基本要求》,其中明确规定了实践教学的课时、学分等具体问题。但各个学校的落实程度参差不齐,落细、落小、落实不够,导致部分职能部门以及一线教师对于实践教学的理解出现偏差,实践教学的方向把握不精准,教学环节偷工减料,导致实践教学流于形式,教学收效甚微。

4. 实践性的教学体系缺乏标准化

高等医学院校思想政治理论课程缺乏标准化的指导和系统的操作标准。在高等医学院校思想政治理论课程的实践教学中,教学内容和教学方法设置比较明确,形成了观看视频材料、省思社会现象、参观红色场馆和参加社情调研等主要活动形式。但在实际操作层面,还存在诸多问题。首先,教学大纲系统性和规范性不够,教案设计的标准化程度不高,导致教案设计松散、随意,教学目标不够明确,教学手段不够精准,教学效果参差不齐。其次,部分医学院校教师重理论、轻实践,对思政课的实践教学重视度不够,或者能力不足,难以找到实践教学的契合点。再次,许多高等医学院校的思政课实践教学范围过于狭隘且深度不够,参与实践教学活动的学生,也不能得到标准化的指导,导致教学体验感和满意度不高。最后,个别高等医学院校还存在责任主体不明确、甚至多头管理的问题,在部分学校,思想政治理论课程的实践教学由基层党组织或学工部负责,专任教师无法为学生提供规范有效的指导,使得实践教学质量难以提升。

二、构建新医科背景下医学生思想政治教育体系的意义

(一) 帮助新时代医学生确立正确"三观"和完善人格

建设和发展大学生思想政治教育体系,全面实施教育目标,丰富新时代大学生认知教育的基本内容,全面提高大学生的道德修养,不断采取新的教学方法,以帮助大学生确立正确的人生观、世界观和价值观,促进他们在学习、生活和实践中不断完善自身人格,这是新时代构建医学生思想政治教育体系的基础意义。高等医学院校除了采用常规系统地灌输思想政治理论知识,让他们知道应该做什么、应当如何做,更应融合社会大课堂与学校小课堂,善用社会与实践资源,用生动的人物故事、鲜活的模范典型、突出的良善事件和业内的精英事迹来无声润化,促使他们将知识内化成信念,将信念催生为行动,将感动升华为价值,培养他们对于人的生命健康的敬畏与尊重,对于自己专业的珍爱与责任心,对于自己生活的崇高理想和脚踏实地的奋斗精神。

(二)适应新时代人民对医疗卫生事业的美好期待

新时代的人民期待更加幸福安康的新生活。安康则是美好生活的前提。能够关照到生命全周期、更高水平的医疗卫生服务是新时代人民对美好生活向往的题中应有之义。然而,这种期待不是随随便便就能满足的,更不是一蹴而就的。我们需要改革现有医疗体制,也需要从长远谋划医学教育和人才培养。说到底,人才是科技发展的第一生产力,也是医疗卫生事业腾飞的关键因素。我们今天培养出了什么样的医疗卫生人才,很大意义上决定了未来的十年、二十年甚至更长远的时空跨度里,人们将能享受到何种水平的医疗服务。因此,让医学生了解新时代人民对美好生活的健康需要,并且产生为此而奋斗终生的不竭动力与强烈愿望,这是新时代医学生思想政治教育体系构建的深层意义。

(三)适应全球信息革命和科技革命对新医科人才的外在需求

在全球工业革命4.0和生命科学革命3.0的引领下,医疗卫生事业逐渐向智能化方向发展,医学科学的重心从单纯的疾病诊治延展至维护与促进健康,人民群众对医疗卫生服务水平提升的期盼也日益增强,这些变革势必催生医学教育的实质性转变,势必催生对医疗人才的价值、知识与能力的全方面新需求。在新医科背景下,积极构建适应当前全球信息革命和科技革命趋势的医学生思想政治教育体系势在必行。

三、新医科背景下医学生思想政治教育体系的构建

新医科背景下,医学生的人才培养面临新要求与新挑战。为了应对目前医学院校思想政治教育的现存问题,适应新时代对新医科人才的社会需求,医学生思想政治教育体系亟待重新构建与完善。本研究认为,思想政治教育体系的构建应着重强调教育内容、教育载体、教育机制三方面的内容。

(一)构建新医科背景下高校医学生思想政治教育的内容体系

在已经建设好教学目标和教学学科的基础上,需要全面完善教学内容体系,这是高校医学生思想政治教育的基石。新医科背景下高校医学生思想政治教育的内容应该重点关注以下几个方面。

1. 对理想和信仰的教育

在社会转型时期的各种思想中,大学生迫切需要强有力的信念支持。因此,根据社

会主义核心价值体系的要求,理想和信念教育应该帮助大学生有效解决世界观、人生观和价值观的问题,为大学生的成长和进步奠定坚实的思想基础,不断提高大学生的整体素质和能力。

2. 形势政策教育

形势政策教育是高校医学生思想政治教育的重要组成部分之一,对提高大学生综合素质水平、拓宽大学生知识面、提高大学生责任感和整体素质具有重要意义。医学生在深度思考和分析国内外时事的同时,能够逐渐养成辩证的思维习惯,了解事情的全貌,剖析相关的可能因素,全面、发展、动态地观察问题,不再轻信、谨慎传播。另外,还能够激发大学生主动关注国内国际形势和国计民生的诉求,升华其时代责任感和使命感,不断提高对形势和政策的敏锐性和判断力。

3. 安全和法律教育

在党中央全面深化改革和依法治国的指导下,高等医学院校改革必须坚持以法治思想为根本,加强大学生的安全法制教育。近年来,由于安全法制观念的薄弱,大学生安全事件时有发生。因此,加强对大学生安全意识和法律思想的教育培养,筑牢大学生思想防护墙,防范大学生犯罪、规避安全风险,依然道阻且长。具体来说,我们可以从以下几个方面着手。一是在校园和课堂开展安全法律案例教育。学校依托第一课堂的主要渠道功能,将社会中真实存在发生过的案例融进课上的教学活动中去,不断提高大学生认识、理解、遵守法律的意识。二是以大学生班级为平台,通过集体学习法律知识、讨论交流、主题演讲、典型案例分析等形式,开展大学生安全法制教育主题培训班,充分调动大学生的主观意识。三是在学校开展安全相关的救援演练和实验室及宿舍安全管理隐患大型调查,积极组织大学生开展防火、防灾抢险、救援演练,将安全应急手段作为重点技能传授给学生,全面提高大学生应对危机灾害的综合处理能力。四是全面开展大规模调查,及时教育、制止、处理违反法律法规、学校规章制度的人员,促进大学生安全教育和校园安全管理共同实施进步。

4. 心理健康教育

近年来,大学生的心理健康问题日益增多。为了促进大学生具备较好的心理素质,有必要培养他们的良善品格和抗压抗挫能力,促使他们顺利完成学生对社会人的转变。对此,我们可以从以下方面入手。一是充分利用课堂教学活动,进一步完善咨询与危机干预相结合的"四合一"心理健康教育模式,推进基于党支部、班级、宿舍积极预防、全面跟踪的心理危机干预的体系构建。二是充分利用学校和社会的心理健康教育机构开展大学生入学心理健康调查,及时发现大学生的心理问题,并及时帮助化解。三是进行规范化的心理健康宣传教育活动,通过知识讲座或培训、知识竞赛、演讲竞赛、心理健康微博竞赛来实现心理健康教育在大学生中的全面覆盖,真正激发学生的内在快乐和积极能量。

(二) 丰富高校医学生思想政治教育载体

思政教育工作者应明确思政教育活动的具体目的和主题,在完善教育内容的基础下,加强思想政治教育的汇聚力和吸引力,就必须丰富教育的有效载体形式,从而做到对大学生思想政治教育内容的合理扩充,与教育工作者形成良性互动。

1. 提高思想政治理论课程的教学效果

调整大学生思想政治理论课程的课程设置和教学相关内容,加强课程定位,体现课程层次,提高课程的及时性,努力构建符合大学生学科现实、接近现代大学生思想现实的思想政治理论课程体系和教学体系。把多媒体和网络技术在思想政治理论课程教学中提升一个层次,在校园网络平台的支持下建立网络课程,同时形成课内、课外、线上、线下相融合的教学模式,使大学生在思想政治理论课程的学习上拥有更多的方法,努力提高教学效果。

2. 投身社会实践和志愿服务活动

教育部等部门《关于进一步加强人才培训实践的实施意见》等文件,鼓励高等医学院校医学生将创新思维与社会实践,理论教学与实践教学、专业研究相结合,服务国家战略需求和区域经济发展的社会现实。引导和鼓励大学生积极融入大众创业和创新的时代浪潮中,积极进行以科技和发明专利为背景的创新创业活动。积极鼓励大学生参与社会实践,提升自身的能力水平。

3. 融合新媒体资源和平台

网络环境下,高等医学教育的教学方式、教育内容均面临各种挑战。新媒体依托网络的强大功能,突破了地域、时间的局限,实现了无缝学习、普适学习和无处不在的全时空泛在学习。新媒体为学生提供了自主学习和交流的平台,学生从被动接收向主动获取、即时研讨且通过朋友圈或网络直播平台积极传播。这种学习模式打破了单纯"灌输"和"接收"的传统模式。因此,高等医学院校思政工作者应勇于吸收新媒体这类新的依托载体展开思政教育。除了学习方式,新媒体对医学生幸福观、得失观、荣辱观等价值观和人生观方面产生深刻影响。因此,高等医学院校应当最大化整合和利用新媒体平台资源的优势和效能,消除其负面的影响与干扰,优化和提升借助新媒体的思政教育路径和效果,引导大学生规避网络陷阱,善用新媒体,确立正确的"三观",形成较为成熟的信息辨识能力,这是当前思政教育亟待解决的问题。

(三)完善高校医学生思想政治教育机制

树立高等医学院校思想政治教育目标,通过教育内容的完善和丰富的载体形式,构建从教育工作者到受教育者的完整链条,完善教育机制和制度,营造出良好的教学氛围,为高校医学生整体思想政治教育的更好发展提供保障。

1. 完善思想政治教育的领导制度

"车要跑得快,全靠车头带。"要想全力推进思想政治教育教学改革,需要建立健全思想政治教育的领导体制。过去,部分高校的思想政治教育工作呈现过度依赖行政命令、组织行为高度集中等问题,思想政治教育的发展进程过于反映领导的认知偏好,有时甚至出现偏离教育规律的个别现象,限制和影响着思政教育的教学质量,干扰和制约着思想政治教育体制的运行轨迹。事实上,作为复杂的系统工程,思想政治教育要实现健康良序发展,不仅需要党坚强领导下的多部门紧密配合、协同推进,还需要尊重思政教育教学规律、学生成长成才规律和学校专业和学科特点。因此,学校在加强党的思想政治教育领导的基础上,还应充分调动社会各部门和一线教师的积极性、主动性,以营造协调一致的领导制度。

2. 完善思想政治教育的管理体系

管理决定组织的效能。因此,要想提升高等医学院校思政教育的效能,必须进行思想政治教育管理体系的改革与完善。思想政治教育活动不仅具有教育属性,同时也有管理属性。管理在思想政治教育中发挥着不可或缺的作用。在传统的思想政治教育工作中,我们往往忽略了管理的重要性,管理制度存在条块化、自组织、相对割裂等缺陷,在一定程度上限制和影响了思想政治教育管理工作效能。随着信息技术的不断革新和资讯渠道的日益发达,我们在享受它们给思想政治教育工作带来的种种便利的同时,也必然经历由此引发的新挑战和新问题,比如,思政教育管理工作的影响因素更加多元复杂,管理工作迅速增加。所以,为了解决这些难题,确保和促进思想政治教育的顺利开展和教育目标的保质达成,有效的管理至关重要。这就要求我们要从思想政治教育管理工作的现实出发,找出不合时宜的管理制度和具体规定,合理利用信息技术深化管理模式改革,改掉一些不必要的跑腿和面签,能让"数据"跑路的绝不让人来跑腿,能在线解决的绝不现场办公。尤其疫情防控常态化的今天,远程或在线解决问题会大大提升工作效率,更能体现思政教育工作的组织温暖和人文关怀。通过建立"政务分离、权责分明、全面协调、规范有序"的思想政治教育管理体系,将思想政治教育管理的效能发挥到极致,助推思想政治教育活动的高效有序开展。

3. 制定合理规范的思想政治教育制度

建立一套科学和严格的制度，主张用制度说话、用制度评断、用制度管事、用制度服人，这是一个组织、一项工作平稳运行的法宝。因此，建立科学、合理、有效的思想政治教育制度体系尤为重要。好的制度，不应该是具体规范的简单叠加、机械拼接，而是思想理念一以贯之的规范体系。从时间维度来看，它是贯穿整个思政教育工作全周期的，既有长期的谋划，又有中短期的举措；从空间维度来看，它是覆盖所有思政教育工作涉及的现实和网络空间的；从历史维度来看，它既是对之前制度精髓的传承，又是基于新形势、新问题的革新；从主体维度来看，它是适用所有思政教育工作相关的个体的；从科学维度来看，它是既符合管理理论又符合管理现实的；从系统维度来看，它是前后匹配、协调一致的；从现实维度来看，它既是科学、合理、规范的，又是切实可行、可操作的。为确保有效运行，应注意积极利用思想政治教育制度的长效优势，确保思想政治教育机制建设的持续性和体系性，以促进思想政治教育的持续稳定发展。

第四节 "大思政课"视域下高等医学院校思想政治教育教学改革创新

习近平总书记指出，"思政课不仅应该在课堂上讲，也应该在社会生活中来讲""'大思政课'我们要善用之，一定要跟现实结合起来"①。"大思政课"是习近平总书记针对思想政治理论课如何落实好立德树人根本任务做出的重要指示，也是我们进行思政教育教学改革创新的重要遵循②。

一、"大思政课"的基本内涵

"大思政课"绝不是一个空洞的概念，或者是一个简短的标语。"大思政课"之"大"不在于它的课堂规模之大、人数之多、受众之广，也不在于其教师名气之大，它有其明确的问题指向和深刻的科学内涵。总的来说，"大思政课"包含三重核心要义。首先，以宏大时代讲清使命担当，即"大思政课"应紧扣时代主题，发掘亲切可感的教育素材充实教

---

① "'大思政课'我们要善用之"(微镜头·习近平总书记两会"下团组"·两会现场观察)[N].人民日报,2021-03-07.
② 史宏波,谭帅男.大思政课：问题指向、核心要义与建设思路[J].思想理论教育,2021(9):63-68.

学内容,以讲清大学生的时代使命与责任担当。其次,以鲜活实践讲好人民伟力,即"大思政课"应以生动现实彰显中国特色社会主义制度的优越性,以鲜活实践讲好中国人民的精神伟力和努力创造。最后,以生动现实讲透科学理论,即"大思政课"应以鲜活的实践来还原经典理论,激发学生对马克思主义真理的真信仰①。

二、高等医学院校思想政治理论教育教学改革创新的价值

(一)充分发挥思想政治教育的育人功能

思想政治教育的最主要功能就是立德树人。因此,充分发挥思政教育的育人功能是高等医学院校思政教育改革创新的根本旨归。高校的思政教育大致呈现"一体两翼"的分布:"一体"是思想政治理论课的教育教学;"两翼"分别是学生管理工作中的思政教育,学生活动中的思政教育。其中,思想政治理论课的教育教学是思政教育的关键环节和引领力量,在思政教育的育人功能上发挥着不可替代的作用。由于多年以来,思政课很长一段时间处于边缘地带,师资力量得不到重组配备,教师奔波于课堂,没有时间和精力来从事理论学习和科研积淀,导致思政课教学难以入心、入脑,其育人功能受到限制。近些年来,国家对于思想政治理论的教学非常重视,从教育部到高校的各级教育管理部门,都投入了大量的人力、物力和财力,来保证思政课的硬件和软件建设。可以说,思政课教学已经走上了一条内涵式发展的道路,提质增效已经初有成效。在学生管理和学生活动中也应以马克思主义理论及马克思主义理论中国化最新成果作为理论指导,以"大思政课"理念和"八个相统一"原则为改革创新根本遵循,充分发挥思想政治理论课程的人才培养效能,在学生的日常管理和校园活动中,涵养学生的人生观、世界观、价值观和法治观,促进学生思想、情感、文化、素养和能力的全面发展。

(二)推进思想政治教育的现代化

在高等医学院校思想政治教育的创新中,不仅要进行教学理念、教学内容、教学方法和组织形式的传统创新,更要干预吸纳最新的信息科学技术进行教育模式的创新,使得思政教育能够体现时代性、实现现代化,从而提高高等医学院校思想政治理论教育教学的质量与实效。例如,在思政课教育教学中,利用VR等技术展开沉浸式教学,让学生在

---

① 史宏波,谭帅男.大思政课:问题指向、核心要义与建设思路[J].思想理论教育,2021(9):63-68.

课堂上就能游历红色场馆,体验红色人物的历史情境等。教师运用多媒体教学工具、微教学资源、云课堂教学平台等方式,实现线上线下相结合的思想政治理论教育模式,引领学生坚定对马克思主义的信仰,树立为实现中华民族伟大复兴而奋斗的信念,从深层激发学生主动学习的兴趣,进而提高新医科人才的培养质量。

三、"大思政课"视域下高等医学院校思想政治教育教学改革创新策略

(一)教育理念创新

教育理念是教育之根本、教育之灵魂,它主宰着教育的一切具体实施行为,决定着教学实施的效果。因此,教育创新的关键也在于理念的创新。首先,高等医学院校要将"大思政课"的理念融入思想政治教育体系之中,以学生发展为中心,推进思想政治教育教学深度改革。思政教育要结合时代热点和重大事件契机,利用中国共产党百年党史的生动史实和抗击新冠肺炎疫情的鲜活现实,把道理讲深、讲透、讲活。其次,在高等医学院校思想政治理论课程教学创新过程中,要确立"教法"和"学法"相匹配的教学理念,明确教师与学生在教学实施中的地位和作用,协调"教"与"学"的关系,充分发挥教师和学生在教学实施活动中的主体与主导地位,在师生的配合下,提高思想政治理论课程教学的有效性。最后,对高校思想政治理论课程的教学创新,应树立"大思政课"的理念,实现教育形式的开放与包容。例如,教学方法和教学内容的选择和应用并不局限于教室和书籍,要善用当地红色教育资源,构建更加广阔的现实与虚拟实践平台,拓宽学生视野,增强教学的体验感和场景感。

(二)教育内容创新

教学内容是思政教育的内核,因此,教学内容的创新至关重要。在高校思想政治教育的教学实施过程中,应注重教学内容的创新,实现教学内容的厚重性、鲜活性和细节性。首先,思想政治理论课程的教学内容是基于教材更新的基础,注重结合我国厚重的优秀传统文化,加强学生对中国优秀传统文化知识的深刻体悟,在课上课下、校内校外的教学和活动中涵养学生的文化自信。其次,思想政治理论课程教学内容应彰显鲜活性,要注重结合现实中人民的奋斗故事来宣传和弘扬社会主义核心价值观、主旋律。最后,在讲道理的时候要讲故事,讲故事的时候要注重细节,在细微之处打动学生,在动容之时激发学生,在激发过程中引导学生,在引导学生的过程中鼓励学生的创新思维与创新行

动,使学生能够牢牢守住底线和初心,精准把握形势、科学做出决策,面对具体而实际的困难,能够笃定战胜困难的底气、沉着应对,争取成为更好的自己。

(三)教学方法创新

在高等医学院校思想政治理论课程的教学实施中,要以"大思政课"理念为根本遵循。高校在思想政治教育教学方法的创新过程中,注重发挥学生的主体作用,启发学生主动探究,提升学生的参与感、获得感和体验感,进而提高思想政治理论教学的实效。下面以部分教学方法为例来具体解释教学方法的创新。一是,在具体的时空背景下,恰当应用情境教学方法实施教学。基于思想政治理论课程的基本知识,构建具体的时空情境模型,在课堂教学中面向学生,通过情境效度引导学生的感官体验和深度思考。二是,在思想政治教育教学方法的创新过程中,要注重"以案说理",切忌空话大话连篇,建议结合学生的关注点和当前的新闻和时政热点,激发学生深层思考,讨论热点背后的底层逻辑,鼓励学生积极发言并论证自己的观点,提高理论分析和思辨的能力,将向上的力量、向善的美德和从善的技能传递给学生。

(四)教学载体创新

高等医学院校思想政治教育教学创新也离不开教学载体的创新。在传统的思政教育中,课堂教学主要作为知识传播的主要载体,学生获取和学习知识的渠道较为狭窄。现在,教师可以利用现代信息技术,构建思想政治理论课程的教学平台,并借助互联网平台创新思想政治理论课程的教学载体。通过搭建思想政治理论课程的教学平台,共享信息资源和加强师生沟通,同时也可以鼓励学生创造多种形式的作品,如红色资源朗诵、好人好事宣讲等,通过政治和内容审查之后,在新媒体平台进行发布,以激发学生学习的兴趣,进而提高学生自主学习能力。

(五)实践教学创新

实践教学一直以来都是高校思想政治理论课教学的薄弱环节,因此,实践教学的创新空间甚为广阔。如果善加利用,可能成为思政教育育人功效的新增长点。要明确实践教学目标,改进实践教学内容,优化实践教学环境,采用新颖的教学方法和手段,选择学生喜闻乐见的教学实践活动,提升学生的体验与收获。与其他专业课程相比,高校思想政治理论课程具有"变"与"不变"、"传统"与"现代"相结合的特点。在实践教学中,应根据教育部的相关文件要求,进一步优化理论课程的实践教学大纲,细化实践教学工作,完善实践教学基地以及网络和虚拟平台,建立完善的教学标准和监督体系,提高实践教学实效。

(六)教育机制创新

高等医学院校的思政教育改革创新能否落到实处,关键在于机制是否保障到位。首先,高等医学院校应从领导机制上重视思政教育的教学创新,并根据教育部门提出的相关文件完善相应的配套机制,为思政教育教学改革的推进提供制度保障。其次,将全校思政教育工作进行高层设计和统一整合,避免各自为战的现象,根据不同年级、不同专业的特点,设计科学系统的思政教育体系,学生活动的设计重心应转移至学生,而非各部门根据自己的年度工作计划单方面下通知。再次,协调推进思政教育与专业教育相结合,思政实践与社会服务相结合,即思政课程与课程思政互促互进,思政课的实践教学要与专业实践有机结合。积极探索实用教学资源,合作建立校外实践教学基地,合理配置使用教学资源,从而实现学校教育资源与社会资源的整合。最后,高等医学院校建立思想政治理论课程的实践教学应与校内各部门和各学院的活动充分结合,挖掘学生在日常学习生活和工作中的实践教学资源,渗透到高等医学院校思想政治理论教学过程中,善用医学院校的校园文化特色和资源,对学生产生潜移默化的影响。

思想政治教育非一蹴而就、一人之功。因此,高等医学院校思想政治教育教学改革也非一日之功、更非一人之事。它需要在各级党组织的正确领导下,各职能部门和一线教师勠力同心、协调推进,全面调查思想政治教育的现状,深入了解医学生思想动态、心理特质和教育需求,科学长远地规划教育方针,稳扎稳打地将其落到实处,充分利用一切可利用的资源,竭尽全力调动教师的主动性和创造性,改革教学方法、创新教育载体,设计丰富适切的实践教学活动,努力提升思政教育的参与度、体验度和满意度,为医学生成人成才保驾护航,为新医科人才培养发挥积极效能,为满足人民对美好生活的健康期待贡献力量。

第七章 新时代大学生心理特征嬗变与思想政治教育

第一节 新时代大学生心理特征及心理问题

党的十八大以来,党中央高度关心青年一代的成长成才,大学生是青年一代中最为生机勃勃的群体,大学生已经处于成年阶段,是个性、人格发展的关键时期,从心理发展角度来看,大学生基本完成了生理上的发育,具备基本的心理结构和机能,但是其心理上的发展还不够成熟,处于由半成熟到成熟的特殊时期,具有较强的可塑性。

一、大学生心理特征

(一)认知特征

大学生的思维发展处于"形式运算阶段",具有较强的抽象思维能力,能够辩证看待问题,提出不同的见解,能够独立思考问题,心智活动范围加大。但是大学生的抽象思维水平没有达到完全成熟的程度,水平较低,处于从经验型向理论型过渡的时期,由于生活阅历不足,大学生看待问题容易钻"牛角尖",思想方法上带有很大的片面性,固执己见,常常出现冲动、偏激行为。

(二)情感特征

在情绪情感方面,大学生有丰富的情绪体验,情绪带有鲜明的特征,但不稳定,有明显的波动性,起伏大,容易两极化,成功时得意忘形,失败时垂头丧气,情绪容易冲动,从一个极端走向另一个极端。

(三)意志行为特征

大学生进入大学后,陌生的城市和集体生活方式会促使其独立性和社会性得到发展,大学生的独立性和自我意识不断增强,能够制定相应的目标,为实现目标而克服困难,他们能够独立判断,果断做出决定,具有开拓进取的精神,自制力不断提高,但大学生在意志力发展方面常表现出不平衡、不稳定特点,在遭遇失败时,很容易放弃或改变,大学生意志发展水平存在个体差异,在不同的情境下表现不同,大学生的意志发展仍有一定的可塑性。

二、新时代大学生积极心理品质及消极心理品质

目前,中国特色社会主义进入新时代,我国政治、经济、文化、社会空前发展,全面建成了小康社会,物质条件极大丰富,经济全球化不断深入、思想文化相互激荡,中国进入全面深化改革、信息化高速发展阶段。新时代新阶段的大学生,普遍为"00后",即出生于2000年之后的人,他们已经接受高等教育,由于中国社会的快速发展,他们生长的社会环境和家庭环境也发生了变化,这促使他们形成了独特的思想和心理特点。

(一)积极心理品质

"00后"大学生生活在社会快速发展的新时代,深受国际化和移动互联网技术迅速发展的影响,他们接触信息较广,学习新事物、新知识的能力较强,兴趣广泛,充满求知欲与探索欲望,自我意识和创造性能力较强,有自己独特的个性和见解,对生活有美好的憧憬和愿望,对自我的发展有较高的期望和要求,他们开放、自信、活跃、大胆尝试,有理想抱负。《从"90后"到"00后":中国少年儿童发展状况调查报告》中指出,"00后"的特质包括精神生活更加富足、自主意识更强、更有创造力,并且更加自信,安全感更强。

(二)消极心理品质

新时代大学生在享受社会发展红利的同时,也面临着复杂的社会环境、多元价值观等方面的影响,且大学阶段正是大学生心理品质形成的关键时期,充满着各种各样的心理挑战。

1. 心理压力增大,心理承受能力脆弱

随着社会竞争加大,学校教育与家庭教育的方式也在变化,社会、学校、家庭对大学生的期望和要求越来越高,他们面临着学业压力、竞争压力、父母期望压力、就业压力、情

感压力等,他们憧憬美好,有理想抱负,但阅历较少,理想和现实脱节,当发现生活没有想象的一帆风顺,达不到自己的期望值时,很容易产生心理落差,面对繁重的学业、复杂的人际关系、恋爱关系、严峻的就业形势时,缺乏应对和承受挫折的能力,心理较脆弱,相关调查表明,多数"00后"大学生应对挫折能力较差,小挫折即可产生焦虑、烦躁情绪,89.4%大学生面对失败时,采取回避、退缩的方式,不利于大学生的健康成长,容易产生心理问题。

2. 自我中心化,功利主义较强

"00后"大学生具有较强的自我意识,以自我感受为中心,追求个性,有自己的见解,很难听从和接受与自己不同的意见,容易忽视他人的感受。"00后"生活在经济快速发展和社会竞争激烈的时期,他们很关注个人、现实的利益,倾向于采取能够给自己带来效益的行为。

3. 独立意识强烈,但心理依赖性强

"00后"大学生独立意识强烈,他们有主见,喜欢独立思考,竭力想要摆脱父母、老师管束,但他们实践尚少、阅历尚浅,遇到困难时,脆弱的心理防线随时可能崩塌,且"00后"中独生子女占大多数,"421"的家庭结构使他们从小就是家庭的中心,家长为他们解决生活中的问题,造成他们独立生活能力较差、解决问题能力欠佳,心理上对家人还有依赖性。

4. 网络依赖性强,辨别能力差

"00后"生长于新媒体技术快速发展的时期,他们从小就开始接触手机、平板等电子设备,善于利用网络获取信息、检索资源,不同国家的思想文化、价值观念汇聚到网络中,不同职业、身份的人在网络中自由发表言论,在海量、多元化的信息面前,"00后"思想单纯,缺乏足够的辨别及判断能力,易受网络不良信息影响,无法辩证、合理地看待事物,容易被误导、蛊惑,导致价值观扭曲,是非不分,滋生拜金主义、功利主义、享乐主义。

5. 人际交往中心理孤独感强烈

"00后"大学生人际交往需求强烈,但很难主动与他人交往,不轻易向他人诉说个人心里想法和感受,心理上的闭锁性使他们感到缺乏能够谈论心事的好朋友。大部分"00后"使用手机、网络与他人交流,将大量的时间用于刷抖音、微博等,忽视了现实生活中的人际交往,他们个性张扬,存在自负心理,有较强的自尊心,不愿迁就他人,又缺乏人际交往技巧和有效处理人际矛盾的方法,容易产生人际交往问题,普遍体验到孤独感。

三、大学生常见的心理问题

心理问题是指影响个体正常行为和效能的心理失衡状态,大学生心理问题常受到客观因素的影响,由一定的情境和事件引发相应的心理变化,具有暂时性和偶发性特点,心理问题通过个体积极的调适可以得到解决,如果未能得到及时、有效的解决,则有可能发展为心理障碍。新时代,大学生的心理问题存在共性特征,但受社会环境和形势的变化,也会对大学生的心理产生影响。

(一)情绪问题

大学生处在心理急剧发展、情感体验丰富的时期,生理、心理发展不平衡导致大学生产生矛盾冲突,在遇到挫折时,很容易产生焦虑、抑郁等情绪问题,大学生焦虑、抑郁情绪主要来源于生活、学习等方面所遇到的困难,他们更加敏感、争强好胜,部分学生在恋爱受挫、考试失败时,很容易出现情绪低落、沉默不语、兴趣减退等抑郁情绪。相关研究表明,新冠肺炎疫情暴发后,多数学生产生心理应激反应,56.8%的大学生感到恐惧,焦虑情绪的发生率为26.6%,抑郁情绪的发生率为21.1%,在新冠肺炎疫情的影响下,大学生出现不同程度的情绪问题。

(二)学习问题

大学生学习任务重,内容多,学习方式不同于中学时期,如果未能适应大学学习生活,在学习过程中很容易出现想学学不进去、学习效率低下、注意力不集中等问题。随着社会竞争不断加大,有的学生把学习看得较重,但心理素质不稳定,面对考试,就会焦虑紧张,不能发挥出真实的水平。有的学生认为考入大学后就可以彻底放松了,出现逃课、沉迷网络等行为,导致考试挂科,甚至不能顺利毕业。受新冠肺炎疫情影响,传统线下授课转为线上教学,大学生面临着居家学习和线上考试的适应性、"开学综合征"等问题,对大学生的心理健康均产生不利影响。

(三)人际交往问题

大学生自我意识、独立意识较强,个性特征鲜明,有自己独特的见解和想法,部分大学生喜欢用自己的方式去结交朋友,在人际交往中存在以自我为中心问题,以自我为中心表现为强调评判标准的自我性,以自我想法为主,注重自我利益的实现,不顾及他人的想法和利益,这违背了人际交往的相互性,这种人际交往注定会失败。部分学生在人际交往中因他人的观念与自己不同、无法得到他人的认可而苦恼,即心理上不相容,对他人的个性特点往往"看不惯",也易因为一些微不足道的事情与他人争执,甚至将事情引向极端情况。新冠肺炎疫情也会影响大学生的人际交往,长期居家,亲子矛盾等问题频发,也会引起大学生易怒、焦虑等情绪问题。

(四)恋爱问题

大学生谈恋爱是大学生活中普遍存在的现象,按照埃里克森人格发展八阶段理论,成年早期(18~25岁)是获得亲密感,形成爱的品质的重要时期,但由于大学生人生观、价值观还处于形成阶段,恋爱动机呈现多元化特征,部分学生对于爱情缺乏理性的思考,恋爱观及恋爱动机偏离正确的价值取向,导致恋爱失败并产生抑郁等情绪问题。

(五)自我认知问题

自我认知是自我意识的主要内容,大学生在自我意识发展过程中,有时不能合理正确评价自我,容易出现偏差,产生如虚荣、自傲、自卑等问题。

四、大学生心理问题产生的主要原因

(一)个体内在原因

大学生处于青年中期,突出特点是性生理发展趋于成熟,虽然认知、情感、意志行为等方面均在发展,但心理发展还不成熟,身心发展的不平衡使心理发展过程充满了矛盾和危机。大学阶段是自我意识快速发展的时期,大学生的自我意识也是其心理发展的重要内容,他们对自我的认识和评价产生了浓厚的兴趣,有较强的自尊心,自我期望和评价较高,成功时,会感到骄傲和自负,有强烈的满足感;失败时,容易产生强烈挫折感和自卑感,其自我的认识常处于动荡、怀疑之中。大学生独特的心理发展特点使大学生面对困难和挫折时容易产生心理问题,难免会有很多苦恼、困惑、尴尬和自卑。

(二)家庭环境影响

家庭对每个人的心理发展都有重要的影响,教养方式、家庭结构、经济状况、父母的文化程度及职业特点等都会影响孩子的心理特征和人格发展,影响孩子的性格塑造及世界观、人生观和价值观。为孩子营造一个轻松民主的家庭环境,孩子的心理问题会相对减少。

(三)学校环境的影响

大学生大部分时间是在学校中度过,学校的教育体制、学校环境等都会对大学生心理健康产生影响。进入大学后,学生离开父母,生活在集体环境中,部分学生会因为无法适应大学生活感到孤独压抑,大学生进入学校后,普遍感到理想和现实的差距太大,对所学专业、学校的不满意,择业考研,加之人际交往方式和学习方式的变化等,往往会感到迷茫、不知所措,产生较大的心理压力,若不能有效处理和解决,就会产生心理问题。

(四)社会环境的影响

随着我国对外开放不断扩大,网络技术不断发展,信息生成速度提升,知识更新速度加快,会影响人的思想观念和心理行为,大学生正处于世界观、人生观、价值观形成的时期,思想上较单纯、理想,容易受到社会上不良风气和信息的影响,面对复杂多样的信息,特别是冲突的信息,容易产生心理困惑和混乱。且社会竞争日益激烈,生活节奏加快,重大变故及事件如家庭变故、失恋以及突发性公共卫生事情如新冠肺炎疫情的暴发等,也使大学生面临着较大困难,承受着较大的压力,成为影响他们心理健康发展的应激源,若应对不当,甚至会产生心理障碍。

新时代大学生的身心特点使得高校要与时俱进开展教育,高校要坚持以人为中心的教育理念,丰富德育和心理健康教育内涵,创新协同教育的理念,将思想政治教育与心理健康教育进行有机融合,在新时代社会环境和多元化信息传播中引导学生保持健康的心理状态和树立正确的价值观念。高校思想政治教育与心理健康教育的结合是必要的,也是可行的,思想政治教育与心理健康教育的相互补充、相辅相成,有利于培养具备良好政治道德素养和心理健康水平的人才,有利于促进大学生的全面发展。

第二节 思想政治教育与心理健康教育融合的可行性及意义

一、思想政治教育与心理健康教育融合的可行性分析

(一)国家政策的支持

思想政治教育与心理健康教育作为高校开展学生教育的基础,它们在发挥立德树人、教育学生成长成才的过程中起着至关重要的作用。不仅高校把思想政治教育与心理健康教育放在学生教育的重要位置,党和国家更为重视,并力图促进二者相互融合,开展更高质量的高校思想政治教育与心理健康教育。

2017年,中共中央、国务院印发的《关于加强和改进新形势下高校思想政治工作的意见》中表明,要"在服务引导中加强思想教育""加强人文关怀和心理疏导,促进大学生身心和人格健康发展"。中共教育部党组发布《高校思想政治工作质量提升工程实施纲要》,提出心理育人质量提升体系,将"心理育人"纳入高校"十大"育人体系,高校是培育人才的主要场地,要担负全方位培育人才的重任。这就要求高校思想政治教育在坚持自身教育原则的基础上,不断汲取相关学科的精髓。

2018年,中共教育部党组印发《高等学校学生心理健康教育指导纲要》,其指导思想指出:坚持育心与育德相统一,促进学生心理健康素质与思想道德素质、科学文化素质协调发展。心理健康教育是提高大学生心理素质、促进其身心健康和谐发展的教育,是高校人才培养体系的重要组成部分,也是高校思想政治工作的重要内容。

从教育部的文件要求中可以清晰地看到高校开展教育要把育德和育心二者并行,也即是把思想政治教育与心理健康教育相结合,做到两者的交叉互补,创新建立更高质量的育人体系,这是从国家层面将二者结合可行性的倡议,思想政治教育工作质量的提升离不开心理健康教育。现阶段,我国大学生思想政治教育和心理健康教育不断加强和改进,整体上展现出优良的趋势,但也要认识到面对大学生群体"思想认识多元化、价值判断复杂化、发展诉求多样化"所带来的新挑战,大学生思想政治教育和心理健康教育依然存在薄弱点。

教育部印发的有关加强高校心理健康教育的文件中多次提到思想政治教育工作的

诸多内容,其中更是鲜明地指出了面对当代大学生的各种问题,在进行实际的教育工作的过程中注重坚持思想政治教育与心理健康教育并行,大学生群体的思想问题与心理问题的引发原因、表现特征以及解决办法都具有一定的相似性,通过将思想政治教育与心理健康教育二者融合开展教育能达到事半功倍的效果。教育部、卫生部、共青团中央发布的《关于进一步加强和改进大学生心理健康教育的意见》指出加强和改进大学生心理健康教育的基本原则之一是坚持心理健康教育与思想政治教育相结合,提出要把心理健康教育融入思想政治教育之中,开展深入细致的思想教育活动,高校要普及大学生心理健康教育,发挥思想政治理论课中相关课程教学的作用,提高大学生心理素质。

因此,探究思想政治教育与心理健康教育结合的方式和路径,对促进学生全面发展具有重要的意义。教育部近年来涉及思想政治教育和心理健康教育的文件频发,一方面体现党和国家开展高校教育的与时俱进,另一方面体现出思想政治教育和心理健康教育融合的可行性与急迫性。

(二)面临问题的相似性

在经济全球化大背景下,我国不断深化改革、扩大开放,物质生活及生产方式极大改变,社会结构与社会机制也在不断变化,尤其是伴随互联网的迅猛发展,当代大学生正处在一个互联网络与数字技术日新月异的时代,人们头脑中发生的思想过程,归根到底是由人们的物质生活条件决定的[①]。马克思认为人们的意识来源于社会实际,物质决定意识,环境会极大地影响人们的心理现状,改变人们的思想认识。自媒体即个人媒体逐渐成为人们日常工作生活中不可缺少的一部分,并且呈现出蓬勃发展的态势,比如微博、抖音、快手、美拍等一系列APP在大学生群体中备受追捧,大学生在空闲时间频繁刷这些流行自媒体,并且乐在其中。不可否认,自媒体丰富了大学生的日常生活,其中也有一些自媒体为大学生提供了有利的学习平台,但网络环境鱼龙混杂,自媒体的言论、剪辑等审核不够严格,各种类型文化横行其中,仿佛一把"双刃剑",很多大学生由于缺乏自制力往往容易陷入复杂网络环境的"浑水"中,沉迷其中就容易受到多元价值观冲击影响。互联网中不但存在积极主动的信息内容,还存在许多消沉和不健康的信息内容,在这样的情况下,大学生更容易发生思想和心理健康问题。与此同时,思想政治教育和心理健康教育的难度和复杂性也在增加,在思想政治教育和心理健康教育中探寻新的教育模式和教学策略开拓创新至关重要。良好的思想素质和正确的价值取向是个人心理健康的保证,而健康积极的心理、稳定的情绪和坚强的意志有助于人们保持良好的思想道德素质,不容

---

① 马克思,恩格斯.马克思恩格斯选集:第4卷[M].北京:人民出版社,1995:254.

易被不良思想毒害,因此,对个体而言,思想和心理状态是相互的,思想政治教育和心理健康教育是紧密联系的。外部环境的变化要求教师更新思想政治教育和心理健康教育的方式方法,而个体的思想与心理的高度相关性要求教育工作者加强思想政治教育与心理健康教育的有机结合。在不同学科相互学习、相互补充的背景下,思想政治教育与心理健康教育有机结合的教育模式既有理论支持也有实践需要,这也是科学合理的教育模式。

(三)教育目的的一致性

习近平总书记在全国高校思想政治工作会议上指出:"要坚持把立德树人作为中心环节,把思想政治工作贯穿教育教学全过程,实现全程育人、全方位育人,努力开创我国高等教育事业发展新局面。"[①]当前,高校思想政治教育工作的开展已经成为高校进行基础教育、培养时代新人的重要一环,创新思想政治教育方法,是实现思想政治教育立德树人目的的重要途径,思想政治教育和心理健康教育如何结合已经成为思想政治教育工作者和心理教育工作者广泛关注的问题。马克思指出:"人的思维是否具有客观的真理性,这不是一个理论的问题,而是一个实践的问题。"[②]人的思维会极大地影响人们的实践活动,心理问题直接关系人们生活中的一举一行,因而要清晰地认识大学生的心理变化,将心理健康教育与思想政治教育融会贯通。多元文化背景下,大学生的心理问题突出,各式各样的心理问题层出不穷,学生的心理认知偏差,理想信念不坚定,心理的偏激与情绪问题给思想政治教育工作造成了诸多棘手的困难,如何解决这些问题,有效教育学生,促进学生成长成才已经成为心理健康教育和思想政治教育都需要完成的目标,也从另一方面反映出从心理基础出发开展思想政治教育的必要性,心理健康教育是落实立德树人的有效途径[③]。思想政治教育与心理健康教育作为当代我国高校基础教育课程的一部分,是根据大学生自身特点,结合高校教育的实际情况,从多方面出发培育合格的社会主义建设者与接班人,思想政治教育与心理健康教育在目的上具有一定的相似之处,两者都有育人功能和导向功能,纵观古今中外出类拔萃的英才,其成功莫不与他们优良的心理品质有关,坚定正确的政治方向、具备崇高的道德品质和优良的心理品质都离不开思想政治教育[④]。在培养人的现代化素质中,开展大学生思想政治教育工作主要是使受教

---

① 习近平.习近平谈治国理政(第二卷)[M].北京:外文出版社,2017:376.
② 马克思,恩格斯.马克思恩格斯选集:第1卷[M].北京:人民出版社,1995:55.
③ 马建青,石变梅.30年来高校心理健康教育对思想政治教育的影响分析[J].学校党建与思想教育,2017(19):74-76+90.
④ 张耀灿,陈万柏.思想政治教育学原理[M].2版.北京:高等教育出版社,2001:128.

者坚定理想信念,坚持正确的理论指导来武装头脑,抵御各种不良文化的侵袭,最终培育符合社会主义现代化建设的"四有"新人,为实现"两个一百年"奋斗目标积蓄后备力量。思想政治教育坚持以人的发展为中心,尊重个体主体地位,将个体的发展同国家和民族的发展紧密结合在一起,实现和促进个体的社会性发展,在创新人才培养中激发主体实现社会价值,创造性地做出有利于国家和民族、推动社会发展进步的创新性成果,这也是塑造独特的创新品质,实现人的全面发展的关键因素。

心理疏导是思想政治教育的手段①,大学生心理健康教育,则是通过教育者进行相关的心理研究,从而把握受教育者的心理特点,采取相应的方法对教育对象进行心理疏导,以缓解其心理压力,促进心理健康发展,以良好的心态进行学习生活,成长成才。高校在开展心理健康教育培养学生形成健康心理的同时,也在不断增强学生的心理素质,学生具备良好的心理健康状态和心理素质有助于高校开展思想政治教育工作,良好的心理认知的培育与科学的思想道德素质的养成是殊途同归,相辅相成的。

(四)教育方法的互促性

思想政治教育与心理健康教育不仅具有目的上的耦合性,在教育方法上也是相互促进、相辅相成,具有多样的联系。党的十七大报告指出:"加强和改进思想政治工作,注重人文关怀和心理疏导。"心理疏导也作为思想政治工作的一部分被重视起来。在思想政治教育的方法中,心理测试方法是获取思想政治教育信息的方法之一,心理测试是掌握人的心理活动、心理健康状况、心理特点的重要方式,对开展心理健康教育,增强思想政治教育的针对性与实效性具有重要作用②。学生心理的健康发展是形成良好思想品德的基础,高校要加强对大学生的心理疏导、重视对大学生的心理调适,培养大学生积极、自信、竞争、合作等良好、健康心理状态,从而为大学生的成长成才提供源源不断的精神动力。

思想政治教育从心理方面入手,对学生有针对性地进行世界观、人生观、价值观、道德观等方面的教育,培养学生良好的性格,促成良好的个性心理品质的内化,塑造学生完整高尚的人格,培养学生成为具有创新能力的高层次人才。心理健康教育关注学生自身的教育方法,为开展思想政治教育工作提供了深入学生思想实际、心理实际、学习实际、生活实际,与学生面对面互动交流等方面的借鉴,调动他们的积极性,激发他们的潜在动力,焕发其创新能力,助推其个人价值的实现。毛泽东曾说:"政治工作是一切工作的生

---

① 赵平.思想政治教育视域下心理疏导问题的审思[J].思想理论教育导刊,2018(3):133-137.
② 郑永廷.思想政治教育方法论[M].北京:高等教育出版社,2010:80.

命线。"①通过学校的思想政治理论课的开展,对大学生进行马克思主义理论的系统教育,通过系统化的思想洗礼与精神升华,从而培育良好的世界观、人生观与价值观,不断涵养自身的心灵,丰富精神世界,养成良好的心态与认知,从而提升明辨是非的能力。思想政治教育方法上十分重视思想政治教育载体,注重创建良好的思想政治教育平台,这也给心理健康教育在方法上注重教育载体的创设提供了方法借鉴。

(五)教育内容的耦合性

张耀灿、陈万柏认为:思想政治教育的内容有世界观教育、人生观教育、政治观教育、道德观教育、法制观教育②。高校的思想政治教育并不局限于纯粹的道德教育,它主要是以马克思主义为指导,通过理论教育促进受教育者政治观点、道德观念、健全人格形成发展的重要手段,涵盖了爱国主义教育、理想教育、集体主义教育、劳动教育、人道主义与社会公德教育、纪律教育、民主与法制观念的教育、科学世界观和人生观教育、心理健康等多方面的内容,具有极为丰富的内容要素。教育内容蕴涵着丰富的思想内核和价值意蕴,涵盖大学生的政治性教育和勤劳勇敢、勤俭朴素等中华优秀传统美德,囊括了勇于牺牲、热爱祖国等社会主义道德以及大无畏的革命勇气和斗争智慧。

新时代思想政治教育始终坚持"以人为本"的教育理念,以实现人的全面发展为目标,尊重个体的独特性和创造性,激励个体的首创性和创新精神,塑造个体独特的创新品质,在马克思主义理论指导下,不断丰富自身的科学素养,促进个人自由而全面的发展。心理健康教育的内容主要包括学生的心理健康意识培育,如何保持健康的心理状态,积极探索自我、认识自我,还涉及心理意志品质的培养、心理压力的释放以及情绪情感教育,包括学习如何消除焦虑、抑郁、愤怒等不良情绪,学会调节和控制自己的情绪,养成积极稳定健康的心理。除自身心理教育外,还教育学生能够在自我健康心理的基础上锻炼意志,磨炼品行,进行高远的职业规划,不断充实自身,积极融入社会,为自身的发展和促进社会的建设不断努力,成为一个对祖国与社会有用的人才。心理健康教育与思想政治教育二者在教育教学的内容上存在着千丝万缕的联系,给二者的结合提供了强有力的条件。

---

① 毛泽东.毛泽东文集:第六卷[M].北京:人民出版社,1999:449.
② 张耀灿,陈万柏.思想政治教育学原理[M].2版.北京:高等教育出版社,2001:137.

二、思想政治教育与心理健康教育融合的意义

(一)高校视角的价值意蕴探析

高校思想政治教育和心理健康教育作为两种不同的学科,二者的协同创新为跨学科研究带来了案例,学科间协同创新可借助各学科的优势资源,提高教育的质量和水平。

一是,加强思想政治教育的可预见性和可行性分析,一直以来,高校思想政治教育是单边基础知识的课堂教学,在这一环节中,老师在教学课堂上占主导地位,大学生的核心位置没有获得高度重视,与老师缺乏有效的沟通,心理健康教育将学生的主观感受作为工作的重要参考,暴露学生潜在思想问题,根据学生的实际情况设计针对性的教学方案。二是,创新思想政治教育心理服务体制,大学生心理健康是指智商、认知能力、感情、信念等处于正常水平,这与思想政治教育工作目的有一定的同质性,为心理健康教育与思想政治教育的结合造就了条件,与此同时也创建了以思想政治教育为关键的心理服务体制,使大学生思想政治教育方式更丰富。

(二)学生视角的价值意蕴探析

1. 丰富思想政治教育内容,促进学生全面发展

在大学生成长成才过程中,其世界观、人生观、价值观容易受到社会不良思想的影响,心理矛盾与冲突也会不断出现,在自由开放的环境中,大学生的认知不断变化,高校的思想政治教育与心理健康教育扮演着重要的角色,帮助大学生树立正确的价值观念、道德观念及形成健康的人格特质和心理健康品质。思想政治教育和心理健康教育的关键都是人才的培养,思想政治教育注重大学生道德修养的培养,心理健康教育注重对大学生心理健康的具体指导,把道德修养的培养与身心健康的培养结合在一起,才能促进大学生全面发展[1]。

传统思想政治教育以单向方式向学生传播思想,采用直接灌输的方式,新时代大学生以"00后"为主,他们的自我意识较强,传统的教导式思想政治教育方式已经不能满足当代大学生的发展需求,心理健康教育以平等为基础,尊重理解学生的想法,学生有参与感和亲切感,能够主动表达自己的想法和诉求,可以增强思想政治教育的亲和力和实效性。

---

[1] 徐新萍,翟欣.大学生思想政治教育与心理健康教育相结合的研究[J].佳木斯职业学院学报,2018(8):188.

思想政治教育与心理健康教育的结合一方面引导学生的思想和行为,另一方面疏导学生发展过程中遇到的心理难题,使解决思想问题与解决心理问题结合起来,开展深入细致的思想政治教育与心理健康教育,促进学生的全面发展。

2. 创新心理健康教育方式,有效解决学生心理问题

当代大学生面临着学业、就业、情感等多方面的压力,凸显出许多心理困惑和心理问题,心理健康状况亟须关注和重视。高校解决学生心理问题主要依托学校心理咨询中心,高校心理咨询中心专职教师人数有限,可能会出现心理干预不及时等问题,不能完全满足学生心理健康服务需求,且主动愿意接受心理咨询服务的大学生不多,部分学生在接受心理咨询服务时已发展为严重心理问题或心理障碍,因此及时发现学生心理问题,及时干预才能有效避免心理危机事件的发生,大学生心理健康教育方式方法也需要应时而新。

将思想政治教育与心理健康教育相融合,在思想政治教育背景下开展心理健康教育,通过政治理论课开展马克思主义教育、价值观教育等,培养学生正确的思想品质和辨别是非的能力。比如,在新冠肺炎疫情背景下,社会上涌现许多抗击疫情的感人事例,彰显了伟大的抗疫精神和集体主义精神,体现了克服一切艰难险阻的决心和顽强意志。建党100周年,中国共产党领导下革命、建设和改革发展的百年历程体现了伟大的建党精神,以及高校面向大学生开展的党史教育,均引导大学生坚定理想信念、树立正确的价值观,培养良好的人格素质、坚强的意志品质和自我认知能力,在遇到困惑或问题时,能够积极自我调适,保持乐观向上的心理健康状态。且思想政治教育与心理健康教育相融合有利于对学生进行普遍的、有针对性的思想或心理引导,及时介入大学生心理问题,纠正错误的思想观念、疏导心理困惑,在问题显现早期发现和解决问题。

(三)教育者视角的价值意蕴探析

1. 促进教师队伍的交流合作

思想政治教育和心理健康教育的联系不断加强,对教师队伍的交流也起到极大的促进作用。思想政治教育理论课的教师和心理健康教育课程的教师可以通过高校加强思想政治教育和心理健康教育融合的契机进行教师间的经验交流与教学成果分享,充分地取长补短、相互借鉴。思想政治教育理论课教师可以借此机会加强学习相关的心理学知识,对于教学过程中出现的学生心理问题,与心理健康教育老师交流。心理健康教育的老师可以向思政课老师借鉴思政课的教育教学方法,通过交叉学科存在的共性,探讨出更高效率的教学方法,通过交流借鉴打造良好的高校大学生教育团队。

2. 推进多样化教师技能培育

将思想政治教育与心理健康教育相融合需加强高校教师自身能力的培养,在学习思想政治教育理论的基础上,掌握一定的心理健康教育知识,懂得正确把握学生心理问题,这有助于多样化教师技能的培育。首先,对马克思主义科学理论的熏陶与学习有利于心理健康教育老师守住初心,树立全心全意为教育、终身为教育的观念,做好中国特色社会主义事业接班人的培育工作。其次,有利于高校把思想政治教育理论课和心理健康教育课程作为重点科目发展,提高相关教师在教学体系的地位,完善高校教师队伍发展体系,通过"青蓝结对"模式、学科带头人展示、骨干教师分享会等,促进老师间的交流互动,发挥优秀教师的引领作用。最后,有利于思想政治教育理论课老师和心理健康教育课程老师拓展理论视野,塑造学术思维,为老师学习和发展提供有利条件。

第三节 思想政治教育与心理健康教育结合的路径与策略

一、教育观念的结合

教育观念是开展一切教育活动的根本遵循。想要将心理健康教育与思想政治教育充分融合,首先要找到二者教育理念之间的共同之处,只有以共同之处作为切入点,才能够确保将两者的作用最大化地展示出来。无论是心理健康教育还是思想政治教育,本质上都是对"人"的教育,因此,在开展教育工作的过程当中,必须要牢牢树立"以人为本"的思想,将人的需求作为开展各项教育工作的基本前提,并且要充分尊重教育的个体,促进他们全面健康发展,才能达到最佳的教育效果。我们需要从如下三个方面开展相关工作。

(一)要始终坚持教育的主体性

思想政治教育构建的基础是马克思主义,其始终坚持塑造人、发展人的核心理念,并且始终体现着鲜明的人文色彩。对于以往的思想政治教育而言,施教者成为整个教育体系的核心,并且发挥着主导性的作用,而学生在这种体系下只能充当从属者的角色,被动接受相应的学习安排。也就是说,传统的教育模式实施的是单向灌输的方法,而往往忽略了学生的具体心理需要,导致教育的主客体地位出现失衡。所以,为了有效构建人本主义教育理念,就必须认识到受教育者才是整个教育体系当中的核心,要充分重视学生群体的实际需要,在具体开展教学工作的时候,给予学生更多的人文关怀,持续丰富学生的精神文化,为学生的全方位发展奠定基础。

在高校当中,思政工作和心理健康教育工作面向的主体都是大学生群体,因而在制定各项教育政策和开展教育工作的时候,都必须充分考虑大学生群体的客观实际,以解决大学生的实际问题为导向,切忌脱离实际生活去空谈教育。如果忽略了生活实际,那么思想政治教育和心理健康教育都将失去灵魂,其开展教育的目的也将难以达成。尤其是改革开放以后,我国社会发展进入全新的阶段,社会结构发生着巨大的调整,我国大学生群体掌握的知识结构以及思想状态也在持续变化和发展,思想政治教育工作者必须与时俱进,充分认识到不同时期、不同阶段大学生心理发展的特点,着力把握大学生思想变化的趋势,切实以解决大学生实际问题为出发点,旨在达成思想政治教育的目的。

(二)要始终坚持教育的个性化

世界上没有两片同样的树叶,当然,更没有两个完全相同的人。以人为本,就要体现在对个体差异性的理解和尊重。思政工作者和心理健康教育工作者,都要帮助学生实现个性化的成长与发展。

首先,要准确把握受教育者的个性特点。对于个体而言,其认知都源自客观事物,都是对客观世界的抽象加工以后产生的,所以人的个性化特征会受到所生长的社会时期所影响,并且会受社会实践、教育背景等因素的影响。大学生群体往往具备思维活跃、能动性强等特点,这一群体在表现出普遍性的同时,也体现着个体的差异性,主要表现在智力、性格、情绪情感、道德品质、价值观念等方面。所以,教师需要同时把握大学生群体共性和个性的特点,避免使用"一视同仁"的教学方式,要尽可能地根据学生个性化特征采取合适的教学手段,切实解决学生的思想道德认识问题。

其次,合理分析受教育者的个性发展变化。唯物辩证法认为,万事万物都处于发展变化之中,对于学生群体而言同样如此,学生的思维表现出鲜明的时代性。为了提升思政工作的时效,教师必须充分认识到当代大学生群体在思维上的特征,依照大学生群体的心理特征合理地进行施教,尽可能激发学生的积极性。学生的积极性对于实践活动效果的发挥有重大意义,具体而言,提升学生积极性的因素包含如下两个方面:其一是内因,这是激发个体积极性最重要的驱动因素;其二是外因,外因对于积极性的发挥有直接的影响作用。而思想政治教育工作对于学生而言属于外因,因而在使用这一驱动因素的时候必须充分考虑大学生群体在特定时代背景下所表现出来的心理特征,不断地鼓励学生从而激发其积极性,促进学生更加全面地发展与成长。

最后，科学塑造受教育者的良好个性品质。对大学生群体而言，其各自都有属于自己的个性化特点，因而每个人对于思想政治教育的接受程度和认知都存在差异。为了更好地发挥教育效果，教师不仅应当针对学生的个性化特点因材施教，充分结合学生的思想理念、思维特征等来调整培养方案，灵活实施教学策略。同时，更应该将社会的正能量引入课堂，帮助学生塑造更积极、更完善的个性品质。在对学生予以鼓励的同时，也要适度组织学生进行自我反思，及时发现自身思想和行为上的问题，进一步达到完善自我、超越自我的目的，确保其构建符合社会主流的人生观、价值观。

（三）要始终坚持教育共情性

对于大学生群体而言，其与中小学生最大的区别在于其自我意识更加完善，且有了非常明显的独立思维特征，其在表达情感的时候也往往更加强烈和极端。在以往的思想政治教育制度下，存在教育工作者对于大学生自我意识的关注度不够的问题，教育的内容有时难以在学生群体当中引起共鸣，导致学生对老师的教育根本不感兴趣，思想政治教育的核心理念也就难以有效发挥出来。所以，对于思想政治教育工作者来讲，要充分关注大学生的思想动态，使用心理学的相关理念，在教育过程中达成与学生之间的共情，设身处地考虑大学生的所思所想，选择大学生感兴趣的教育内容与教育方式，通过共情，让教育工作者和学生达成一种良性的互动状态，让学生能够真正从心里接受教育。

二、教育内容和目标的结合

无论从内容方面还是从目标方面来看，思想政治教育和心理健康教育都存在一定的差异性。但从本质属性来看，二者的目标又存在一致性，即培养合格的社会主义接班人。因此，教师在实际开展教学工作的时候，应当充分考虑两者的特点，在把握二者差异的基础上尽可能地实现二者有机融合，从而实现教学效果的有效提升，这不仅能够有效确保高校大学生心理健康，同时也能将思想政治教育工作落到实处，从而实现"1+1>2"的效果。比如，可以结合大学生的心理特征，以思想政治教育内容为基础，采用心理健康教育的方式对学生开展教育，为学生解决实际的思想认识问题的同时，让学生能够深刻认识到自己内心的诉求，提升学生心理健康的成熟度。

现阶段，我国大部分高校均已经设置心理健康教育课程，但由于此类课程基本都是选修课，所以其普及面并不是特别广泛，而且授课老师通常也仅仅会在课程当中传授基础性理论知识，对于现实问题的解决还非常薄弱，导致的结果就是心理健康教育课程未能起到应有的效果。此外，由于对思想政治教育的重视程度不够，导致很多思想政治教育课程的内容乏味，单纯是为了完成课时任务，这种敷衍式的教学方式，反而让学生产生了更多的反感情绪。所以，高校的思政教师应当充分认识到学生的这一心理特征，并且巧妙地把心理健康教育的内容融入进来，实现二者的完美融合。为了增进思想政治教育和心理健康教育内容的有机融合，更加全面地对学生进行教育和培养，提升心理品质、提高思想认识，我们可以考虑从以下几个方面着手。

(一) 在思想政治教育中引入心理健康教育内容

一直以来，思想政治教育的课程内容都相对比较枯燥，而适度引入心理健康教育内容，可以有效激发学生们的学习兴趣，提升课堂的趣味性。从高校的思政建设实践来看，部分思想政治教育课程当中已经将心理健康教育的内容融入进来，但并没有很好地结合大学生的心理特点，所以心理健康教育的效果并未展示出来。因此，教师在实际开展教学活动的时候，必须针对性地设置教学内容，通过更加科学、有效的教学方式，将心理健康教育的有关内容充分展示出来，力图有效锻炼学生的心理素质。一是，提升教育内容的趣味性，可以考虑从心理的角度对于一些时事、世情进行分析解读，将"平面"的教学内容丰富成"立体"状态，以此激发学生们的学习兴趣，让学生们能更好地理解和掌握教学内容。二是，提升教育内容的针对性。教师要针对不同层次的学生选用不同的教学内容和方法，比如在高校的大一课程当中，通常会设置"思想道德修养与法律基础"这一门课程，而这一课程的授课老师则可以针对性地融入一些心理健康教育的内容，这对于大一新生而言是非常有必要的。因为学生进入一个新的环境以后，往往会抱有很多新的期待，且不同学生对于新环境的适应能力也是存在差异的，一旦发现环境不符合自己的预期便会产生极强的落差感，容易造成心理上的负担。所以，在开展思想政治教育课程的时候，增加心理学的相关内容就显得非常有必要；而针对高年级学生，通过一段时间的适应，他们已经对大学生活有了较为深入的认识和实践，但是同时也可能伴随有人际交往、学习方面的问题，此时可以适度从学习、恋爱层面丰富教学内容；对于大四学生，他们最关心的莫过于毕业后的去向，此时可以从升学、择业等方面进行指导。只有通过这种有针对性的教育，才能够引起学生的共鸣与关注，进而激发学生们的学习热情，让思想政治教育和心理健康教育落到实处，真正发挥出教育的效果。当然，需要注意的是，思想政治教育中的心理元素并非系统性的心理健康教育，而是让学生能够认识到心理健康的重要性，毕竟良好的心理状态是进行思想政治教育的重要基础。

(二) 在心理健康教育中引入思想政治教育内容

心理健康教育的核心是通过向学生传输基本的心理健康知识，让学生能够更加全面、系统地掌握心理健康的相关内容,并且能够利用学到的心理学知识,对自己的心理特征和行为特征进行解析,从而及时遏制不健康的心理行为。而思想政治教育的核心是,让学生能够充分认识到社会规范及基本要求,进而通过这些思想上的教育来引导学生产生良性的社会行为,确保自己的行为符合社会主流价值导向和法律规范的要求。事实上,无论是思想政治教育还是心理健康教育,都需要把道德规范和法律秩序的相关内容融入进来。当前,一些大学生心理问题持续增多,究其原因,在于学生秉持的思想意识存在差异,并且有一些错误的思想意识会随着时间的推移而变得更加严重,所以,在针对大学生进行心理健康教育的时候,必须充分考虑中国特色社会主义的时代发展背景,帮助学生不断地摒弃不良的思想,逐步树立正确的"三观",从而帮助解决大学生的一些心理问题。此外,在开展心理健康教育的时候,可以以心理知识为基础,充分结合思想政治教育的相关内容,让大学生培养出良好的思想品德,健全的人格,并拥有积极乐观的人生态度。

当然,我们也要时刻意识到,无论是思想政治教育的内容还是心理健康教育的内容,都不应是一成不变的,而应当持续进行丰富和优化。一是,思想政治教育的内容要与时俱进,其必须和我国社会主义现代化建设相匹配,同时也要符合大学生心理健康需求。二是,思想政治教育的内容应更加丰富和立体,而不应当成为空洞的理论,这就要求思想政治教育必须注重实践问题,从学生最关心也最急迫解决的问题着手。三是,教师在解决学生心理问题的时候,也要充分注重与学生的思想沟通,尊重学生的人格,了解其内心深处的想法,只有这样才能真正达成心理健康教育的目的。

三、教育策略和方法的结合

在实际工作中,思想政治教育和心理健康教育无论在教学模式上,还是在教学方法上都存在着一些异同点。因此,在开展学生教育管理的时候,想要尽可能地发挥出思想政治教育和心理健康教育各自的优势和特点,对教育工作者的要求是非常高的。具体而言,需要教育工作者一方面要认识到二者的差异,充分解读出两种教育的优缺点,另一方面还要构建全新的培养方案和理念,准确实现两种教育内容的融合。这就要求教育工作者以培养新时代高素质人才为目标,同时借鉴两种教育策略、方法的长处,充分发挥这两种教育方式的优点,及时有效调整教育工作方式,实现教学理念和方式的革新,从而达到各取所长、融会贯通的效果。

(一)增强教育环节的实践性

在大学思想政治教育当中,社会实践是一个非常重要的环节,也是必不可少的重要内容之一。马克思主义实践论认为,理论来源于实践,同时又指导实践,因此,为了更好实现心理健康教育和思想政治教育的融合,发挥出二者的最大价值,就必须重视实践,并有效增加实践的环节,让大学生能够通过实践活动完善心理。那么,如何有效地丰富实践内容,确保学生的实践活动贴合思想政治教育和心理健康教育的内核,需要从如下几个方面着手开展工作。

第一,教育实践活动内容要有针对性。教育工作者在实际开展实践活动的过程中,必须充分考虑学生的特点,选择合适的实践方法来开展工作。具体而言,教师在拟定教学方案的时候,必须充分考虑学生的专业、年级、性别等因素,在必要的时候也可以将地域文化纳入到考虑范畴,从而达成因材施教的目的。

第二,教育实践活动基地要有稳定性。高校应当构建更加稳定的教育实践基地,确保教育实践活动的有效开展,常见的教育实践基地包括红色革命基地、博物馆、特色展馆等,高校可以加强和当地此类教育基地的合作,通过这种可视化较强的平台来实现对学生的思想政治教育,耳濡目染地影响大学生,帮助大学生形成更加正确的价值观和世界观等,确保学生拥有健康的心理。

第三,教育实践活动时间要有长期性。教育活动对于人的影响是潜移默化的,需要长年累月的积累,而非一时之功,所以对于实践教育而言仅仅通过一两次教育是难以见到成效的,必须经过长期大量的实践教育,才能让大学生的思想和心理素质得到锻炼和强化,才能真正达到应有的教育效果。所以,为了实现心理健康教育和思想政治教育的有效融合,就必须强化实践教育,将教育的效果发挥到最大。

(二)拓展综合性的教育载体

随着网络信息技术的发展,教育教学的场所已经不再受到地理位置、教室校舍的限制。现阶段,高校学生使用社交平台已经非常普遍,并且已经成为大学生社交的重要媒介,网络生活已经成为大学生日常生活的组成部分。结合高校学生的年龄和心理特点,其在面临心理上的问题时,也通常会出于各种各样的原因不愿在现实中表达,而选择通过网络进行交流。对于现代的高校教育工作者而言,随着互联网技术的发展以及网络社交平台的快速发展,可以考虑借助社交工具通过互联网实现与学生的沟通,从而扩大交流话题和范围。通过社交平台,教师更容易获取学生的信任,能够让学生在轻松愉悦的环境当中与老师沟通,同时也能够增强教师教育的效果。

利用网络平台来实现对大学生的思想政治教育,具体可以从如下几个方面着手开展工作:一是,高校可在网络平台创立网络课堂,并聘请相关专家来进行线上授课,在讨论环节可以引入当下比较热门的话题,从而提升课程的趣味性和实用性。二是,在学校思想政治教育网站上,设置专门的心理健康咨询栏目,邀请专家对学生的思想和心理问题进行专项答疑,通过这种互动的方式来针对性地解决学生的心理问题,这种方式最大的优势在于能够让学生放下内心的芥蒂,将自己内心的真实想法完整地表达出来,只有这样才能切实帮助学生解决实际的心理问题。三是,教师可以借助微信微博等社交工具,对时新的心理问题进行分析和解读,通过分享观点等方式实现与学生的互动,这种方式不但能够帮助大学生解决思想问题,同时还可以增进师生感情。

四、教育队伍的结合

教师作为传播思想,授业传道的主力军,对于社会主义精神文明的有效传播有极为重大的作用。所以,进一步加强师资力量建设,构建专业素质强的教师队伍至关重要。在新时代、新阶段,思想政治教育和心理健康教育都是关乎学生健康成长的重要内容,都致力于将大学生打造成为全面发展的人,从这一点来看二者的目的都是相同的。因此,对于高校教职人员而言,必须具备充足的专业知识,并且通过合理的方式教授给学生,从而将学生的思想政治教育工作落到实处。

第一,应当进一步提升思政工作者的专业技能和心理素养,只有这样才能成为优秀的思政工作人员。为了有效提升教育质量,思政工作者要持续提升自身的职业道德、心理品质,以及学科知识。从高校教师的教育背景来看,其绝大多数都是思政专业出身,都对心理学有过一定程度的了解,然而其了解程度通常都比较浅薄,因而在针对学生进行专业化教育的时候,往往显得能力不足。所以,为了改善以上情况,可以从如下两个方面着手开展工作:其一是敦促广大教职人员学习更多心理健康知识,并且对大学生心理结构进行了解,从而有的放矢地开展相关工作,提升思想政治教育效果。其二是提升大学思想政治教育工作者的准入门槛,通过科学、合理的筛选机制合理选拔工作人员,同时在教职工入职以后也要经常性地开展各项培训工作,通过这种方式不断提升教职人员的教学能力,从而从根本上提升思想政治教育的质量。

第二,强化心理健康教育工作者的思想政治观念。教师的思想是传播思想文化的关键,只有教师本人树立良好的三观并且具备专业的知识素养,才能更好地培养学生。所以,对教育工作者的政治教育至关重要。具体可从如下方面着手开展工作:一是,高校教育工作者要确保在思想上和党中央保持一致,坚持马克思主义和中国特色社会主义道路,以德树人;二是,高校教育工作者必须关注国家大政方针,明确政治倾向,在针对大学生进行思想政治指导的时候,尽可能帮助他们树立正确的政治观念,实现教学相长的目标。

五、优化育人环境

在高校的教育体系当中,思想政治教育和心理健康教育是至关重要的两个内容,必须实现各方资源的有效整合和使用,最大化地发挥两者的功效,其中实现教育环境的大幅优化,正是为大学生的优质培养打下基础。

对于大学生群体而言,学校是其生活的主要地点,学校环境的优劣对于学生的学习和生活会产生非常大的影响。因而构建良好的校园环境意义重大,只有构建良好的校园环境,才能最大化地发挥出教育效果。具体来讲,校园建设主要有两个层面:一方面是物质环境建设,主要涵盖校内房屋建设、教学设施建设,以及绿化等;另一方面是文化环境建设,主要涵盖校风建设、文体活动,以及社团活动等。物质环境和文化环境对于学校建设而言都非常重要,其中,物质环境为学生的成长提供基础条件,而文化环境则主要帮助学生构建良好的思维状态和心智。所以,高校在构建硬件设施的时候,不能忽略对于文化环境的打造。具体而言需要从如下几个方面开展相关工作。

第一,加强校园物质环境建设。优美的校园环境能够为学生提供良好的学习环境,从而激发学生的学习热情,减少其负面情绪的影响,从而产生积极的学习以及生活状态。

第二,强化"三风"建设。实现学校校风、教风与学风的有机结合,只有通过加强"三风"建设,才能让学生摒弃不符合社会主流的思想,在保持心理健康的同时还能有效激发出学习热情。

第三,丰富校园文化活动。在学校当中,文化活动是传播校园文化最重要的一种方式,其体现出的是整个学校的精神风貌,而如果能够将思想政治教育和心理健康教育的理念融入校园活动当中,一方面能够进一步丰富校园文化的内涵,另一方面还可以发挥出非常好的思想作风建设效果,极大地激发学生们的参与热情,让学生保持良好的精神风貌。具体来讲,校园文化活动的组织形式可以有红色影苑、论坛讲座等等。同时,也可以专门组建心理健康社团,为学生群体提供良好的学习交流平台。

第八章 思想政治工作队伍建设与管理

培养高素质医学人才，高等医学院校责无旁贷。而在这其中，高等医学院校思想政治工作队伍是不可缺少的重要力量，发挥着举足轻重的作用。本章节以高等医学院校思想政治队伍工作中专职辅导员为例，分析当前高等医学院校思想政治工作队伍建设中存在的问题及其原因，并就提升高等医学院校思想政治工作队伍工作效能，提出在"三全育人"理念下构建思想政治工作队伍协同育人发展机制，特别是加快思想政治理论课教师与辅导员队伍融合建设进程，最终实现高等医学院校思想政治工作队伍建设的一体化深度融合发展路径。

第一节 新时代高等医学院校辅导员队伍建设存在的问题及改革路径

高校辅导员是开展大学生思想政治教育的骨干力量，是高校大学生日常思想政治教育和管理工作的组织者、实施者和指导者[1]。党的十八大以来，以习近平同志为核心的党中央高度重视高校思想政治工作，陆续出台了一系列文件，加强对全国高校辅导员队伍建设的顶层设计和整体规划。2013年中共教育部党组印发《普通高等学校辅导员培训规划（2013—2017年）》，对高校辅导员的培训内容、培训任务、保障措施等做出规定。2014年教育部印发《高等学校辅导员职业能力标准（暂行）》，详细规定了高校辅导员的职业要求、能力标准，进一步明确了促进辅导员专业化、职业化发展的导向，并提出了努力造就一支政治强、业务精、纪律严、作风正的高水平辅导员队伍的目标。2017年中共中央、国务院印发了《关于加强和改进新形势下高校思想政治工作的意见》。2017年对《普通高等学校辅导员队伍建设规定》进行修订，进一步明确高校辅导员身份，丰富并发展了高

---

[1] 决胜全面建成小康社会 夺取新时代中国特色社会主义伟大胜利[N].人民日报，2017-10-19(002).

校辅导员的工作职责,明确了高校专职辅导员"双线"晋升的发展通道。2020年教育部、中央组织部、中央宣传部、中央政法委、中央网信办、财政部、人力资源社会保障部、共青团中央等联合印发了《教育部等八部门关于加快构建高校思想政治工作体系的意见》,提出要完善高校专职辅导员职业发展体系,强调不得用劳务派遣、人事代理等方式聘用辅导员,要因地制宜设置辅导员岗位津贴,纳入绩效工资管理。这些都是党中央推进高校辅导员队伍建设的重大举措,也为新时代高等医学院校辅导员队伍建设指明了方向、提供了根本遵循。

辅导员队伍在教书育人、管理育人和服务育人中具有不可替代的地位和作用。本节在对河南省内不同办学层次的郑州大学医学院、新乡医学院、商丘医学高等专科学校等3所高等医学院校辅导员队伍建设现状调研的基础上,系统分析了新时期高等医学院校辅导员队伍建设中存在的主要问题,并结合工作实际,探讨新时代加强高等医学院校辅导员队伍建设的对策建议。

一、制约新时代高等医学院校辅导员队伍专业化建设的瓶颈

新中国成立以来,我国辅导员队伍逐渐积累壮大,结构不断优化,能力不断提升,在人才培养、维护高校和谐稳定、推进高等教育建设发展中做出了重要贡献。辅导员队伍建设也先后经历了初步建设与曲折发展、恢复重建、科学化发展、专业化与职业化发展、新时代内涵式发展几个阶段[1]。然而受诸多因素的影响和制约,当前医学院校辅导员队伍在结构、素质、能力整体上仍与国家和地方教育行政部门赋予医学院校辅导员的职责使命存在着一定差距,医学院校辅导员队伍的建设与发展仍存在着诸多的问题和困难。

(一)职业认可度不高,自身发展动力不足

2017年,修订后的《普通高等学校辅导员队伍建设规定》公布。当前,通过各级教育主管部门的统筹谋划和各高校不断加大辅导员配备与选聘力度,已基本解决了以往辅导员队伍比例失调、人数不足的问题,形成了一大批专职辅导员队伍。与此同时,围绕辅导员队伍职业化专业化建设,国家也采取了一系列积极的措施,如在辅导员教育培训方面,已逐步形成国家、省级、校级三级辅导员培训学习与交流机制;在辅导员素质能力提升方面,举办全国性的辅导员素质能力大赛、辅导员优秀论文评审、辅导员专项科研课题研究

---

[1] 彭庆红,耿品.新中国成立70年来高校辅导员队伍建设的历史进程、总体趋势与经验启示[J].思想理论教育导刊,2019(8):132-137.

等;在辅导员交流学习方面,辅导员专项博士、挂职、访学等机制也在逐步完善。但同时我们也要清醒地认识到,当前辅导员队伍的职业能力建设仍然问题不断,队伍长期存在着"专职不专,兼职不兼""流动过快,队伍不稳""工作水平低,学科支撑弱""自我评价不高,社会认可度低"等问题,究其根源,最根本的问题还是缺乏职业认同。特别是在医学院校。

医学院校相对其他综合类高校而言,专业相对集中,专业课教师普遍具有一定的医学学科背景。与对业务骨干、学术带头人的重视和支持力度不断加大相比,医学院校辅导员则得不到相应的重视,受到了冷落。一方面,有部分教师认为辅导员工作是学校辅助性工作,学校工作的重点是教学、科研,把业务工作搞好了才是高校的"真本事",有的甚至认为辅导员工作就是个保姆的活,看管好学生就行,没什么技术含量,使得多数人认为"什么人都可以做辅导员",导致医学院校辅导员工作在高等医学教育格局中处于边缘化地位,严重影响到辅导员的职业自信,影响了辅导员提升自我能力的积极性,制约着医学院校辅导员队伍建设的职业化进程。另一方面,辅导员工作压力日益增大,根据《普通高等学校辅导员队伍建设规定》,辅导员承担着思想理论教育和价值引领、党团和班级建设、学风建设、学生日常事务管理、心理健康教育与咨询工作、网络思想政治教育、校园危机事件应对、职业规划与就业创业指导、理论和实践研究等九项职责。在繁杂多样的事务性工作面前,辅导员扮演的更多是办事员、服务员、救火队、保姆式的角色,特别是当前面对新冠肺炎疫情校园封闭式管理,学生工作内容更加复杂化,因疫情带来的学生管理方式改变、学生心理问题复杂化,等等,给本就不轻松的辅导员工作增添了更多工作内容,辅导员们在感到本领恐慌的同时更感到精力不足、压力过大,呈现出"佛系辅导员"状态,即满足于自我现状,得过且过的思想,对自身职业发展的道路没有方向、没有规划、没有目标。

(二)政策支撑力度不够,"双线"晋升流于形式

2017年8月31日,修订后的《普通高等学校辅导员队伍建设规定》正式公布,其中明确指出高校辅导员作为开展大学生思想政治教育的骨干力量,具有教师和管理人员的双重身份,要落实专职辅导员职务职级"双线"晋升要求。但从笔者调研的河南省内医学院校实际情况看,多数医学院校在辅导员职级晋升的实施过程中,并没有出台辅导员单独评聘专业技术职务的配套政策,或仍然参照专业教师的评聘标准执行,注重教学和科研成果,没有注重考察辅导员工作业绩和育人实效,并未落实辅导员职务(职称)晋升的单列计划、单设标准、单独评审的"三单政策"。以河南省内某独立建制的医学院校为例,截至2022年,3年内该校专职辅导员98名,其中正高级专业技术职称2人,副高级专业技

术职称7人,中级专业技术职称31人。而在这其中,副高级以上专业技术职称9人中仅有2人是2020年在学校单独设置学生思想政治工作教师职称组(高校辅导员)序列后评上副高级专业技术职称的,其余7人均为通过医学相关专业晋升。在31名中级专业技术职称中,有16名是已经获评中级职称8年以上的辅导员。从这些数据中我们不难得出,医学院校在辅导员专业化政策执行上存在不到位现象,将辅导员职务(职称)晋升单列计划、单设标准、单独评审的要求多是体现在文件中,现实中很难兑现。在职务晋升方面,笔者调研的河南省内3所医学院校均没有明确的辅导员管理岗位聘任办法,辅导员队伍的具体考核办法不完善、评价体系也不健全,难以实现符合考核要求就可以职级晋升的标准。这就间接导致了辅导员老师在辅导员岗位上,自身对职称职级晋升不抱希望,常常是评聘中级、晋升正科级就算到底了。政策支撑体系和工作实际的差距,使得医学院校的一些辅导员"身在曹营心在汉",把自身目标追求定位在"优出"上,转岗选个好的职能部门;或把心思放在自身原本专业的提升上,通过读博的方式跳槽离开辅导员岗位。待遇和地位不高,队伍的不稳定,均阻碍着辅导员队伍职业化专业化建设发展。

(三)自身职责定位不明,专业性不强

做好医学生思想政治教育工作,除了要具有辅导员专业理论知识支撑,辅之以社会学、政治学、哲学、法学、心理学、伦理学等多学科的专业理论知识之外,还需要结合医学生群体,了解医学相关学科基础知识,更好地结合医学生特点开展思想引领和日常管理,因此,医学院校辅导员选聘在专业性上应该要求更高。然而,以笔者调研的河南省内某独立建制的医学院校为例,自2019年以来,该校新招聘专职辅导员53人中,具有医学相关专业背景的仅有4人,具有马克思主义理论、教育学、心理学相关专业背景的有9人。这从侧面上也说明,当前医学院校在辅导员的选聘上,存在着忽略专业背景的现象。致使医学院校辅导员在学风建设、班级管理、宿舍管理、心理健康指导、职业规划、就业指导等日常事务管理中,很难结合医学生专业学科特点,融入医学生思想政治教育的新理念、新思路和新方法,特别是在学生遇到专业学习问题时,常常是"隔靴搔痒",难以使问题得到及时有效的解决,常常感到力不从心。此外,辅导员工作较为琐碎,整天忙于繁杂的事务性工作,缺乏足够的时间对以往的工作进行系统的经验总结,也很难保证有足够的时间和精力开展医学生思想政治教育工作思考和研究,从而难以提升理论水平和职业能力。

二、新时代高等医学院校辅导员队伍专业化建设改革路径

当前,为更好地适应高等教育及高等医学教育的新任务和新要求,探索新时代高等

医学院校辅导员队伍建设的新路径,打造专业过硬的医学院校辅导员队伍,显得十分必要和迫切。

(一) 以思想政治建设为引领,强化队伍建设政治性

习近平总书记在全国高校思想政治工作会议上指出,高校教师要坚持教育者先受教育,努力成为先进思想文化的传播者、党执政的坚定支持者,更好担起学生健康成长指导者和引路人的责任[①]。辅导员作为高校培养社会主义合格建设者和可靠接班人的中坚力量,其自身理论水平高低,对党的先进理论和政策精神有没有做到学准、学深、学透,做到真学、真懂、真信、真用,做到结合学生工作融会贯通,就显得尤为重要。

打铁还需自身硬。近年来,通过辅导员的选聘、配备等解决了医学院校辅导员队伍人员不足的问题,形成了一大批专职辅导员队伍,但辅导员队伍专业"五花八门",具有思想政治教育学科专业背景的寥寥可数。因此,医学院校辅导员队伍作为组织实施医学生思想政治教育工作的骨干力量,要以思想政治建设为引领,不断加强自身理论武装,强化队伍建设政治性。一方面,可以成立校、院级层面的学生工作系统理论学习中心组,坚持马克思主义和思想政治教育理论学习,在读原著、学原文、悟原理上下功夫,推动学习宣传贯彻习近平新时代中国特色社会主义思想往深里走、往实里抓;此外,还要推动理论创新,建设校级特色辅导员队伍理论研究体系,形成具有医学院校辅导员特色的学工育人实践方案与理论成果,增强医学院校学生工作的学理支撑、理论自觉与教育自信。另一方面,结合学生工作实际去"用"理论,通过理论指导实践。既要在党的创新理论和习近平总书记关于高等教育、高校思想政治教育的系列讲话中找出辅导员工作的依据和方向,更要研究和制定具体的措施和工作方法,将党和国家对新时代人才特别是高等医学人才培养的新要求具象化、具体化,真正贯彻到医学人才培养的全方位、全过程和各环节。

(二) 以素质能力建设为方向,突出队伍建设专业性

专业素质和职业能力是辅导员工作的看家本领。新时代加强和提升医学院校辅导员专业素质和职业能力可以通过以下几个方面来实现。

第一,建立全面完善的培训机制。一方面是要建立以岗前培训、日常培训、骨干培训为体系的多层次、多角度、全覆盖的培训体系,按照辅导员职级年限分批分类进行培训,

---

① 习近平.把思想政治工作贯穿教育教学全过程 开创我国高等教育事业发展新局面[N].人民日报,2016-12-09(01).

增强培训的针对性和实用性。另一方面要通过举办"辅导员沙龙""辅导员论坛""学生工作研讨会"等形式,为辅导员构筑一个开放性、研究性、学术性的交流平台,使辅导员能够拓宽视野、开阔思路,在与同行们的交流中探索问题、研究工作、共享经验。此外,还要积极选送优秀辅导员去其他高校挂职学习、参加教育部和省级教育行政部门组织的思想政治工作骨干培训,确保通过各类培训和研修不断提升辅导员队伍的专业素养。

第二,以辅导员素质能力提升工程和"新学工"建设行动计划等为抓手全面提升辅导员队伍建设。以笔者调研的河南省内某医学院校为例,该校实施了辅导员队伍建设"一三五"工程。"一"即建设"学校辅导员职业发展中心",同时在院(系)建设若干个"辅导员工作室"或"辅导员工作坊",增强辅导员的职业认同和情感认同。"三"是指"三个平台"建设,即搭建理论提升平台、构建工作创新平台、创建高端培训平台,围绕辅导员成长、提高,为辅导员提供广阔的舞台。"五"是指推行"五项计划",即"理想信念铸造计划""队伍结构优化计划""固本强基培育计划""职业能力提升计划"以及"国内外研修交流计划"。

通过以上措施,不断优化辅导员队伍结构,逐步形成以博士辅导员为引领、硕士辅导员为主体、兼职辅导员班主任为补充的工作队伍,全面提高辅导员职业水平。

(三)以完善激励机制为保障,确保队伍建设稳定性

辅导员队伍不稳定,缺乏身份认同和成就感、职业发展前景不明确、晋升渠道不畅通等成为当前制约医学院校辅导员队伍建设和发展的重要因素。因此,为确保辅导员队伍的稳定性,确保这支队伍源源不断、茁壮成长,就需要从政策、制度、平台、待遇等方面,进一步加强对辅导员工作的保障,为辅导员们营造更加良好的工作氛围。

第一,加强学校辅导员队伍建设的顶层设计。将辅导员队伍建设放在与教学、科研队伍建设同等重要的位置,出台校级层面辅导员队伍建设管理规定,设置管理岗位职级评聘标准,落实辅导员双线晋升政策和职称评定单列制度,在学校职称评审中单独设置"思想政治教师序列(高校辅导员组)",充分考虑辅导员工作的特点进行业绩量化,不局限于教学与科研成果,真正实施辅导员职称晋升"三单"措施。

第二,提供专项资金支持辅导员工作研究。每年拿出专项经费,支持辅导员开展学生工作品牌建设和思想政治教育专项科研研究,鼓励和支持辅导员围绕学生成长成才需求和思想政治工作中的重点热点难点问题,开展实践探索和学术研究,不断提升辅导员工作的层次和水平。

第三,设立辅导员专项奖励绩效。如笔者调研的河南省内某医学院校,专职辅导员学年考评优秀、良好、合格者,所带学生在200(含)人以内的部分分别按照每生每月1.5

元、1.2 元、1 元标准计发专项奖励绩效,所带学生超过 200 人的部分分别按照上述标准的 50% 计发专项奖励绩效,专项奖励绩效按照每年 12 个月发放,极大提高了辅导员工作的积极性。

第四,畅通辅导员发展渠道。一方面要进一步健全和完善辅导员队伍的荣誉激励机制,通过优秀辅导员、最美辅导员、辅导员年度人物、辅导员优秀论文、典型案例评选等,不断强化辅导员的自我认同感和荣誉感,让愿意从事学生工作、热爱学生工作的辅导员留在辅导员岗位上深耕细作,向专业化、职业化方向发展;另一方面要完善辅导员合理流动机制,根据辅导员个人意愿和能力,有计划、有目的地进行培养与分流,将部分优秀辅导员选聘到专业教师岗或选拔到校内其他行政工作岗位,畅通辅导员内外流动渠道,实现辅导员从学工系统的"内循环"走到学校系统"外循环"。此外,还可以选派辅导员到地方政府机构或企业进行挂职锻炼等,真正成为高校优秀人才的蓄水池,保障辅导员队伍健康发展。

(四)以科学考核评价为支撑,提升队伍建设长效性

近年来,随着中宣部、教育部开展全国"最美高校辅导员"和"全国高校辅导员年度人物"评选,一批批长期坚守在辅导员岗位上潜心育人的辅导员,得到了党和人民的认可与肯定。但是根据笔者调研走访发现,在医学院校辅导员队伍里面,还存在着不少"佛系"辅导员,他们对待工作得过且过,认为辅导员只是其养家糊口的"工作",只求完成不求完美,本着只要和我个人利益无关就不用上心的态度来从事辅导员工作,更有甚者就是将辅导员岗位当作是其转岗或高升的"跳板",工作动机不单纯,这样的辅导员何谈能干好学生工作,更何谈能在这支队伍中一直待下去。因此,要建立健全完善的辅导员工作考核评价机制和配套措施,让真正愿意干辅导员工作并干得好的辅导员老师在薪酬福利、职称职级、评先评优等方面得到应有的奖励和待遇,让不称职或不合格的辅导员得到应有的处罚。

如笔者调研的河南省某高等医学院校就探索形成了学校指导、学院主导、利益关联、责权相当的辅导员工作绩效考核评价制度,在政治思想、师德师风、工作业绩、育人实效等方面均有具体的考核规定和办法,形成以同行评价、学生评价、育人效果评价为内容的以业绩为导向、与绩效激励密切相关的辅导员工作评价体系。强化考核评价的结果运用,将其与辅导员本人年终绩效相挂钩,各二级学院制定本学院辅导员工作绩效考评办法,按照辅导员参与学生工作情况、贡献、育人效果等情况进行二次分配,充分体现奖勤罚懒、多劳多得、优质优酬,向工作业绩突出的一线辅导员倾斜的绩效分配方式,有效调动了辅导员工作的积极性,确保了队伍建设的长效稳定。

第二节 "三全育人"视域下思想政治工作队伍协同育人机制

2018年全国教育大会上,习近平总书记指出:"培养德智体美劳全面发展的社会主义建设者和接班人,加快推进教育现代化、建设教育强国、办好人民满意的教育。"加强党的领导,加强思想政治工作体系建设,是构建高层次人才培养体系的重要内容。高校要深刻领会和把握这一重要讲话精神,把立德树人作为根本任务,牢牢把握社会主义大方向,把思政教育融入专业课程教育、思想品德教育和社会实践教育,把思想政治价值观引导到教育教学的每一个环节,把思想政治工作贯穿教育教学全过程,构建形成教书育人、科研育人、实践育人、管理育人、服务育人、文化育人、组织育人的长效机制,形成全员参与、全程跟进、全方位教育的思想政治工作格局。在"大思政"格局下,深入推进"三全育人"改革成效,培养学生的"爱国、锐意、求实、践行"精神,使当代大学生坚定理想信念,在爱国情怀、道德修养、增长见识、培养斗志、提升综合素质方面争当时代新人。

一、"三全育人"的时代内涵特征

2017年2月,中共中央、国务院印发《关于加强和改进新形势下高校思想政治工作的意见》,提出"三全育人"的要求,即全员育人、全过程育人、全方位育人。在当前新时代大学生思想政治教育形势下,推进"三全育人"改革,把高校思想政治教育工作贯穿于教育教学实践全过程,实现全员、全过程、全方位育人有着重要意义。

(1)全员育人是指将影响学生价值观和行为取向的所有人员全部纳入全员教育行列,广泛调动全社会各方面的教育力量。习近平总书记指出:"人才培养体系涉及学科体系、教学体系、教材体系、管理体系等,而贯通其中的是思想政治工作体系。"不仅是教师,而且辅导员、各学科理论实践教师、学术导师、班主任、各级党政领导干部、各职能部门行政人员、后勤保障人员等都是实现教育的主体。发挥各级人员的岗位优势和经验优势,通过全员的共同努力,培育和锻造人才,才能全面落实立德树人根本任务。

全员育人是由学校、家庭、社会和学生所组成的"四位一体"的宏观教育体系,家庭教育是学生成长发展的基础,学校教育是学生成长和发展的关键,社会是学生成长发展的大环境和实践场所,学生的个体成长教育是根本。只有"四位一体"全力配合,"三全育人"教育体系才能真正落地。

(2)全过程育人是指在教育教学和学生成长的全过程都贯穿思想政治教育,强调教育过程的渗透性和连续性。坚持为学生全面发展的育人理念，从学生入学之日起，按照思想政治工作规律和大学生成长发展规律，统筹规划、系统设计，为不同学业阶段、不同学历层次的学生开展思想政治教育工作，使学生在思想上理解和接受。德育理念由教师传承，学生在学习、生活、实践中得到践行。立德树人要尊重学生个体身心发展的规律，每个学生来自不同的家庭，有着不同的成长环境和学习环境，所形成的气质和性格也迥然不同。从学生入校开始，就要通过交谈和观察来了解学生的个体差异，正确认识不同学生之间的差异，制定有针对性的科学教学和德育培养方案，有计划、有步骤地进行思想政治教育。

高校还需要根据不同类别和阶段学生的特点，从招生注册、课程学习、社会实践等环节，制定宏观层面的思想政治教育工作机制。这一过程不仅限于单一的课堂教学，需要力争覆盖全过程、衔接各个阶段，注重统一培养目标，在课程设置、教育渠道、工作模式、成绩检测等教育过程中，运用多种手段和形式，切实开展行之有效的思想政治教育，为学生走进社会奠定扎实的道德基础。

（3）全方位育人是指运用多种方法、载体、资源，从不同角度、不同维度探索思想政治教育的最佳途径，强调教育模式的完整性。高校思想政治教育是一项系统性、综合性的工作，需要各级部门多方配合。围绕立德树人根本任务，从线上线下等多维度育人，整合各个方面教育资源，加大统筹协调，统筹谋划，形成全方位的教育体系和管理体系，沉浸式开展思想政治工作。

总体来讲，"三全育人"以学生参与、合力育人、协同推进的工作机制为保障，不仅要注重培养学生的理论知识、文化素质和实践能力的提升，更注重学生健全的人格、思想素质和爱国主义精神的培养，全方位促进学生全面发展。其中，全员育人是全方位育人、全过程育人教育的人力资源基础和核心支撑；全方位育人强调的是全面教育的维度，既需要全员参与，也需要全过程的持续参与；全过程育人是全员全方位育人的过程化总要求，三者协同作用，致力于立德树人总目标的实现。

二、从"三全育人"看高校思想政治工作队伍建设中存在的问题

高校思想政治工作队伍包括专任思想政治理论课教师、专业课教师、专兼职辅导员、班主任、各行政部门工作人员、党团委工作人员。其中，辅导员和思想政治课教师是高校思想政治教育的骨干力量，在当前"大思政"格局下，高校思想政治工作队伍逐渐形成协同育人的氛围，但在实践中仍普遍存在以下问题。

(一)协同育人缺乏完善的制度保障

尽管国家对大学生思想政治教育提出了基本要求,但由于种种原因,部分高校仍未建立起思想政治教育协调机制,教育信息和资源共享体系尚未建立,不能完全适应新时代全面推进思想政治工作的要求,不能体现整合资源集中育人的优势。例如宣传部、学工部、马克思主义学院等单位是平行关系,没有隶属关系。他们各司其职,在具体工作中往往专注于自己的工作计划。在目标和理念上存在分歧,在信息和资源方面分享不足,活动安排和环节设计配合不够,思想政治教育缺乏顶层设计和整体构想。

(二)育人主体之间的协同作用不强

目前,大学生接受思想政治教育的渠道和方式多样化,学生思想的选择性和差异性也较以前明显增强。这对学科之间的合作提出了更高的要求。只有彼此紧密融合、协同运作,才能形成合作办学的合力。目前,高校思想政治教育基本分为思想政治理论课教师的课堂教学和辅导员的课外日常思想政治教育工作。管理团队与专业教师、辅导员之间没有形成多方位、多层次的互动机制。由于传统的备课和考核评价方式,大部分思政教师不愿与辅导员开展协同德育教学,部分辅导员因缺乏专业学科背景或长期被复杂的日常事务缠身而导致协同育人的工作热情丧失。

(三)协同育人缺乏整体性评价机制

高校在思想政治教育评价中普遍缺乏对思想政治工作队伍的整体评价机制和科学有效的思想政治教育评价体系。因此,大部分学生仍然只注重专业课程的学习,而忽视了思想政治教育的价值和引领作用。思想政治工作队伍是"三全育人"的主体,将思想政治教育工作置于"三全育人"协同理论的视野下,充分发挥各学科的协调融合作用,使其成为一个有序的系统,有利于提高思想政治教育的实效,提升思想政治教育工作质量。只有充分发挥思想政治工作队伍协同育人机制,才能实现全员、全过程、全方位的教育。高校要不断完善教师分类考核评价机制,积极探索覆盖思想政治工作队伍的科学、合理、可行的评价体系,通过建立健全"三全育人"工作评价标准和指标体系等保障机制,充分发挥和提高各教育主体的德育意识和"三全育人"的工作积极性和能动性。

三、"三全育人"视角下高校思想政治工作队伍协同机制建设

高校思想政治工作队伍协同育人要以习近平新时代中国特色社会主义思想为指导,

全面贯彻党的教育方针,坚持社会主义教育方向,着眼于"培养什么人、怎样培养人、为谁培养人"这一核心问题,落实立德树人根本任务,整合资源,发挥协同效应,深入挖掘专业课程和各个教学环节的育人功能,把思想政治工作贯穿于"三全育人"的全过程。积极实施各类专业课程与思政课同向同行、专业教育和思想政治教育有机融合的协同育人格局,实现价值塑造、知识传递和能力培养的高度统一,积极培养德、智、体、美、劳全面发展的社会主义事业建设者和接班人。

高校思想政治工作队伍具有"多学科、多环节、多领域"的特点,这就决定了高校思想政治教育工作体系是一个协调联动的体系。对高校教育项目、载体和资源进行优化整合,完善体制机制,构建高校思想政治工作队伍协同育人机制,有利于持续提高思想政治工作队伍协同工作的效果,对加强和改进大学生思想政治教育工作具有重要作用。

(一)聚焦整体树立"大思政"理念,建立协同共进的思想政治工作机制

高校思想政治工作是一项复杂的系统工程,需要各子系统、各要素协调联动。在"三全育人"理念指导下,高校要积极构建"大思政"工作格局,坚持共同管理、统筹协调的系统导向。各个育人主体围绕"三全育人"形成共同育人的目标认同,高校积极开展构建德育教育协同育人的理论和实践,为思想政治教育提供坚强有力的支持,使"三全育人"理念落到实处,并在教育实践中起到积极的推动作用,可以从以下三个方面做出积极探索。

第一,加强顶层设计,积极构建"三全育人"体系。要紧紧围绕人才培养重点,加强观念提升,形成广泛共识,在高校党委统一领导下做好顶层设计,实现党委统一领导、各部门密切配合,推动各学院实施"三全育人",形成科学分工、各司其职、有机统一、协同育人的新局面。强化思政工作队伍建设能力,以思政课为重点,狠抓制度建设,积极构建思政教育长效机制,提倡学校领导带头给学生上思想政治课,积极探索特色思政课"三位一体"("大班理论教学+小班研究讨论+实践教学示范")的教学模式和体系,有效提升"三全育人"效果,形成持续推进的局面。

第二,完善思想政治工作责任机制。积极构建上下联动、全员参与的运行机制,形成高校党委统一领导、党政共抓共管、部门之间有效协调的思想政治工作总体格局,在推进落实的同时,明确各级工作职责,加大目标管理和考核力度,形成以落实各级思想政治工作为重点的思想政治工作责任机制。

第三,完善思想政治工作管理机制。以学生工作部为协调中心,以思想政治教育为主线,构建集组织建设、思想政治教育、创新实践、安全保障、校园文化和后勤保障为一体的网格化思想政治工作平台,以整合各网格力量为基础,构建全方位的思想政治工作管理协同平台,探索建立以学院党委副书记、学科带头人、专兼职辅导员、学术导师、思政教

师为成员的工作组模式,加强思政教育和专业教育的协同。

(二)整合资源强化协同作用,构建有机完整的思想政治工作队伍联动机制

高校思想政治工作首先要树立协同育人的理念,要把教育的主体、教育的对象、教育的载体等各方面要素有机统一起来,形成体系完整、相辅相成、不断创新、协同发展的教育工程,有效拓展思想政治工作外延。进一步增强思想政治工作队伍对道德修养和人才培养重要性的认识,明确道德修养和人才培养是所有专业教师、辅导员和管理人员的共同使命,将思想政治教育贯穿人才培养全过程。在此过程中,转变全体教师的思想共识和行动意识,建立教学、管理、服务等部门协同联动机制,实现全员、全过程、全方位教育。

在育人主体方面,思政专业教师、辅导员、班主任、党政管理团队是学生思想政治工作的重要力量,建立学校相关职能部门、培训单位、部门负责人、学术导师、辅导员之间的联动机制。要在学生培养全过程中明确不同学业阶段、不同学历层次的定位,积极建立多元统一的教育共同体,推进思政课、专业思政和课程思政的一体化建设,在全员育人环境方面达到思想政治工作育人主体的全员覆盖。

在育人客体方面,要因材施教,做到个性化、差异化、定制化。从学生入学开始,全面推行本科生全程辅导制度,实现全过程教育。针对不同的学生群体制定不同的教育计划,可区分年级,为学生提供实践锻炼的机会。最后,要利用好节假日、纪念日等各种重要时间节点或时间段,以这些时间为契机,合理融入思想政治教育,确保对学生的全过程教育。

以育人为载体,积极探索高校各方面工作与思想政治工作的协同,解放思想,开阔视野,实施全方位的人才培养,深度整合思想政治工作资源,可以积极探讨将现代思想政治工作方式与现代网络技术、外部的思想政治教育要素与内在的校园文化环境、思想政治理论教育与创新创业实践相结合。建立"第一课堂、第二课堂"协同机制,既要着力发挥高校思想政治工作第一、二课堂的主体地位,同时高校还可以在社会实践、大学生志愿者服务、校园文化氛围建设等方面利用现代新媒体技术创新思想政治工作新方法。

(三)发挥思想政治工作队伍的能动性,打造全员育人合力

高校要全面实施课程思想政治建设,教师是关键。思政课教师和专业课教师是开展"三全育人"实践的重要主体,肩负着思想政治教育和专业课协同育人的重任。一是抓好思政课专任教师队伍建设。在高校的各项教育教学活动中,思想政治教育具有十分重要的意义。高校课程思政教学要以"三全育人"为指导,在正确的教育目标指导下,引导课程思政有序发展,在不同阶段实现不同的教育目标。明确思政课的重要性,充分发挥思

政课落实立德树人根本任务的关键作用,强化思政课教师责任意识,不断提高专业课程教师的思政课建设的意识和能力,不断提高思政教学质量和水平。思政课与课程思政带头人要相向而行,确立"大思政课"目标,共同承担为党、为国培养人才的光荣使命。切实提升思政教师的教学技能,不断增强思政教学的针对性和时效性。高校马克思主义学院要发挥引领作用,推动课程建设健康发展。二是牢牢抓住师资队伍主力军作用,引导和激励教师切实提高课程思想政治教学水平,努力使思想政治教育与专业教育有机结合。使专业教师深刻认识到每门课程都必须具有育人功能,从课程体系、教学目标、教学内容、教学评价等方面进行整体设计,系统地进行课程思想政治建设。各课程要实现知识传授与价值教育同频共振的教育功能,促进课程思想政治的不断发展,内化于教师的内生意识和行为意识。三是提高每一位教育工作者参与"三全育人"工作的热情,在"大思政"格局下树立"三全育人"的理念,坚持协同育人。在第二课堂上,要营造全员教育氛围。高校思想政治教育工作者要不断创新协同工作的方式方法,运用自主、开放的教育方式开展思想政治教育工作,切实加强思想政治队伍的协调联动。思想政治教师、辅导员、党政干部主动担当起育人重任,守住运河段,种好责任田。加强高校辅导员队伍建设,推动思想政治工作创新发展。配备一支强大的辅导员队伍,探索专兼职辅导员和兼职班主任制度,为其工作条件、干事平台、福利待遇、发展空间等提供保障;积极鼓励和支持各学科专业教师、党政部门工作人员担任兼职辅导员或班主任,在职称晋升方面量化工作任务,以此调动思想政治队伍在承担形势政策教育、学生日常管理、竞赛和科研指导等专项任务方面的积极性和能动性,达到与专职辅导员密切配合,形成全员育人的工作团队;提倡教师引导学生参加社会实践活动,锻炼学生的能力,提升学生的思想觉悟,获得思想政治教育效果。

(四)发挥思想政治教育课堂的主体地位,不断完善课程思政体系建设

习近平总书记在《思政课是落实立德树人根本任务的关键课程》中阐述了思想政治理论课教学的重要意义,对加强党对思想政治课建设的领导提出明确要求和全面部署。课程思想政治建设是落实立德树人根本任务的战略举措,为培养社会主义建设者和接班人提供了指引。它将知识传授、能力培养和价值塑造有机地结合起来,也是为党育人、为国家培养人才的系统工程。

全面完善课程思政体系建设,建设思想政治理论课、公共基础课、职业教育课和实践课思政体系,推进课程教学改革,充分发挥课堂教育主渠道的作用,实现知识的传递和价值引领的有机统一,在各门专业课程中加入思政因素,使专业学习和思想政治教育同向齐头并进,形成协同效应,实现全方位育人。

第一,建设完备的思想政治工作队伍"主力军",通过课堂教学的主渠道筑牢课程建设和发展的基础。实现思政课教书育人的目标,引导教师有机植入核心价值观、专业精神、中华文化等思政要素,更有效发挥在教育教学、教学管理、课程教育等方面的作用,打造"金专""金课""金师"的理想课堂。

第二,推进改革创新,促进知识转移与价值引领协调发展。坚持育人与育才相统一,充分发挥专业课与思想政治理论课同向而行的协同效应。做好高校课程思政建设,关键是解决专业教育和思政教育"两张皮"问题,构建专业课与思政课相辅相成的有机体系,全面提升人才培养质量。实现价值塑造、知识转移和能力培养的有机统一。要选择和使用优秀的教材,组织教学内容的设计,把已经挖掘出来的思想政治元素"融入"教学内容中,找准切入点,从学科的内在逻辑出发,并从学生关心的实际问题出发。在将思想政治元素融入教学的过程中,应针对不同的课程进行不同的教学设计。课堂教学要讲究时机,注重语言艺术,运用学生喜闻乐见的话语方法,坚持灌输式与启发式相结合的教学模式,通过案例式、探究式、体验式教学,以期实现课程的良好效果。教学设计有思政,教师心中有思政,教师课堂有思政,发挥隐性教育作用,唤起学生情感共鸣,帮助大学生树立良好的人生观、价值观、世界观,系好人生第一粒扣子,在不断启发中进行思想引导和价值塑造,实现思想政治教育润物无声的境界。

第三,采取多种形式,切实提高思想政治课程的实效性。开展思政课相关教学研究,及时总结提炼课程思政建设新成果、新经验、新模式,将课程思政建设成果以论文、教科书、专著和在线课程等形式展现。围绕课程思政开展课堂教学与线上教学相结合的教学改革,在教学实践中,积极探索"以课堂教学为本体,以参与式教学、体验式教学、研究式教学、实践教学为四翼"的"一体四翼"课程思政教学模式。探索建立课程思政教学研讨制度,采取报告会、座谈会、研讨、专题研究等多种形式,为高校教师搭建平台。不同学科定期分享和交流典型经验。突出示范引领作用,针对不同专业、不同类型的课程,深入把握模式、标杆、经验,全面推进、打造示范课程,培养名师队伍,全面推进课程思政教学研究改革。

(五)加强师德师风建设,形成"三全育人"氛围

注重师德师风建设,通过多种方式,不断提高各教育主体的主观意识和主动性,引导思想政治工作队伍将"三全育人"理念内化于心,外化于行。

第一,对全体教师开展思想政治教育工作进行有效的培训和指导,不断提高思想政治工作队伍的思想意识、教学水平和品德素质。思想政治教师不仅要有对本职工作的热情和积极性,采取不同教学方式方法提高教育水平,同时还要全面了解每个学生的思想

动态。其中,课程思想政治教育要注重培养学生形成正确的世界观、人生观和价值观,探索在课堂教学中融入思政元素,并引导学生在实践中践行社会主义核心价值观,使学生的思想认识上升到一个新的高度。

第二,教师不仅要上好课,还要不断提高自身修养,以德教书,以德育人,充分发挥教师的楷模作用。积极拓展思政工作新载体,扎实推进思政课"中班教学+小班讨论+实践展示"的课堂教学改革,准备开设相关课程,充分发挥思想政治课在课程思政方面的政治引领和价值导向作用,在思想政治教育过程中,教师要把社会主义核心价值观贯穿于课程教学的全过程,从师德入手,以师德影响学生。

第三,加强对专兼职辅导员和兼职班主任的业务培训,在提高人才培养质量,维护校园安全稳定,加强心理健康教育等方面开展专题培训;积极探索"辅导员+思政教师+学生"的工作模式,加强辅导员与思政课教师深度耦合,不断提升"三全育人"成效。可以在以下几个方面创新实践:①以"思政+"的模式创新搭建党建、团队建设、社会实践、科技创新、志愿服务等平台;②积极推进特色项目小班研讨和"思政杯"实践示范;③深入学生群体,及时准确了解学生思想、学习、科研、生活等方面的现状;④充分利用周边红色资源开展现场教学活动,不断提高学生德育水平和综合素质。

第三节 思想政治理论课教师与辅导员队伍融合建设路径

高校思想政治理论课教师和辅导员担负着培育新时代青年大学生的历史使命,在工作中要不断加强沟通合作。高校要紧紧围绕"立德树人"中心工作,进一步加强对两支队伍的统一领导,不断完善和健全体制机制,努力加快两支队伍融合建设进程,使两支队伍工作同向同行、协调一致,共同发挥思想政治教育最大合力,协同做好新时代大学生思想政治教育工作。

一、思想政治理论课教师与辅导员队伍融合困境

(一)体制机制有待优化,政治教育与学生管理"两张皮"

在当前高校思想政治教育与学生管理体制下,大多数学校均在学校层面设立了学生工作处(党委学生工作部),作为学校统筹学生管理的职能部门,而院系等二级教学机构

学生管理工作由分管学生工作的党组织副书记负责,由辅导员或团委干部具体执行。尽管很多学校出台相应规章制度,对辅导员承担思想政治理论教育与就业指导课程教学进行常态化要求,但是在当前的体制机制下,高校思想政治教育与学生管理工作仍然出现脱节现象。

辅导员承担大学生思想政治教育、学生管理、学生资助、大学生心理健康教育等工作,由学生工作处(党委学生工作部)统筹协调。思想政治理论课程往往由独立的教学院系或教学部承担,由教务处负责课程规划。在这种情况下,高校学工部、教学院系、教务处以及思想政治理论课程教研部门四个同级部门之间职责互相交叉,会经常出现职责界定不清的情况,影响教学效果,使教学质量提升出现困境。

(二)教学存在思维偏差,理论与实践结合不紧密

与基础教育相比,高等教育更加重视学生综合素质的培养,高等教育不仅需要培养学生的专业知识,使其具备相对专业化的技能与知识储备,而且需要培养学生对社会的认识与科学的世界观,使学生的综合素质得到提升。

许多高校在制订学生培养计划时将学生的人生观价值观教育以及综合素质教育纳入教学规划,但是在执行过程中由于辅导员和教师水平与方法不同,教学效果无法保持一致。大多数高校采用校院(系)二级管理体制,学院(系)有较大自主权,部分学院(系)教学思想存在偏差,无法将理论与实践相结合,如大多数辅导员具有学生干部任职经历,但其在学生时期已经与当前学生管理和教育脱节,当时的经历已经难以适用于当前学生管理的需求。思想政治专业课程教师对专业的研究相对深入,但讲课枯燥乏味,难以达到入脑入心的效果。

(三)学生管理缺乏协同,素质教育难以形成合力

为社会主义现代化事业培养接班人是高校人才培养的主要目标,高校学生综合素质培养应当成为其教学计划制订与教学任务执行的重要指标。但当前高校学生管理缺乏部门之间的协同,在提高学生综合素质上难以形成合力。如有的高校采取书院制模式,将辅导员的角色进行分解创新,通过小班制和导师制培养学生的综合素质,这种模式在一定程度上体现了其科学性,取得了明显效果,但给学校职工管理与书院导师的角色定位带来较大压力。

同时,部分学校思想政治理论课教师与辅导员的职责不清晰,二者相结合无法形成合力,二者职责不同之处又会带来教育覆盖面的空白,如思想政治专业教师只进行理论知识讲授,对学生的感受与思想变化无法跟踪,辅导员与学生接触较多,但很难进行系

和理论教育。两支队伍之间缺乏协同配合,导致思想政治教育理论与实践难以真正融合,影响思想政治教育实效性。

(四)系统研究机会较少,经验教训无法及时吸收

高等学校思想政治理论课教师多执行专业技术职称系列,通过职称评聘实现个人能力的提升与个人职业生涯的发展,对于辅导员队伍而言,不同学校由于管理体制不同,可能会执行管理职级系列或高等学校学生思想政治教育系列职称。高等学校学生思想政治教育系列职称由于计划单列,不同学校可能会采取高校教师系列或社会科学研究系列等不同系列的职称评定体系。不同的职业生涯发展体系给思想政治理论课教师与辅导员带来了不同导向。

思想政治理论课教师与辅导员队伍无法实现融合,便可能会导致理论课教师只研究思想政治理论,教育教学能力无法系统提升;辅导员只重视学生管理,在学生的能力培养上成绩突出,却难以开展系统研究和总结。辅导员处在学生管理工作和思想政治教育工作的第一线,与学生沟通最多,其工作压力也最大,一名辅导员往往要负责数百名学生的教育管理工作,根据大多数学校的规定,辅导员需要住在学校或学生宿舍,工作负荷较大,很难有时间和精力总结经验教训,进而影响教育管理水平提升。

二、思想政治理论课教师与辅导员队伍融合建设路径

(一)提高政治站位,实现思想意识融合

思想政治理论课教师与辅导员队伍从政治本质与教育最终目标上是一致的,辅导员的全称即是"思想政治辅导员",主要职责便是思想理论教育和价值引领。实现政治理论课教师队伍与辅导员队伍融合发展,应当通过多种方式,提升思想政治理论课教师和辅导员的政治站位,使其不断提升为党育人、为国育才的使命感和责任感,实现政治立场的深化与思想意识的培养互相融合。

在进行思想政治理论课程教育时,思想政治理论课教师应当做到因事而化、因时而进、因势而新,创新教育教学方式,努力提高思想政治教育的实效性和吸引力。从现实来看,大部分学生对思想政治学科知识掌握并不生疏,但这只是因为其初高中多年来的政治学习所产生的深入记忆,很多学生对政治常识了如指掌,但缺乏深入理解与认同,在当前互联网时代,知识碎片纷繁复杂,如果不加以引导和教育,部分学生容易受到西方腐朽思想的蛊惑。因此在进行思想政治理论教学时,应当理论联系实际,深入浅出引起学生

的共鸣。当辅导员对学生进行管理和教育时，一方面要围绕学生、关照学生、服务学生，另一方面应当增强理论意识，讲究方式方法，实现教育目标。

（二）创新管理模式，实现角色定位融合

推动思想政治理论课教师队伍与辅导员队伍融合发展，应当促进教育管理模式的创新，既要明确二者之间的角色定位，也要积极实现角色之间的互联互通。高等学校可以在思想政治理论课教师中选拔学业导师和兼职班主任，使思政课教师通过多种方式、多种渠道参与学生管理，同时提高其学生教育的系统化、专业化能力；同时在辅导员队伍中选拔优秀教师开设第二课堂课程，将大学生素质拓展、就业指导、心理健康等课程内容设计与教学效果作为其职称评聘的重要参考。

同时，高校可推动探索打破教学院系相对独立的学生管理模式，可以由学生工作部主导，成立若干学生工作小组，跨院系进行学生思想政治教育与综合素质培养；建立不同学生管理单位之间的交流协作，互相学习优秀方法，吸取经验教训。高等学校应当坚持权责明确、规划合理、不留空白，坚决避免不同角色之间定位不清晰、遇事推诿扯皮的现象，影响思想政治教育教学实效性。

（三）重视新型渠道，实现协同平台融合

现代科技飞速发展，互联网和移动互联网在当代大学生之间得到进一步普及，在开展思想政治教育与学生管理过程中，应当抓住新媒体等新型互联网渠道发展的良好机遇，探索推广和应用新兴渠道推动促进学生的教育和管理。学校应当构建思想政治理论课教师与辅导员综合教育的协同平台，利用线上与线下相结合的方式，充分发挥学生的主观能动性，一方面激发学生的学习热情，另一方面提高学生管理效率，节约学校能源资源。

例如，高校可以建立线上签到平台，实现对学生出勤的便捷监督管理；建立线上选修课平台，进一步拓展学有余力学生对专业知识的需求；建设线上主页、微信公众号、微博等信息发布和传播平台，进一步占领思想政治舆论高地和网络阵地。高校应当重视线上平台的建设与协同，引导学生树立正确的人生观与价值观，自觉同网上腐朽思想做斗争。将学生网络素养纳入学生综合能力教育考察体系之中，引导学生形成线上线下表里如一的行为作风和学习理念。

（四）尊重个性发展，实现教育理念融合

与基础教育相比，高等学校的教育更加重视学生的自我管理能力，尊重学生的个性

发展。尊重个性发展并非放任学生特立独行,而是在个性发展的基础上加以引导,推动学生的自由思考与自主提升。高校在进行思想政治教育过程中,应当积极进行开放式引导,开拓学生的思路,通过小组讨论及自由辩论等方式启发学生对问题的深入思考。

同时,高等学校应当发挥学生自治组织的积极作用,引导学生联合会、学生社团联合会、大学生艺术团、学生科技创新协会等学生自治组织的规范化发展,探索建立马克思主义思想研究会等思想政治研究讨论组织,引发学生的自主思考。学生自治组织可以实行双导师制,为学生自治组织配备理论课教师与优秀辅导员两位导师,在政治理论与队伍建设上双管齐下,提高学生的自我教育、自我管理、自我服务水平。

(五)及时总结反馈,实现优化方法融合

思想政治理论课教师队伍与辅导员队伍融合建设需要科学规划、稳步推进,只有及时总结经验教训,才能推动教学方法的优化升级,最终使学生受益。在进行教学探索的过程中,应当及时总结反馈,整理和分析各种方法的利弊和经验教训,提高教育教学工作的科学性。学校应当积极打破以部门为主的学生教育管理体制,探索建立以条块为主的扁平化管理体制,坚持以学生为本,以教师为基,在思想政治教育方面形成更加科学合理、具有针对性和可行性的教育管理方法。可以将思想政治教育与学生管理的经验方法作为衡量工作量和教育教学成绩的重要内容,引导专业教师和辅导员传播先进经验、总结典型做法。

例如,在将素质教育纳入教育教学评价体系的前提下,从教学规划与学科发展上,高等学校应当加大对学生管理与素质教育的课题研究资助,推动专业教师和辅导员加强协作组成课题组,实现对学生管理和素质教育的专业化、系统化研究;另一方面应当提高思想政治专业研究中学生教育管理课题的比重,提高思想政治专业课教师对学生教育管理一线的重视程度,为专业课教师与辅导员队伍的融合发展与队伍建设创造良好氛围。

后　记

本书是河南省人文社会科学重点研究基地"公共健康与社会发展研究基地"与河南省高等学校人文社会科学重点研究基地"健康与社会研究中心"的年度成果之一。在本书的写作过程中，本人负责全书的框架设计与总体统筹，姬广军、于晓欢、焦石文、陈冉、史齐、陈希娟、吴世韫、段鹏超、宋卫峰、张玉、罗会宇、王晓艳参与了本书主体部分的撰写。

本书的主体内容是笔者近年来研究的成果，共分为新时代医学生思想政治教育概述、新时代医学生思想政治教育现状、医学人文教育与思想政治教育契合研究、新媒体时代医学生思想政治教育、红医精神融入医学生思想政治教育、新医科背景下医学生思想政治教育的教学优化、新时代大学生心理特征嬗变与思想政治教育、思想政治工作队伍建设与管理等八个部分，部分研究成果已见诸刊物。

作为团队的负责人，本人特在此致谢：衷心感谢研究团队的全体成员为本书的完成所付出的辛勤劳动！衷心感谢郑州大学出版社领导和责编全程跟踪、督促本研究成果的进度，并且最终高质量地出版发行本研究成果！衷心感谢广大读者对本书的厚爱并敬请批评指正！

郝红军

2022 年 6 月

参考文献

[1] 郑永廷,徐建军.大学生思想政治教育理论与实践[M].北京:高等教育出版社,2009.

[2] 张红丽.当代医学生思想政治教育内容建构研究[D].长春:吉林师范大学,2018.

[3] 张阿兰.新时代高校思想政治工作的路径探索[J].党史博采(下),2019(1):63-65.

[4] 周长春.新形势下大学生思想政治教育探索[M].北京:北京工业大学出版社,2005.

[5] 张耀灿,郑永廷,吴潜涛,等.现代思想政治教育学[M].北京:人民出版社,2006.

[6] 习近平.习近平谈治国理政(第二卷)[M].北京:外文出版社,2017.

[7] 张大庆.医学人文学的三次浪潮[J].医学与哲学,2015(7):31-35.

[8] 于双成,金祥雷,于雅琴.美国医学教育改革三次浪潮的文化背景及其本质特征[J].医学与哲学,2011(12):11-13.

[9] 王亚峰,田庆丰,罗艳艳.医学人文导论[M].郑州:郑州大学出版社,2008.

[10] 杜治政.医学生的培养目标与人文医学教学[J].医学与哲学,2015,6(36):1.

[11] 韦勤,柏茗.医学人文教育课程设置再思考[J].医学与哲学,2009,5(30):71.

[12] 骆郁廷.思想政治教育原理与方法[M].北京:北京师范大学出版社,2019.

[13] 习近平.决胜全面建成小康社会 夺取新时代中国特色社会主义伟大胜利:在中国共产党第十九次全国代表大会上的报告[M].北京:人民出版社,2017.

[14] 何珂,汪玲.健康中国背景下"新医科"发展战略研究[J].中国工程科学,2019,21(2):98-102.

[15] 曾来海.新媒体概论[M].南京:南京师范大学出版社,2015.

[16] 郭嘉宝.微媒体背景下高校思想政治教育的影响与对策探究[D].石家庄:河北科技大学,2018.

[17] 杜茜.新媒体环境下医学生思想政治教育研究[J].传媒论坛,2019,2(18):17-18.

[18] 王黎.全媒体时代高校思想政治教育创新发展研究[D].兰州:西北师范大学,2020.

[19] 刘滢.网络时代加强医学生思想政治教育路径研究[J].佳木斯职业学院学报,2021,37(2):9-10.

[20] 赵群,孙海涛,李春雨.红医精神的价值内涵及时代意义[J].中国医学伦理学,2021,34(7):787-791.

[21] 陈子静.红医精神的因史溯源及其成就[J].中国医学人文,2021,7(10):11-13.

[22] 韩玲.红色文化涵育社会主义核心价值观研究[M].北京:人民出版社,2020.